Sheikh Nefzawi

Der parfümierte Garten

Ein Handbuch arabischer Liebeskunst

In der Fassung von Richard Francis Burton,
übersetzt von Alfred Goubran

Der Text folgt den Regeln der alten Rechtschreibung.

Bibliografische Information der Deutschen Nationalbibliothek
Die Deutsche Nationalbibliothek verzeichnet diese Publikation in der Deutschen Nationalbibliografie; detaillierte bibliografische Daten sind im Internet über http://dnb.d-nb.de abrufbar.

1. Auflage 2020

Servitengasse 5, A-1090 Wien
www.braumueller.at

Illustration Cover: Shutterstock / © Irina1967
Druck: EuroPB, Dělostřelecká 344, CZ 261 01 Příbram
ISBN 978-3-99200-279-5

SHEIKH NEFZAWI

DER PARFÜMIERTE GARTEN

Ein Handbuch arabischer Liebeskunst

Transposition des Buches „THE PERFUMED GARDEN"
von SHEIKH NEFZAWI nach der fehlerhaften
Übersetzung aus dem Französischen ins Englische
von SIR RICHARD FRANCIS BURTON aus dem Jahr 1886

braumüller

Dieses Buch ist dem Andenken des Dichters, Übersetzers und Freundes Christian Loidl gewidmet, der im Dezember 2001 verschwand – unter Zurücklassung einer antiquarischen Ausgabe des Buches „The Perfumed Garden“ von Sir Richard Francis Burton, das zu übersetzen und in Jahresfrist zu veröffentlichen geplant war.

Wien, Juli 2004

VORBEMERKUNG

(der englischsprachigen Ausgabe von 1886)

„Der parfümierte Garten“ wurde vor dem Jahr 1850 von einem Stabsoffizier der französischen Armee in Algerien ins Französische übersetzt. Eine Autographie-Ausgabe wurde 1876 in Schreibschrift gedruckt, doch da, wie es heißt, nur fünfundzwanzig Exemplare hergestellt wurden, ist sie sowohl selten als auch teuer und wegen der Eigenart der Schrift schwer und ermüdend zu lesen. Eine vortreffliche Neuausgabe erschien jedoch kürzlich in Paris, mit Anmerkungen und Kommentaren des Übersetzers, überarbeitet und korrigiert im Licht des umfassenderen Wissens über Algerien, das gewonnen wurde, seit die erste Übersetzung gemacht wurde. Von dieser Neuausgabe wurde die gegenwärtige Übersetzung (eine exakte und wörtliche) angefertigt, und es ist das erste Mal, dass diese Arbeit – eine der bemerkenswertesten ihrer Art – in englischer Sprache erscheint.

EDITORISCHE NOTIZ

Die Fußnoten in diesem Buch stammen aus drei verschiedenen Quellen. Wenn nicht anders angegeben, sind sie von Richard Francis Burton; ursprüngliche Anmerkungen der Autographie-Ausgabe sind als solche ausgewiesen und Anmerkungen des deutschsprachigen Übersetzers mit „*Anm. d. Übers.*“ gekennzeichnet. Einfügungen des Letzteren wurden in eckige Klammern [] gesetzt. Weitere Angaben zu dieser Edition findet der Leser im Anhang.

INHALT

ANMERKUNG DES FRANZÖSISCHEN ÜBERSETZERS

zu Sheikh Nefzawi[1]

Der Name des Sheikh ist der Nachwelt nur als der des Verfassers des Parfümierten Gartens bekannt geworden; es ist das einzige Buch, das ihm zugeschrieben wird.

Obgleich sich in diesem Buche viele Irrtümer und Fehler finden, die größtenteils zu Lasten der Nachlässigkeit und Unwissenheit der Abschreiber gehen, und obgleich auch der Gegenstand des Buches nicht nach jedermanns Geschmack sein wird, ist es doch offensichtlich, daß diese Abhandlung aus der Feder eines Mannes von großer Gelehrsamkeit stammt, der ein umfassenderes Wissen von Dichtung und Medizin besaß, als man es bei den Arabern anzutreffen gewohnt ist.

Da die Araber gewöhnlich den Namen ihres Geburtsortes dem ihrigen hinzufügen, dürfen wir mit ziemlicher Sicherheit annehmen, daß der Sheikh aus der im Süden des tunesischen Königreiches am See Sebkha Melrir gelegenen Stadt Nefzaoua[2] des gleichnamigen Distriktes stammte.

---

1 *Anmerkung in der Autographie-Ausgabe:* „Der Leser, wenn er dieses Werk genauer studiert, sollte nicht vergessen, daß die Bemerkungen und Kommentare des Übersetzers vor 1850 geschrieben wurden, als man noch wenig über Algerien und gar nichts über Kabul wusste. Er wird deshalb nicht überrascht sein, daß einige kleine Details nicht dem Stand des Wissens entsprechen, das seit damals erworben wurde."

2 Im Distrikt Nefzaoua befinden sich viele isolierte Dörfer, alle im Flachland, umgeben von Palmbäumen mit großen Wasser-Reservoirs im Zentrum. Die Pilger glauben, das Land heiße Nefzaoua, weil es dort tausend „zouas" gibt (eine Kapelle, in der ein Marabout begraben ist), und es wird vermutet, daß es ursprünglich El Afoun Zaouia hieß. Doch diese arabische Etymologie scheint nicht korrekt, da, gemäß arabischen Historikern, die Namen der Örtlichkeiten älter sind als der Islamismus. Die Stadt Nefzaoua ist von einer Mauer umgeben, die aus Steinen und Ziegeln errichtet ist; sie besitzt sechs Tore, eine Moschee, Bäder und einen Markt; im Umland gibt es viele Brunnen und Gärten.

Der Sheikh selbst berichtet, daß er in Tunis gelebt hat, und vermutlich wurde das Buch auch dort geschrieben. Der Überlieferung nach hatte er sich aus einem besonderen Anlaß zu dem Werk verpflichtet, das im Widerspruch zu seinem einfachen Geschmack und seinen abgelegten Gewohnheiten stand: Dem Bey von Tunis sei hinterbracht worden, daß er im Rechtswesen, im Schrifttum und der Heilkunde sehr bewandert sei, und der Herrscher habe ihm deshalb das Amt des Kadi angeboten. Nefzawi wollte sein zurückgezogenes Leben nicht aufgeben, um ein öffentliches Amt zu bekleiden, jedoch habe er den Bey durch eine offene Weigerung nicht beleidigen wollen, um so weniger, da eine solche ihm selbst hätte gefährlich werden können; er habe daher lediglich um einen kurzen Aufschub gebeten, um ein Buch vollenden zu können, an dem er gerade schrieb.

Diese Bitte sei ihm gewährt worden, und nun habe er das Buch niedergeschrieben, dessen Abfassung er schon seit längerer Zeit geplant hatte. Das Erscheinen des Werkes habe jedoch den Verfasser in einer Weise bekanntgemacht, daß es fortan völlig unmöglich gewesen sei, ihn als Kadi wirken zu lassen.[3]

Diese Überlieferung, für die sich in den Geschichtswerken jener Zeit keinerlei Bestätigung findet und die den Sheikh Nefzawi als einen Mann von geringer Charakterfestigkeit erscheinen läßt, ist wenig glaubhaft. Man muß nur einen flüchtigen Blick in das Buch werfen, um die Überzeugung zu gewinnen, daß der Verfasser von den löblichsten Absichten beseelt war und daß er für sein Werk nicht nur keinen Tadel verdient, sondern im

3 Vielleicht war die unter diesen Umständen entstandene Schrift nicht das vorliegende Buch, sondern nur ein bedeutend kürzerer Vorläufer desselben mit dem Titel „Die Fackel des Universums".

Gegenteil mit der Abfassung desselben der Menschheit einen dankenswerten Dienst erwiesen hat. Merkwürdigerweise findet sich in der Literatur der Araber kein einziger Kommentar zu diesem Buch; der Grund dafür ist vielleicht darin zu suchen, daß der Gegenstand, den es behandelt, seriöse und gelehrte Männer unnötigerweise abgeschreckt hat – ich sage unnötigerweise, weil dieses Buch, mehr als jedes andere, nach Kommentaren verlangt; schwerwiegende Fragen werden darin behandelt, und es öffnet ein weites Feld für Untersuchungen und Meditationen.

Was könnte wichtiger sein als das Studium der Prinzipien, die das Glück von Männern und Frauen – wegen ihrer wechselseitigen Beziehungen – begründen? Beziehungen, die ihrerseits wieder vom Charakter, der Gesundheit, dem Temperament und der Konstitution abhängen, die zu studieren recht eigentlich die Aufgabe der Philosophen ist.[4] Ich habe mich bemüht, diese Unterlassung einigermaßen gut zu machen, indem ich eine Anzahl von Anmerkungen eingefügt habe, die zwar – das weiß ich sehr wohl – unvollständig sind, trotzdem aber eine gewisse Orientierung bieten.

Bei zweifelhaften und schwierigen Stellen, und wo die Meinung des Verfassers nicht klar ausgedrückt zu sein schien, habe ich mich bei den Gelehrten der verschiedensten Glaubensbekenntnisse nach Aufklärung umgesehen, und mit ihrem freundlichen Beistand wurden in der Tat manche von mir im Anfang für unüberwindlich gehalte-

4 „Wir müssen uns nicht fürchten, die Vergnügungen der Sinne mit den höchsten geistigen Vergnügungen zu vergleichen; geben wir uns nicht dem Irrtum hin, zu glauben, daß es natürliche Vergnügungen von zweierlei Art gibt, von denen die eine unedler als die andere sei; die edelsten Vergnügungen sind die großartigsten." – (Essai über die moralische Philosophie, von M. de Maupertuis, Berlin 1749.)

ne Schwierigkeiten überwunden. Es ist mir eine Freude, diesen hilfreichen Geistern hiermit meinen Dank aussprechen zu können.

Von den Schriftstellern, die sich mit ähnlichen Themen befaßt haben, läßt sich kein einziger zur Gänze mit unserem Sheikh vergleichen, denn sein Buch erinnert den Leser gleichzeitig an Aretino, den Verfasser von „Eheliche Liebe“, und an Rabelais; die Ähnlichkeit mit letzterem ist zuweilen so auffallend, daß ich gelegentlich in Versuchung kam, Parallelstellen aus „Gargantua und Pantagruel“ anzuführen.

Was die Abhandlung des Sheikh so einzigartig macht, ist die Ernsthaftigkeit, mit der die laszivsten und obszönsten Themen dargestellt sind. Es ist offensichtlich, daß der Verfasser von der Wichtigkeit seines Themas überzeugt ist, und sein Wunsch, den Mitmenschen nützlich zu sein, ist das einzige Motiv für seine Anstrengungen.

Um seinen Ratschlägen mehr Gewicht zu verleihen, zögert er nicht, Zitate aus religiösen Schriften anzuführen, und ruft in manchen Fällen sogar die Autorität des Koran an, des heiligsten Buches der Muselmanen.

Man kann annehmen – obgleich sein Werk kein Sammelwerk ist –, daß es nicht ausschließlich dem Genie Sheikh Nefzawis entsprungen ist, sondern mehrere Abschnitte vermutlich von arabischen und indischen Schriftstellern entlehnt wurden. So ist etwa der Bericht von Mosailama und Sheja dem Werk des Mohammed Ben Djerir el Taberi entnommen; die Beschreibung der verschiedenen beim Koitus einzunehmenden Stellungen sowie der in jedem einzelnen Fall angemessenen Bewegungen stammt aus indischen Werken; und in dem Kapitel über die Auslegung von Träumen scheint das Buch des Azzedine el Moccadesi

„Vögel und Blumen“ zu Rate gezogen worden zu sein. Hieraus ist dem Autor aber keineswegs ein Vorwurf zu machen, sondern sicherlich ist im Gegenteil ein Schriftsteller zu loben, wenn er sich die Erleuchtungen von Gelehrten vergangener Zeiten zunutze macht, und es wäre undankbar, wollte man den Nutzen nicht anerkennen, der dadurch seinen Lesern, die in der Kunst des Liebens noch Anfänger waren, erwuchs.

Es ist nur zu bedauern, daß dieses in vielerlei Hinsicht vollständige Werk eine große Lücke aufweist, indem ein unter den Arabern allgemein verbreiteter Brauch überhaupt nicht zur Sprache kommt. Ich meine die auch von den alten Griechen und Römern bestätigte Vorliebe für Knaben vor Frauen oder sogar dafür, mit letzteren wie mit Knaben zu verkehren.

Hierüber sowie über die gegenseitigen Vergnügungen von Frauen, sogenannten *Tribaden*, hätte sich wohl manches Lehrreiche sagen lassen. Dasselbe Stillschweigen hat der Autor in Bezug auf die *Sodomie* [den Verkehr mit Tieren] gewahrt. Nichtsdestotrotz beweisen zwei Geschichten, deren eine von gegenseitigen Liebesbezeigungen zweier Frauen handelt, während in der anderen von einer Frau, die sich der Liebesdienste eines Esels versichert, berichtet wird, daß der Autor über solche Dinge Bescheid wußte. Es ist daher unentschuldbar, daß er auf diese Besonderheiten nicht ausführlicher eingegangen ist.

Gewiß wäre es für uns interessant gewesen, zu erfahren, welche Tiere durch ihre natürliche Veranlagung und körperliche Beschaffenheit am besten geeignet sind, einem Manne oder einer Frau Vergnügen zu bereiten, und welche Folgen solcherlei geschlechtliche Verbindungen haben können.

Und letztlich schweigt der Sheikh sowohl über die Genüsse, die ein Mund oder die Hand einer schönen Frau spenden kann, als auch über den *Cunnilingus.*[5]

Was mag das Motiv für diese Auslassungen gewesen sein? Das Stillschweigen des Autors kann nicht seiner Ignoranz zugerechnet werden, denn seine Schilderungen offenbaren einen derartigen Umfang und eine so große Mannigfaltigkeit an Kenntnissen, daß ein Zweifel an seinem Wissen ausgeschlossen ist.

Sollten wir den Grund für diese Lücke vielleicht in der Verachtung, die der Muselmane in Wahrheit für Frauen empfindet, suchen und darin, daß er vielleicht der Meinung ist, es entspreche nicht seiner Manneswürde, sich zu anderen Liebkosungen herabzulassen als jenen, die den Gesetzen der Natur entsprechen? Oder hat der Verfasser die Erwähnung derartiger Themen vielleicht unterlassen, um nicht selbst in den Verdacht zu geraten, solche Vorlieben zu haben, die von anderen als entartet angesehen werden?

Wie dem auch sein mag – das Buch enthält viele nutzbringende Informationen und eine große Menge kurioser Fälle, und ich habe diese Übersetzung angefertigt, weil ich die Überzeugung Sheikh Nefzawis, die er in seiner Einleitung äußert, teile: „Ich schwöre bei Gott, es ist mein Wunsch und meine ernsthafte Absicht, daß das Wissen, welches in diesem Buch versammelt ist, größere Verbreitung finden soll. Nur ein Stumpfsinniger und ein Feind der Erkenntnis würde versuchen, es zu ignorieren oder sich darüber lustig zu machen."

---

5 Paediconibus os olere dicis;
Hoc si, sicut ais, Fabulle, verum est,
Quid credis olere cunnilingis?

Die Münder der Päderasten, sagst du, riechen schlecht;
Wenn das wahr wäre, wie du beteuerst, Fabulus,
Was denkst du dann über jene, welche die Vulva lecken?
MARTIALIS, XII. Buch, Epigramm 86.

EINLEITUNG

Allgemeine Bemerkungen über den Koitus

Gepriesen sei Gott, der den natürlichen Leib der Frau als Quell höchster Lust für den Mann bestimmt hat und den natürlichen Leib des Mannes als Quell höchster Lust für die Frau.

Gepriesen sei Gott, der entschied, daß das Wohlgefühl, die Lust und die geschlechtliche Befriedigung der Frau von dem Empfang abhängig sein soll, den sie dem männlichen Glied bereitet, und daß ein Mann weder Ruhe noch Frieden finden soll, ehe er seine Pflicht nicht ehrenvoll erfüllt hat!

Kommt es zum Liebesakt, beginnt schon bald, nach harmlosen Tändeleien, ein lebhafter Wettstreit zwischen den beiden Liebenden. Sie scherzen miteinander, küssen, streicheln und umarmen sich, wobei sie sich mehr und mehr ineinander verschlingen, und die Lust, als Folge der Berührungen und Liebkosungen, vor allem in der Schamgegend, nicht lange auf sich warten läßt. Dann dringt der Mann vorsichtig in sie ein und arbeitet schon bald, in der Fülle seiner Kraft, wie ein Stößel, wobei ihm die Frau kunstreich, mit lasziven, wellenförmigen Bewegungen, zu Hilfe kommt. Früh, viel zu früh kommt sein Erguß!

Gepriesen sei Gott, der uns den Kuß auf den Mund, die Wangen, den Hals und den Nacken gewährt hat, das Saugen und Trinken an süßlich-sinnlichen Lippen, um zu jeder gewünschten Zeit eine Erektion zu bewirken. ER war es, der in seiner Weisheit den Oberkörper der Frau mit Brüsten ausstattete, sie mit einem Doppelkinn schmückte und ihre Wangen mit den strahlenden Feuerfarben von Juwelen und Brillanten versah. ER war es, der ihren Augen das Vermögen gab, im Mann die Liebe und leidenschaftliches Begehren zu entflammen; der den Saum ihrer Augen mit einem Strahl glänzender Wimpern wie mit blinkenden Klingen umgab. Mit bewundernswerten Flanken und einem herrlichen Nabel erhöhte ER die Schönheit ihres sanft gewölbten Bauches. An der Rückseite stattete ER sie mit den üppigen Halbmonden zweier vortrefflich gestalteter Doppelfleischhälften aus. Und ließ alle diese Wunder auf zwei majestätischen Oberschenkeln ruhen, zwischen denen ER das Kampffeld gesetzt hat, das, ist es üppig, in seiner Fülle einem Löwenkopf gleicht und das die Menschen „Vulva" nennen. O, unzählbar sind die Namen der Männer, die an dieser Pforte schon ihr Leben lassen mußten! Und unter ihnen nicht wenige der Tapfersten und Besten.

Gott hat diesem Objekt einen Mund, eine Zunge[1], zwei Lippen und eine Form, vergleichbar dem Hufabdruck einer Gazelle im Wüstensand, gegeben.

Alle diese Wunder aber werden von zwei wunderbaren Säulen getragen, die Zeugen der Macht und der Weisheit Gottes sind; sie sind wohlgeformt, verziert mit den Ornamenten der Knie, der Waden und der zarten Fußknöchel, auf deren Bug kostbare Edelsteine ruhen. Der Allmächtige hat die Frau in ein Meer des Entzückens, verschwenderischer Pracht und üppiger Wollust getaucht; ER hat sie in die kostbarsten Gewänder gehüllt und ihr Gesicht mit einem Lächeln erhellt.

Gepriesen sei Gott, daß ER die Frau in ihrer Schönheit und ihrem reizvollen Körper erschuf; mit glänzendem Haar, der Taille, dem Hals, mit Brüsten, die anschwellen, und verliebten Gebärden, die das Verlangen mehren.

Der Herr der Welten hat ihr die Macht, zu verführen, verliehen; alle Männer, ob stark oder schwach, unterliegen ohne

1 Gemeint ist die Klitoris.

Ausnahme ihrem Zauber. Auch das Gemeinschaftsleben hängt von der Frau ab; sie ist es, die den Aufenthaltsort wählt und über Aufbruch und Bleiben der Familie bestimmt.

Der Zustand der Demütigung in den Herzen jener, die lieben, aber vom Objekt ihrer Zuneigung getrennt sind, verzehrt ihre Brust mit den Flammen der Liebe und erfüllt sie mit Unterwürfigkeit, Elend und Verzweiflung. So werden sie, infolge ihrer Leidenschaft, auf jede Art und Weise um ihr Schicksal betrogen; und dies alles nur wegen des brennenden Verlangens nach Vereinigung.

Ich, der Diener Gottes, erweise IHM meinen Dank, dafür, daß kein Mann dem Zauber einer schönen Frau widerstehen und sich von dem Verlangen, sie zu besitzen, befreien kann; weder durch einen Ortswechsel noch durch Flucht noch durch Trennung.

Ich bezeuge, daß es keinen anderen Gott gibt außer IHM, dem Lebendigen, dem aus sich selbst Seienden und Allerhaltenden! Und ich werde an diesem Zeugnis festhalten bis zum Tag des Letzten Gerichts.

Ebenso lege ich für MOHAMMED Zeugnis ab, den Diener und Gesandten Gottes, den Propheten der Propheten (Gottes Segen und Barmherzigkeit seien mit ihm, seiner Familie und seinen Schülern[2]). Ich bewahre meine Gebete und Segenssprüche für den Tag der Vergeltung auf. Gebe Gott, daß sie gehört werden!

---

2 Mohammed ruft in Vers 56 der Sure 33 mit dem Titel „Die Gruppierungen" die Gläubigen dazu auf, den Segen über ihn zu sprechen und ihn mit dem gehörigen Gruß zu grüßen. Es geschieht in Erfüllung dieses Gebotes, daß die Muselmanen den Namen ihres Propheten weder aufschreiben noch aussprechen, ohne die heilige Formel „Gott segne ihn und schenke ihm Heil" hinzuzufügen.

Über die Entstehung dieses Buches

Das vorliegende Werk basiert auf einem kleinen Buch mit dem Titel *Die Fackel des Universums*, das von den Mysterien der Zeugung handelt. Dieses Büchlein fand die Aufmerksamkeit des Wesirs unseres Herrn Abd-el-Aziz, Herrscher von Tunis, dem er auch Hofdichter, Kamerad, Freund und Privatsekretär war. Er war ein außerordentlicher Mann, gerecht im Urteil, erfahren, weise, klug, und galt als der gelehrteste Mann seiner Zeit. Er hieß Mohammed ben Ouana ez Zouaoui und gehörte dem Stamm der Zouaoua an.[3] Er war nach Algier gekommen und hatte dort die Bekanntschaft unseres Herrn Abd-el-Aziz el Hafsi gemacht.[4]

Am Tag der Eroberung von Algier durch die Spanier floh unser Herr mit ihm nach Tunis (Möge ihn die Macht Gottes bis zum Tag der Auferstehung beschützen!) und ernannte ihn dort zum Großwesir.

---

3 Die Zouaoua [zu Deutsch: die Igawawen oder Gawawa, Arabisch: Zwāwa] waren ein unabhängiger Kabylen-Stamm, der die Höhen von Djurjura bewohnte. Das Land Kon-Kon, das von den spanischen Schriftstellern als Königreich dargestellt wird, war das Gebiet, das dem Zouaoua-Stamm unterstand, der häufig in Konflikte mit den Türken geriet, nachdem jene in Tunis gelandet waren.

4 Bei dem betreffenden Zeitraum kann es sich nur um die Unterwerfung Algiers durch die Spanier handeln, als die Stadt im Jahr 1510 (916 nach der Hedschra) die Herrschaft Spaniens anerkannte und sich verpflichtete, Tribut zu zahlen, oder um die Etablierung der türkischen Herrschaft im Jahr 1515 (921 nach der Hedschra). Dies sind die einzigen zwei Fälle von Unterwerfung, die uns von den Historikern überliefert wurden; und in keinem dieser Perioden regierte ein Abd-el-Aziz Tunis. Es ist jedoch recht wahrscheinlich, daß der Autor von der türkischen Besetzung spricht, als Barbarossa [der griechische Seeräuber islamischen Glaubens, Cheir-ed-Din Barbarossa], nachdem er vom Emir von Algier eingeladen worden war, ihm mit seinen Türken im Krieg gegen die Spanier zu helfen, in der Stadt ankommt, den Emir tötet und sich selbst als König von Algier ausruft.

Damals hieß der Regent von Tunis Abou Omar Amane Mohammed. Der Bey mit dem Namen Abd-el-Aziz, der nach der Periode seiner Regentschaft den Ereignissen, die der Autor erwähnt, am nächsten kommt, war Abou Omar Abd-el-Aziz, der 893 starb und einer der besten Kalifen der Ben-Hafs-Dynastie war. Dieser Fehler oder diese Abweichung wird niemanden überraschen, der weiß, wie ungenau die Araber bei Zitaten sind.

Kurz nachdem das oben erwähnte Büchlein in seine Hände gelangt war, ließ er mir die Einladung überbringen, ihn möglichst bald in seinem Wohnhaus zu besuchen. Ich kam der Einladung nach und wurde von ihm mit großer Liebenswürdigkeit empfangen. Drei Tage später kam er zu mir, zeigte mir das kleine Buch und sagte:

„Das ist dein Werk!"

Als er sah, daß ich errötete, fügte er hinzu:

„Du hast keinen Grund, dich zu schämen, denn alles, was du geschrieben hast, ist wahr; es steht in diesem Buch nichts, weshalb irgend jemand sich fürchten müßte. Abgesehen davon bist du nicht der erste, der dieses Thema behandelt, und, ich schwöre bei Gott, es ist mein Wunsch und meine ernsthafte Absicht, daß das Wissen, welches in diesem Buch versammelt ist, größere Verbreitung finden soll. Nur ein Stumpfsinniger und ein Feind der Erkenntnis würde versuchen, es zu ignorieren oder sich darüber lustig zu machen. Aber höre: Es gibt da noch ein paar Dinge, die du auch anführen solltest."

Ich fragte ihn, welche das wären, und er antwortete:

„Ich wünsche, daß du deinem Werk ein Kapitel hinzufügst, das die Heilmittel und Arzneien behandelt, die du bisher in deiner Arbeit nicht erwähnt hast, daß du alle bekannten Tatsachen dazu aufzählst und nichts ausläßt. Du wirst auch über die Beweggründe schreiben, über die Umstände und die Bedingungen, die den Koitus erschweren, oder wie er zu verhindern ist. Du wirst des weiteren die Heilmittel erwähnen, die man gegen den Verlust der Potenz gebraucht, und jene, die Verwünschungen aufheben; außerdem die Mittel, durch welche ein kleines Glied größer gemacht werden kann, sowie jene Mittel, durch die man den schlechten Geruch aus den Achselhöhlen und von dem Geschlecht der Frau vertreiben kann, damit sie wohlriechend werden, und durch welche Mittel man das Geschlecht der Frau wieder verengen kann. Du wirst dich auch mit der Schwangerschaft befassen, damit das Buch vollständig werde und keine Fragen offen läßt. Erst dann wird deine Arbeit vollendet sein."

Ich antwortete dem Wesir: „O mein Herr, dem gerecht zu werden, was Ihr aufgezählt habt, fällt mir nicht schwer, wenn es auch Gott, dem Herrn im Himmel, wohlgefällig ist." [5]

Nachdem er gegangen war, machte ich mich unverzüglich an die Arbeit, erstellte ein Verzeichnis und begann, Material für die Ausarbeitung zu sammeln.

Ich erflehte den Beistand Gottes, der alles zu unserem Besten geordnet hat (denn es gibt nur einen Gott, und alles Gute kommt von Ihm), und bat Ihn, mich auf den rechten Weg zu führen. Unsere Stärke und unser Glück gründen in Gott, dem Allmächtigen, dem Allerhöchsten; und es gibt keine Macht und keine Freude als in Ihm. Unsere Kraft und Seligkeit ruhen in Gott, dem Allmächtigen und Allerhöchsten!

Ich nannte mein Buch *Der parfümierte Garten als Jungbrunnen der Seelen* (Er Roud el Âater p'nezaha el Khater).

---

5 Die Araber sagen nie, daß sie etwas tun, ohne anzufügen: „Wenn es Gott gefällt." Die Vorschrift des Koran (Vers 23, Sure 18) lautet: „Und sprich nie von einer Sache: ‚Ich werde es morgen tun', es sei denn (du fügst hinzu): ‚So Allah will.'"

Der Ursprung dieser Verse wird der momentanen Verzweiflung Mohammeds zugeschrieben, in die er verfiel, nachdem er den Juden versprochen hatte, ihre Fragen zu beantworten, doch vergessen hatte, „So Allah will" hinzuzufügen. Als Strafe erhielt er die Offenbarungen erst einige Tage später. Der gesamte Vers lautet:

„Und sprich nie von einer Sache: ‚Ich werde es morgen tun', es sei denn (du fügst hinzu): ‚So Allah will.' Und gedenke deines Herrn, wenn du dies vergessen hast, und sprich: ‚Ich hoffe, mein Herr wird mich noch näher als diesmal zum rechten Wege führen.'"

Um das Studium dieses Buches zu erleichtern, habe ich es in einundzwanzig Kapitel unterteilt. Jedes Kapitel bezieht sich auf ein bestimmtes Thema, sei es medizinischer Natur, anekdotisch oder eine Aufzählung der Schliche und Täuschungen der Frauen.

ERSTES KAPITEL

Von lobenswerten Männern

WISSE, o Wesir (möge der Segen Gottes auf dir ruhen), zwar gibt es Männer und Frauen von unterschiedlichster Wesensart, jedoch unterscheidet man sie danach, ob sie es wert sind, gelobt zu werden, oder ob sie es verdienen, getadelt, ja verachtet zu werden.

Ist ein untadeliger Mann mit einer begehrenswerten Frau zusammen, schwillt sein Glied an; es erstarkt, wird kraftvoll und hart; es ejakuliert nicht schnell und ist nach dem Höhepunkt bald wieder zu einer Erektion bereit.

Da die Frauen die Männer nur um des Koitus willen lieben, sollte das Glied von ausreichender Größe und Länge sein, der Oberkörper leicht und das Gesäß kräftig; ein Mann sollte wissen, wie er seinen Erguß kontrollieren kann, und immer zur Erektion bereit sein; sein Glied sollte bis auf den Grund des weiblichen Geschlechtes reichen und dieses zur Gänze ausfüllen. Ein Mann mit solchen Vorzügen wird von den Frauen innig geliebt werden. Wie der Dichter schon sagt:

Ich habe Frauen gesehen, die bei Jünglingen
die ausdauernden Vorzüge zu finden hofften,
die einen Mann im Vollbesitz seiner Stärke auszeichnen.
Die Schönheit und die Freude am Genuß,
Kraft und Beherrschung,
ein wohlgeformtes Glied, fähig und hilfreich,
die Dauer der Umarmung
zu verlängern,
kräftige Hinterbacken, doch der Oberkörper leicht,
wie Licht
flutet er über ihren Körper,

wieder und wieder, bedeckt das Wasser der Meere
den Strand.
Ohne Hast
gelangt er ans Ziel.
Fähig zum Genuß,
kommt sein Höhepunkt
wie ein seit langer Zeit ersehntes Vergnügen.
Wieder und wieder
ist er bereit,
das Feld zwischen ihren Schenkeln zu pflügen.
Von solcher Art
ist der Mann, dessen Verehrung die Frauen lieben.

Von den Vorzügen, die Frauen bei Männern suchen

Es wird erzählt, daß Abd-el-Melik ben Merouane[1] eines Tages seine Geliebte Leilla[2] aufsuchte, um ihr einige Fragen zu stellen. Unter anderem wollte er von ihr wissen, was denn die Vorzüge wären, auf die Frauen bei Männern achten.

Sie antwortete ihm: „O, mein Herr, ihre Wangen müssen so rosig sein wie die unsrigen."

„Und was noch?", fragte ben Merouane.

„Ihr Haar muß glänzen, voll und geschmeidig sein wie das unsere … – tatsächlich aber müssen sie Euch ähnlich sein. Denn eines ist gewiß, o Prinz der Gläubigen: Wenn

1 Abd-el-Melik ben Merouane war Kalif von Damaskus; er regierte über Arabien, Syrien und Teile des Orients. Er lebte um das Jahr 76, denn die Geschichte verzeichnet, daß er in diesem Jahr Münzen mit der Aufschrift „Gott ist einzig, es gibt nur einen Gott" prägen ließ. Sein Name findet sich auch auf einigen Münzen, die aus den Jahren vor 75 stammen.

2 Leilla ist eine Poetin, die zur Zeit des Kalifen Abd-el-Melik, dem Sohn Merouanes, lebte. Sie wurde Akhegalia gerufen, da sie einer Familie entstammte, welche „die Kinder von Akhegal" genannt wurde. Sie ist berühmt für die Liebe, die sie in Medjenoun weckte und die Heldin vieler Liebesgeschichten.

ein Mann nicht stark und reich ist, wird er bei den Frauen wenig gelten."

Über die Länge des männlichen Gliedes

Um eine Frau zu befriedigen, sollte das männliche Glied nicht länger als zwölf Finger- oder drei Handbreit sein und nicht kürzer als sechs Finger- oder eineinhalb Handbreit.

Ein Mann, dessen Glied kürzer als zwei Handbreit ist, wird die Frauen zwar erfreuen, aber nur mit wechselndem Erfolg befriedigen.

Über den Gebrauch und Nutzen von Parfum beim Liebesakt

Die Geschichte von Mosailama

Düfte haben die Macht, das sexuelle Begehren der Menschen zu erregen. Das trifft auf Männer wie auf Frauen gleichermaßen zu. Der Gebrauch von Parfum hat sich schon oft als hilfreich erwiesen, wenn ein Mann eine Frau verführen wollte.

Zu diesem Thema ist die Geschichte von Mosailama[3], dem Betrüger, dem Sohn Kais (den Gott verfluche!), überliefert, die ich hier erzählen will. Mosailama behauptete von sich, das Gottesgeschenk der Prophetie zu besitzen, und es ist bekannt, daß er dabei auch den Propheten Gottes (Mögen Gottes Heil und Segen auf ihm ruhen!) nachahmte. Aus diesem Grund haben er und viele Araber sich den Zorn des Allmächtigen zugezogen.

3 Mosailama war einer der größten Konkurrenten von Mohammed. Er gehörte zum Stamm der Honcifa in der Provinz Yamama und war Anführer einer Delegation, die von seinem Stamm zu Mohammed geschickt wurde; er nahm den Islamismus im Jahr 9 der Hedschra an.

Mosailama, der Betrüger, der Sohn Kais, fälschte und verfälschte den Koran durch seine Lügen und Unwahrheiten, wie es ihm gerade paßte. Als eines Tages Leute eines bösen Glaubens ihn besuchten und die Sprache auf jenes Kapitel des Koran kam, welches der Engel Gabriel[4] (Gott gewähre ihm Erlösung!) dem Propheten (die Gnade Gottes sei mit ihm!) gebracht hatte, behauptete Mosailama: „Der Engel Gabriel hat auch mir ein ähnliches Kapitel gebracht."

Dann begann er sich über das Kapitel *Der Elefant* (al-Fīl)[5] lustig zu machen, indem er sagte: „In dem Kapitel *Der Elefant* sehe ich den Elefanten. Ich frage mich: Was ist der Elefant? Wofür steht er? Was ist dieser Vierfüßler eigentlich? Er hat einen Schwanz, ein Schwanzende und einen langen Rüssel. Er ist wahrlich eine Schöpfung Gottes, des Großartigen!"

Das Kapitel *Der Überfluß* (al-Kauthar)[6] war ebenfalls Gegenstand seiner Spottreden. Er sagte: „Wir haben Dir wertvolle Edelsteine gegeben, aus denen Du, Mächtigster, Dir selbst die wertvollsten auswählen kannst. Denn wir haben Dir, Höchster, den Vorzug vor allen Menschen gegeben. Also wähle gut und gib acht, daß dies Dich nicht zum Hochmut verführt."

4 Dieser Engel spielt eine große Rolle im Koran und in später nachfolgenden orientalischen Büchern. Er überbrachte Mohammed die himmlischen Offenbarungen. Er zählt zu jenen Geistwesen, welche die Muselmanen „Mokarrabinen" nennen, was so viel bedeutet wie „in größter Nähe zu Gott sein".

5 Es gibt ein Kapitel des Koran, das „Der Elefant" übertitelt ist. Diese 105. Sure hat ihren Ursprung in dem Sieg des Propheten über einen äthiopischen Prinzen; der weiße Elefant, auf dem der Prinz ritt, kniete sich beim Anblick des Propheten aus Verehrung vor ihn hin. Seit damals ist der Sieg in dem Titel der Sure verewigt. Es war dieser Titel, über den sich Mosailama lustig zu machen versuchte, indem er vorgab, nur den Namen eines Tieres zu sehen und seine wahre Bedeutung nicht zu verstehen.

6 Die Überschrift von Sure 108 des Koran lautet „al-Kauthar" [es ist die kürzeste des Korans; ihr Inhalt lautet: „Wahrlich, wir haben dir die Überfülle gegeben. / Darum bete zu deinem Herrn und schlachte (Opfertiere). / Wahrlich, der dich haßt, ist es, der (vom Segen der Nachkommenschaft) abgeschnitten ist."]

Auf diese Art und Weise hat Mosailama mit seinen Lügen und Unwahrheiten zahlreiche Kapitel des Koran verfälscht.

Eines Tages nun, während er bei der Arbeit war, kam ihm zu Ohren, was über den Propheten (Gottes Gnade sei mit ihm) gesagt wurde. Hörend lernte er, daß, wenn der Prophet seine ehrwürdigen Hände einem Kahlköpfigen auflegte, diesem sofort das Haar nachwuchs; spie er in eine Quelle, strömte das Wasser im Überfluß; war das Wasser zuvor salzig gewesen, wurde es mit einem Mal frisch und süß; strich er seinen Speichel auf ein blindes oder von Krankheit befallenes Auge, war es sofort wiederhergestellt; legte er aber seine Hand auf den Kopf eines Kindes und sprach dazu die Worte: „Lebe hundert Jahre lang", so war es gewiß, daß dieses Kind hundert Jahre lang leben würde.

Auch die Schüler Mosailamas hörten diese Reden. Sie gingen zu Mosailama und sagten: „Hast du von dem Propheten Mohammed gehört und den Wundern, die er vollbringt?"

Er antwortete ihnen: „Ich habe davon gehört. Ich werde es besser machen als er."

Nun war Mosailama ein Feind Gottes, und wenn er seine unwürdige Hand einem spärlich behaarten Kopf auflegte, so wurde dieser mit einem Schlag kahl; spie er in einen Brunnen mit Süßwasser, wurde es sofort salzig; strich er seinen Speichel auf ein von Krankheit befallenes Auge, erblindete es; und wenn er seine Hand auf den Kopf eines Kindes legte und dabei die Worte sprach: „Lebe hundert Jahre lang", so fiel es mit Sicherheit auf der Stelle tot um.

Seht, o meine Brüder, was jenen passiert, deren Augen sich dem Licht verschließen und die Hilfe des Allmächtigen leugnen!

Hört nun, was jener Frau aus dem Stamme der Beni-Temin widerfuhr, deren Name Sheja el Temimia war. Diese Frau war zur Prophetie berufen. Sie hatte von Mosailama gehört und er von ihr.

Sie war sehr mächtig, denn der Stamm der Beni-Temin war zahlreich. Eines Tages sagte sie sich: „Das hat es noch nie gegeben, daß zwei Menschen zur selben Zeit zur Prophetie berufen waren. Entweder ist er ein Prophet, und dann werden ich und meine Schüler seine Gesetze befolgen, oder ich bin der Prophet, und er und seine Schüler müssen meine Gesetze befolgen."

Dies alles geschah nach dem Tod des wahren Propheten (auf dem der Segen Gottes ruhe!).

Sheja schrieb nun an Mosailama folgenden Brief:

Es ist nicht üblich, daß zwei Menschen gleichzeitig prophezeien; wir werden uns treffen und unsere Lehren prüfen, wir und unsere Schüler werden das diskutieren, was Gott uns offenbart hat, und wir werden den Gesetzen desjenigen folgen, der sich als der wahre Prophet erweist.

Dann verschloß sie den Brief, gab ihn einem Kurier und sagte zu ihm: „Bring diese Botschaft nach el Yamama und übergib sie Mosailama ben Kais; in der Zwischenzeit werde ich mit meinem Heer nachkommen."

Am nächsten Tag bestieg die Prophetin ihr Pferd und brach, begleitet von ihrem Gefolge, nach el Yamama auf.

Der Kurier, in der Stadt angekommen, begab sich sogleich zu Mosailama, grüßte ihn und übergab den Brief.

Mosailama öffnete den Brief, las und begriff sofort den Ernst der Botschaft. Er ließ seine Vertrauten zu sich rufen, um sich mit ihnen zu beraten. Einer nach dem anderen kam, um ihm seine Ratschläge zu unterbreiten und seine Ansichten zu dem Problem darzulegen. Mosailama aber hörte nichts als leere Worte, denn keiner ihrer Ratschläge konnte ihn aus seiner mißlichen Lage befreien.

In dieser Bestürzung näherte sich ihm einer seiner Ratgeber, mit dem er noch nicht gesprochen hatte, und sagte zu ihm: „O Mosailama, beruhige deine Seele und erfrische dein Auge. Ich will dir raten wie ein Vater seinem Sohn."

„Sprich, und laß deine Worte aufrichtig sein!", antwortete Mosailama.

„O Mosailama, errichte morgen in aller Frühe außerhalb der Stadt ein Zelt aus gefärbtem Brokat. Innen statte es mit den kostbarsten Seidenstoffen aus.[7] Fülle es danach mit den Düften erlesener Parfums wie Amber und Moschus und mit stark duftenden Blumen wie der Rose, mit Orangenblüten, Jasmin, Narzissen, Hyazinthen und Nelken. Sobald dies getan ist, stelle im Zelt einige goldene Gefäße auf, die mit grüner Aloe, grauem Amber, *nedde*[8] und ähnlichem gefüllt sind. Dann verschließe die Eingänge so, daß keiner dieser Düfte entweichen kann.

Wenn du siehst, daß die Düfte so stark geworden sind, daß sie das Wasser, welches in dem Zelt ist, sättigen, besteige deinen Thron und laß die Prophetin rufen, um mit ihr alleine in dem Zelt zu reden. Wenn sie das Duftgemisch einatmet, wird sich ihr Körper entspannen, sie wird zugleich entzückt und erregt sein und sich fühlen,

---

7 Es ist hier vielleicht angebracht, zu erwähnen, daß unter den nomadischen Arabern der Brauch vorherrscht, daß der Mann, der mit seiner Frau schlafen will, über ihr ein Zelt errichtet. Daher wird ein Mann, der heiraten wird, auch *bani* (Gebäude) genannt; und von einem Mann, der frisch verheiratet ist, sagt man: „Bena ala Ahili", was bedeutet: „Er hat über seiner Frau gebaut."

8 *Nedde* ist eine Mixtur aus verschiedenen Parfümen, die hauptsächlich aus Benzoeharz [„Weihrauch aus Java"] und Amber besteht. Die Mixtur ist schwarz und wird in einen kleinen Zylinder gefüllt. Sie wird über Kohle verbrannt oder indem man den Zylinder wie die Räucherkerzchen in den Serails an einem Ende anzündet. Einigen Autoren zufolge bedeutet *nedde* nur die Aufbereitung von Amber.

als ob ihr gleich die Sinne schwinden. Siehst du, daß es soweit ist, frag sie, ob du ihr Begehren stillen sollst; sie wird nicht zögern, dem zuzustimmen. Hast du sie aber erst einmal besessen, wirst du für immer von den Schwierigkeiten, die sie und ihre Gefolgschaft dir bereitet haben, befreit sein."

„Du hast gut gesprochen", rief Mosailama begeistert aus. „Bei Gott, dein Rat ist gut und gut durchdacht." Und sogleich gab er Anweisung, den Plan auszuführen.

Nachdem alles seinen Wünschen gemäß geschehen war und er sah, daß das Duftgemisch stark genug war, um das Wasser in dem Zelt zu sättigen, setzte er sich auf seinen Thron und ließ die Prophetin rufen. Er begann, mit ihr zu sprechen, und während er sprach, bemerkte er, wie sie allmählich an Geistesgegenwart verlor und ihre Aufmerksamkeit nachließ; sie schien verwirrt und benommen.

Da wußte er, daß sie den Beischlaf begehrte, und er sagte:

„Komm, erhebe dich und laß mich dich besitzen; dieser Ort wurde eigens für diesen Zweck vorbereitet. Wenn du willst, kannst du dich auf den Rücken legen oder auf allen Vieren hinhocken oder knien wie beim Gebet, ein Dreifuß, mit deiner Stirn am Boden und deinem Gesäß in der Luft.[9] Welche Stellung du auch immer begehrst, sprich, und du sollst erhört werden."

„Ich will es auf jede Weise", antwortete die Prophetin. „Laß die Offenbarung Gottes in mich eindringen, o Prophet des Allmächtigen!"

---

9 Um diese Passage richtig zu verstehen, muß man wissen, daß die Araber, wenn sie beten, auf dem Boden knien, mit dem Gesicht nach unten und den Händen bei den Knien. Der Dreifuß wird dann durch die Knie und den Kopf, der den Boden berührt, geformt. Es ist leicht zu sehen, daß dadurch der hintere Teil des Körpers in die Höhe ragt. Die Durchführung des Beischlafs in dieser Position ist in Kapitel sechs, sechste Stellung, beschrieben.

Er stürzte sich auf sie und erfreute sich an ihr, wie es ihm gefiel. Danach sagte sie zu ihm: „Ich werde diesen Ort jetzt verlassen. Komm später zu mir und erbitte mich von meiner Gefolgschaft als deine Frau."

Als ihre Schüler, die in einiger Entfernung von dem Zelt auf sie gewartet hatten, sie nach dem Ergebnis der Beratung fragten, antwortete sie ihnen: „Mosailama hat mir alles gezeigt, was ihm offenbart worden ist, und ich weiß, daß es die Wahrheit ist: Gehorcht ihm!"

Später ging Mosailama zu ihr und erbat sie von ihrer Gefolgschaft als Frau, was ihm gewährt wurde. Als die Gefolgschaft ihn nach der Morgengabe für seine zukünftige Braut fragte, antwortete er ihnen:

„Ich erlasse euch die Verrichtung des Nachmittagsgebetes."

Seit damals beten die Beni-Temin nicht mehr um diese Stunde. Und wenn man sie nach dem Grund dafür fragt, antworten sie: „Die Weisung unserer Prophetin ist der Grund dafür; sie allein kennt den Weg der Wahrheit." Denn sie haben nie einen anderen als ihren Propheten akzeptiert. Darauf bezieht sich auch der Dichter, wenn er sagt:

Uns war eine Frau als Prophetin gegeben;
und wir halten ihre Worte hoch.
Allen anderen Menschen jedoch
bestimmen die Gesetze
männlicher Propheten das Leben.

Der Tod Mosailamas war durch den Propheten Abou Beker[10] (möge ihm Gott wohlgesinnt sein!) vorausgesagt worden. Einige glauben, daß ein Mann namens Zeid-ben Khettab ihn getötet hat, andere behaupten, er sei von Ouhsha, einem seiner Schüler, ermordet worden. Nur Gott weiß, ob Ouhsha wirklich der Mörder war. Die Leute glauben es, weil von ihm folgende Worte überliefert sind: „In meiner Unwissenheit habe ich den besten aller Männer getötet, Haman ben Abd el Mosaleb, und auch den schlechtesten, Mosailama. Ich hoffe, daß Gott mir eine dieser Taten in Anrechnung der anderen vergeben wird."[11]

Sheja aber bereute, bekehrte sich zum islamischen Glauben und heiratete einen Nachkommen des Propheten (möge der Herr mit Wohlgefallen auf ihren Mann blicken!).

Und hier endet diese Geschichte.

Nur ein Mann, der sich bemüht, den Frauen zu gefallen, ist ihrer Gunst auch wert – behaupten zumindest die Frauen.

Er sollte ein gutes Auftreten haben, in seinem Erscheinungsbild gepflegt sein und die Leute, mit denen er sich umgibt, an Schönheit überragen. Seine körperliche Verfassung sollte gut und sein Körper wohlproportioniert sein; er sollte aufrichtig und ernsthaft sein, auch im Gespräch mit Frauen; des weiteren großzügig, tapfer, kein Prahlhans und ein amüsanter Unterhalter. Sklave seines Wortes muß er ein gegebenes Wort immer halten, stets die Wahrheit

10 Abou Beker ist der Vater von Aicha, der Frau Mohammeds. Er folgt letzterem im 11. Jahr der Hedschra nach. Durch seine und Omars Autorität wurden viele Muselmanen davon abgehalten, vom Glauben abzufallen. Er war der erste Kalif und hielt sich trotz des Anspruchs der Partisanen Alis (Mohammeds Schwiegersohn) an der Macht, der behauptete, der Prophet hätte ihn lange vor dessen Tod als seinen Nachfolger bestimmt.

11 Dies scheint mit den historischen Tatsachen übereinzustimmen. Hamza, der Onkel des Propheten, wurde in der Schlacht von Ohod, im 4. Jahr nach der Hedschra, durch einen Neger, Oucha, getötet, der später auch Mosailama umbrachte.

sagen, seine Vorhaben ausführen und immer tun, was er gesagt hat.

Ein Mann aber, der mit seinen Erfolgen bei Frauen oder ihrer Geneigtheit zu ihm prahlt, ist ein Geck. Von solchen Männern wird im nächsten Kapitel die Rede sein.

Zuvor, und um dieses Kapitel abzuschließen, erzähle ich noch die Geschichte von Bahloul, dem Hofnarren, und der Tochter des Königs.

Die goldene Robe

Es lebte einmal ein König mit Namen Mamoun.[12] Der hatte einen Hofnarren, Bahloul genannt, um seine Prinzen und Wesire zu unterhalten.

Eines Tages erschien nun dieser Possenreißer wieder bei Hofe, als sich der König gerade amüsierte. Er gestattete ihm, sich zu setzen, und fragte ihn, wobei er sich von ihm abwandte: „Warum bist du gekommen, o du Sohn einer bösen Frau?"

„Ich bin gekommen, um zu sehen, was es bei unserem Herrn, den Gott immer siegreich machen möge, Neues gibt."

„Und was gibt es bei dir Neues?", fragte der König. „Und wie geht es dir mit deinen zwei Frauen, der neuen und der alten?" Bahloul hatte sich nämlich, unzufrieden mit seiner Frau, mit einer zweiten Frau verheiratet.

„Ich bin nicht glücklich", antwortete Bahloul. „Weder mit der alten noch mit der neuen; und zudem bedrückt mich Armut."

---

12 Abdallah ben Mamoun war einer der Söhne von Haroun er Rachid. Nachdem er lange mit seinem Bruder al-Amine um das Reich gekämpft hatte, besiegte und tötete er ihn in einer Schlacht bei Bagdad und al-Mamoun wurde im Jahr 178 nach der Hedschra einstimmig zum Kalifen ausgerufen. Er war einer der vornehmsten abbasidischen Herrscher in Hinblick auf Gelehrtheit, Weisheit und Güte.

„Kannst du zu dem Thema irgendwelche Verse vortragen?"

Bahloul bejahte, und der König forderte ihn auf, die Verse vorzutragen. Bahloul begann:

Die Armut hält mich in Ketten; das Elend peinigt mich
ohne Unterlaß,
ich werde von Schicksalsschlägen gegeißelt,
ein Unstern hat mich in Bedrängnis gebracht
und mir die Verachtung der Menschen zugezogen.
Nein, Gott schätzt eine Armut wie die meine nicht;
mein Zustand ist in jedermanns Augen eine Schmach.
Unglück und Elend halten mich seit langer Zeit umarmt;
und es besteht kein Zweifel daran,
daß mich auch mein Wohnhaus schon bald nicht mehr kennen wird.

Darauf sagte Mamoun zu ihm: „Wohin also wirst du gehen, in deiner Not?"

„Zu Gott und seinem Propheten, o Prinz der Gläubigen."

„Das ist gut", sagte der König. „Jene, die ihre Zuflucht bei Gott und seinem Propheten suchen und danach bei uns, werden willkommen sein. Aber kannst du mir nun noch einige Verse über deine zwei Frauen vortragen und darüber, wie du mit ihnen zurechtkommst?"

„Gern", antwortete Bahloul.

„Dann laß uns hören, was du zu sagen hast!"

Bahloul begann:

Aus Unwissenheit habe ich zwei Frauen geheiratet –
und warum beklagst du dich, Ehemann von zwei Frauen?

Sagte ich nicht zu mir selbst: Ich werde zwischen
ihnen liegen wie ein Lamm?
Und werde meine Freude haben an den Busen meiner beiden Schafe,
aber ich wurde ein Zicklein zwischen zwei Schakalinnen,
Tag für Tag, Stunde für Stunde beuge ich mich unter ihr Joch.
Bin ich zu der einen nett, quält mich die andere,
sodaß ich niemals Ruhe habe.
Darum: Wenn du gut leben willst, mit einem freien Herzen
und freier Hand, dann heirate nicht.
Wenn du aber heiraten mußt, heirate nur eine Frau:
Denn ein einziges Weib genügt, um zwei Armeen zu befriedigen.

Mamoun mußte über diese Verse so sehr lachen, daß er beinahe von seinem Sitzkissen fiel. Als Beweis seiner Gunst schenkte er Bahloul seine goldene Robe, ein außerordentlich schönes und kostbares Kleidungsstück.

In bester Laune machte sich Bahloul nach dem Besuch beim König wieder auf den Weg. Als er gerade am Wohnhaus des Großwesirs vorbeikam, erblickte ihn Hamdouna vom Dach ihres Palastes aus.

„Bei dem Gott des Tempels in Mekka! Schau, wer da kommt!", sagte sie zu ihrer Negerin. „Ist das nicht Bahloul, der Narr des Königs? Und ist er nicht selbst gekleidet wie ein König, in einer schönen, golddurchwirkten Robe? O, könnte ich nur in den Besitz dieser Robe gelangen."

Die Negerin erwiderte: „Bei allem Respekt, Herrin, nie wirst du in den Besitz dieser Robe gelangen."

„Durch eine List könnte es gelingen."

„O meine Herrin", erwiderte die Negerin, „die Leute denken zwar, daß sie sich ihren Spaß mit Bahloul machen können, aber in Wahrheit ist es immer er, der sich über sie lustig macht. Sie denken, sie könnten Bahloul überlisten, aber stattdessen ist es immer er, der sie überlistet. Bahloul ist schlau, Herrin, verschlagen und gerissen wie ein Fuchs. Vergiß die goldene Robe, ich bitte dich, damit du dich nicht selbst in der Schlinge fängst, die du für ihn ausgelegt hast."

„Nein, ich will es versuchen", sagte Hamdouna und schlug ihre Warnung in den Wind. Dann schickte sie die Negerin zu Bahloul, um ihm auszurichten, er möge in ihren Palast kommen.

Als Bahloul dies hörte, sagte er zu sich: „Bei Gottes Segen, wenn einer dich ruft, sollst du ihm antworten", und folgte der Negerin zu Hamdounas Palast. Hamdouna hieß ihn willkommen und sagte: „O Bahloul, kann es sein, daß du gekommen bist, um mich singen zu hören?"

„Aus keinem anderen Grund, meine Herrin!", beeilte sich Bahloul zu sagen, denn es war bekannt, daß sie eine außerordentlich schöne Stimme hatte.

„Und kann es auch sein", sagte Hamdouna, „daß es dir, nachdem du meine Lieder gehört hast, auch angenehm wäre, einige Erfrischungen bei mir zu dir zu nehmen?"

Er bejahte, und sie begann, ihre Lieder zu singen. Sie sang so wunderbar, daß alle, die sie hörten, am liebsten vor Liebe und Sehnsucht gestorben wären. Als sie geendet hatte, wurden die Erfrischungen gereicht und kleine Speisen aufgetragen. Bahloul aß und trank. Als er sein Mahl beendet hatte, sagte die Königstochter zu ihm: „Ich weiß nicht warum, aber mir scheint, du würdest mir gerne deine Robe schenken."

Bahloul erwiderte: „O meine Herrin! Gern würde ich das tun, aber ich habe geschworen, daß ich diese Robe nur einer Frau geben werde, mit der ich das getan habe, was ein Mann mit einer Frau macht."

„Was! Weißt du, was das ist, Bahloul?"

„Weiß ich es?", antwortete er. „Ich, der ich Gottes Kreaturen in dieser Wissenschaft unterrichte? Ich, der sie unterweist, nur in Liebe miteinander zu verkehren, der ihnen die Geheimnisse und Freuden offenbart, die eine Frau einem Mann bereiten kann, und ihnen zeigt, wie man zu einer Frau zärtlich ist, was sie erregt und was sie befriedigt? O meine Herrin, wer sollte mehr von der Liebeskunst verstehen als ich?"

Hamdouna war die Tochter des Königs Mamoun und die Frau des Großwesirs. Sie war von so auserlesener, vollkommener Schönheit, daß ihr Anblick jeden Betrachter betörte. Keine Frau ihrer Zeit übertraf sie an Anmut und Liebreiz. Gott hatte sie mit so vielen Reizen ausgestattet und in solcher Schönheit erschaffen, daß selbst die mutigsten Männer bei ihrem Anblick verlegen wurden und in ihrer Gegenwart die Augen zu Boden schlugen, um dem Zauber, der von ihr ausging, nicht zu erliegen. Jene aber, die ihren Blick nicht abwandten, wurden verwirrt und gerieten ganz in ihren Bann. Viele tapfere Männer haben sich um ihretwillen in Gefahr gebracht. Aus Furcht, dem Zauber ihrer Schönheit zu erliegen, und besorgt um seinen Seelenfrieden hatte es Bahloul bisher immer vermieden, ihr zu begegnen.

Nun begannen sie sich zu unterhalten; fiel sein Blick auf sie, senkte er ihn gleich wieder, aus Furcht, die Beherrschung über seine Leidenschaft zu verlieren. Hamdouna ihrerseits brannte vor Verlangen, die Robe zu besitzen; doch er war entschlossen, sie nicht herzugeben, wenn er nicht königlich dafür entlohnt würde.

„Welchen Preis verlangst du nun dafür?“, fragte sie ihn.

„Den Beischlaf, o Apfel meiner Augen!“

„Du weißt, was das ist, o Bahloul?“

„Bei Gott“, rief er, „niemand versteht Frauen besser als ich. Sie sind die Seele meines Lebens. Niemand hat ihre Bedürfnisse besser studiert als ich. Ich weiß, was sie gerne mögen; darum lerne, o Herrin: Männer gehen in dieser Welt den unterschiedlichsten Beschäftigungen nach, jeweils in Übereinstimmung mit ihren Fähigkeiten und Möglichkeiten. Der eine nimmt, der andere gibt; dieser verkauft, jener kauft. Aber nichts davon interessiert mich. Mein einziger Gedanke gilt der Liebe und dem Besitz von schönen Frauen. Ich heile jene, die krank vor Liebe sind, und tröste ihre durstenden Vaginas.“

Hamdouna war von diesen Worten und der Sanftheit seiner Rede überrascht.

„Kennst du zu diesem Thema irgendwelche Verse?“, fragte sie ihn.

Er bejahte.

„Sehr gut, Bahloul. Dann laß mich hören, was du zu sagen hast.“

Daraufhin rezitierte er die nachfolgenden Verse:

Männer unterscheiden sich nach ihren Geschäften und ihren Taten:
Einige sind immer geistreich und heiter, andere den Tränen nah.
Des einen Leben ist rastlos und voller Ungemach,
der andere ist bevorzugt in allem
und wandelt stets auf den goldenen Wegen des Glücks.
Nur mir alleine bedeuten solche Dinge nichts.
Was kümmern mich die Türken, die Perser und Araber?
Mein einziges Streben gilt der Liebe und dem Verkehr mit Frauen.
Kein Falsch und kein Fehl liegt darin!
Ist mein Glied ohne Vulva, ist mein Zustand erschreckend.

Dann brennt mein Herz mit einem Feuer,
das nicht gelöscht werden kann.
Schau auf mein Glied, hoch aufgerichtet! Hier ist es – bewundere es!
Bewundere seine Schönheit!
Es dämpft die Glut und löscht die heißesten Feuer.
Mit einer einzigen Bewegung
stößt es zwischen deine Schenkel vor
und zieht sich zurück.
Mit einer einzigen Bewegung.
O meine Hoffnung, mein Apfel,
o du edle und großmütige Frau,
und wenn ein Gang nicht genügt, dein Feuer zu stillen,
werde ich ihn wieder tun, um dir Befriedigung zu verschaffen.
O Herrin, niemand mag dir einen Vorwurf machen,
die ganze Welt macht das gleiche;
aber wenn du mich verleugnen willst, dann schick mich fort!
Dann jag mich weg wie einen Hund,
ohne Furcht, daß dich danach Gewissensbisse plagen.
Also besinn dich und sprich, und mehre nicht meinen Ärger,
indem du mir Vorwürfe machst.
Solange ich hier bin, laß die Worte gut und vergebend sein,
nicht scharf und verletzend wie Schwertklingen,
die du in mich bohrst – nein!
Laß mich zu dir kommen und weise mich nicht zurück.
Laß mich zu dir kommen
wie einen, der einem Durstigen zu trinken bringt;
laß mich meine hungrigen Augen
am Anblick deines Busens nähren.
Zögere nicht länger und verwehre mir nicht die Freuden der Liebe.
Gib dich mir hin und sei nicht verschämt.
Höre: Selbst wenn du mich mit Krankheit von Kopf bis Fuß erfüllst;
ich werde dir nie Ärger bereiten,

ich werde immer so bleiben, wie ich bin, und du, wie du bist,
wissend, daß ich der Diener bin und du die Herrin.
Willst du, daß unsere Liebe im geheimen geschieht?
Sie soll für alle Zeit verborgen sein.
Ich werde sie als Geheimnis bewahren
und stumm und mundtot sein.
Siehe: Es ist Gottes Wille, daß alles geschieht.
Er hat mich mit dieser Liebe erfüllt;
aber heute ist mein Glück getrübt.

Während Hamdouna diesen Worten lauschte, schwanden ihr beinahe die Sinne. Sie setzte sich so, daß sie Bahlouls Glied betrachten konnte, das stolz seinen Kopf gehoben und sich wie eine Säule zwischen Bahlouls Schenkeln aufgerichtet hatte. Sie sagte sich: „Ich will mich ihm hingeben", dann wieder: „Nein, ich weise ihn zurück." Noch unsicher, fühlte sie, wie tief zwischen ihren Beinen das Verlangen wuchs, und der sämige Vorbote der Lust, warm und feucht, sich in ihrem Geschlecht auszubreiten begann.

Schließlich kämpfte sie nicht länger gegen ihr Verlangen an und zerstreute all ihre Bedenken, indem sie sich sagte: „Wenn dieser Bahloul, nachdem er das Vergnügen mit mir geteilt hat, sich damit brüsten will, wird ihm ohnehin niemand glauben."

Sie bat ihn, die Robe abzulegen und mit ihr zu kommen, aber Bahloul erwiderte:

„Ich werde die Robe nur ablegen, wenn ich mein Verlangen gestillt habe, o Apfel meines Auges!"

Hamdouna erhob sich, zitternd vor Verlangen und in Erwartung dessen, was nun folgen würde. Sie öffnete ihren Gürtel und verließ den Raum. Bahloul folgte ihr, nicht sicher, ob er wach war oder träumte. Sie führte ihn in ihr

Schlafgemach, ließ sich auf ein mit Seide bespanntes Bett sinken, das mit einem hochgewölbten Baldachin überspannt war, schob, am ganzen Leib zitternd, ihre Kleider bis über die Schenkel hoch, sodaß die ganze Schönheit, die Gott ihr gegeben hatte, mit einem Mal vor Bahlouls Augen lag.

Er betrachtete ihren Bauch, dessen Wölbung einer anmutigen Kuppel glich, ließ seine Blicke auf ihrem Nabel ruhen, der dort wie eine Perle in einer goldenen Schale lag; den Blick tiefer senkend erblickte er ein Meisterstück aus Mutter Naturs Handwerkstatt, wie er bisher kein vollendeteres gesehen hatte; vollendet auch die Weiße und Form ihrer Schenkel. Mit einer leidenschaftlichen Umarmung zog er Hamdouna an sich. Er sah, wie mit einem Mal die Lebensgeister aus ihrem Gesicht wichen, daß es schien, als würde sie das Bewußtsein verlieren. Völlig kraftlos sank sie neben ihn auf das Bett, und daß sie dabei Bahlouls Glied in der Hand hielt, erregte ihn nur noch mehr.

„Warum bist du so außer dir?“, fragte er sie.

„Laß mich, o du Sohn einer liederlichen Frau. Bei Gott, ich bin wie eine Stute in Hitze, und du hörst nicht auf, mich mit deinen Worten immer stärker zu erregen. Und welche Worte! Sie würden jede Frau in Hitze bringen, und wäre sie die reinste Frau auf Erden. Willst du mich mit deinen Worten und Versen töten?“

„Bin ich nicht wie dein Ehemann?“

„Ja, aber eine Frau kann für jeden Mann in Hitze geraten, wie eine Stute für jeden Hengst; ob er nun ihr Ehemann ist oder nicht. Der einzige Unterschied ist, daß eine Stute nur zu bestimmten Zeiten des Jahres von einem Hengst erregt wird, und nur dann empfängt sie ihn, wohingegen eine Frau immer durch Worte der Liebe erregt werden kann. Nun aber beeile dich, denn mein Mann wird bald zurück sein."

Bahloul aber antwortete: „O meine Herrin, meine Hüften tun mir weh und erlauben es mir nicht, daß ich mich auf dich lege; darum setze du dich auf mich und nimm die Position des Mannes ein; dann nimm meine Robe, und ich werde gehen."

Sogleich legte er sich auf den Rücken und nahm die Position ein, die normalerweise eine Frau einnimmt, wenn sie einen Mann empfängt; dabei stand sein Glied von ihm ab wie eine Säule.

Hamdouna setzte sich auf Bahloul, nahm sein Glied in ihre Hände und begann, es ausgiebig zu betrachten. Erstaunt über seine Größe, seine Stärke und Steifheit rief sie aus: „Das ist also der Ruin aller Frauen und der Grund vieler Ärgernisse. O Bahloul! Ich habe noch nie einen schöneren Pfeil als deinen gesehen!"

Noch immer hielt sie ihn zwischen den Händen und rieb seinen Kopf gegen ihre Schamlippen, bis diese zu weinen begannen und zu sagen schienen: „Dring in mich ein!"

Bahloul nahm sein Glied in die Hand und hielt es an ihre Pforte. Langsam ließ sie sich darauf niedersinken, bis es vollständig in ihrer Vagina verschwunden war. Nichts blieb draußen, nicht der kleinste Streifen war mehr zu sehen, und sie rief: „Wie wollüstig hat Gott die Frauen erschaffen und wie zügellos in der Befriedigung ihrer Lust!"

Dann vergaß sie sich, ließ ihr Becken kreisen wie ein Sieb bei der Arbeit, bewegte es auf und ab, vor und zurück, ein Tanz voller Leidenschaft und Anmut, wie man ihn nie zuvor gesehen hatte. Sie fuhr damit fort, bis der Moment höchster Lust erreicht war; jetzt schien ihre Vagina Bahlouls Glied auszupumpen und an ihm zu saugen, gleich einem Säugling, der an den Brüsten seiner Mutter saugt. Gleichzeitig gelangten sie an ihren Höhepunkt, und keiner hatte das Gefühl, um seine Lust betrogen worden zu sein.

Hamdouna griff nach seinem Glied und langsam, langsam zog sie es heraus, wobei sie sagte: „Das ist der Beweis eines verdienstvollen Mannes!“ Sie trocknete sein Glied und ihre Scham mit einem seidenen Taschentuch ab, dann stand sie auf.

Auch Bahloul erhob sich und wollte fortgehen, aber sie hielt ihn zurück und sagte: „Und die Robe?“

„Wofür, o Gebieterin? Du hattest das Privileg, auf mir zu reiten, und willst nun dafür ein Geschenk?“

„Aber hast du nicht gesagt, daß du nicht auf mir liegen kannst, weil du Schmerzen hast?“

„Das zählt nicht wirklich“, antwortete Bahloul. „Das erste Mal war für dich, das zweite Mal wird für mich sein; das ist der Preis der Robe. Dann werde ich gehen.“

Hamdouna dachte bei sich: „Wenn er schon begonnen hat, kann er auch weitermachen, dann wird er gehen.“

So legte sie sich wieder hin, aber Bahloul sagte: „Ich werde mich nicht zu dir legen, wenn du dich nicht ganz ausziehst.“

Sie zog alle ihre Kleider aus, bis sie ganz nackt war, wie Gott sie erschaffen hatte, und Bahloul geriet ganz außer sich bei dem Anblick ihrer Schönheit und ihrer vollendeten Gestalt. Er betrachtete ihre wunderbaren Schenkel, deren Weiß dem des Elfenbeins glich, ihren freiliegenden Nabel und ihren Bauch, sanft gewölbt wie ein eleganter Bogen. Darüber erhoben sich ihre wohlgeformten Brüste wie hyazinthene Blütenkelche. Ihr Hals glich dem Hals einer Gazelle, die Öffnung ihres Mundes einem Ring und ihre frischen roten Lippen der naßglänzenden Klinge eines blutbefleckten Säbels. Ihre Zähne hätte man für Perlen halten können und ihre Wangen für Rosen. Ihre Augen waren schwarz, gut geschnitten, und ihre ebenholzfarbenen Brauen beschrieben einen anmutigen Bogen. Ihre Stirn glich dem Vollmond am Nachthimmel.

Bahloul nahm sie in seine Arme, begann, an ihren Lippen zu saugen, küßte ihren Hals und strich mit seinen Lippen über ihre Wangen. Er knabberte an ihren Brüsten, trank ihren süßen Speichel und biß sie in ihre Schenkel. Er fuhr damit so lange fort, bis sie ganz außer sich war und weder sprechen noch ihre Augen offenhalten konnte. Dann küßte er ihre Vulva, und sie bewegte weder Hand noch Fuß. Er ließ seine Augen liebevoll auf ihrem Geschlecht und seinem kuppelförmigen, purpurfarbenen Mittelpunkt ruhen.

„O Versuchung der Männer“, rief er bei diesem Anblick aus, ohne in den Liebkosungen nachzulassen, bis ihr Verlangen nicht mehr zu steigern war. Hamdounas Seufzer kamen schneller, ihr Stöhnen wurde lauter. Sie griff nach Bahlouls Glied und führte es sich ein. Nun war es an ihm, sich zu bewegen, und an ihr, ihm zu antworten, bis sie wieder beide gleichzeitig den Höhepunkt erreichten.

Nach einer Weile erhob sich Bahloul, trocknete sein Glied und ihre Scham und wollte sich zurückziehen, aber Hamdouna sagte:

„Wo ist die Robe? Machst du dich über mich lustig?“

Er antwortete: „O Herrin, ich werde sie dir nur geben, wenn du den Preis dafür zahlst.“

„Aber was ist dein Preis?"

„Du bist auf deine Kosten gekommen und ich auch. Das erste Mal war für dich, das zweite Mal für mich. Und das dritte Mal soll für die Robe sein."

Dann zog er die Robe aus, faltete sie und legte sie in Hamdounas Hände, die, nachdem sie schon aufgestanden war, sich wieder auf das Bett legte und sprach:

„Tu, wie dir beliebt."

Sofort stürzte er sich auf sie und drang mit einem einzigen Stoß in sie ein; dann begann er wie mit einem Stößel zu arbeiten, und sie ließ ihre Hüften kreisen, bis beide wieder gemeinsam den Höhepunkt erreicht hatten. Dann trocknete er sein Glied und ihre Scham, stand auf, ließ die Robe zurück und ging.

Die Negerin sagte zu Hamdouna:

„O meine Herrin, war es nicht so, wie ich es dir vorausgesagt habe? Bahloul ist ein gerissener Mann, und du konntest ihn nicht überlisten. Warum hast du mir nicht geglaubt?"

Hamdouna sagte: „Langweile mich nicht mit deinen Beobachtungen. Es ist genau das geschehen, was ich erwartet habe. Wisse: Über jeder Vulva steht der Name dessen geschrieben, der in sie Einlaß begehren kann, sei es nun im Einklang mit dem Gesetz oder nicht, gleichgültig ob aus Liebe oder aus Haß. Hätte nicht Bahlouls Name über meiner Pforte geschrieben gestanden, wäre er nicht eingetreten – nicht einmal wenn er mir die ganze Welt und all ihre Schätze zu Füßen gelegt hätte."[13]

---

13 Diese Worte „Jede Vulva etc." *(Koul ferdj mektoub ali esm nakahon)* beziehen sich auf einen Satz aus den Überlieferungen Mohammeds, der oft von Muselmanen wiederholt wird: „Jedem Menschen steht sein Schicksal auf die Stirn geschrieben und keiner kann es tilgen."

Während sie so miteinander sprachen, klopfte es an der Tür. Die Negerin fragte, wer da sei, und sie hörte Bahloul antworten:

„Ich bin es."

Hamdouna, im Zweifel darüber, was der Hofnarr wohl jetzt wieder wollte, begann, sich zu fürchten. Die Negerin fragte ihn nach seinem Begehr.

„Bring mir ein wenig Wasser", sagte Bahloul.

Sie ging aus dem Haus mit einer Schale voll Wasser. Bahloul trank die Schale aus und ließ sie dann absichtlich aus seinen Händen gleiten, sodaß sie zu Boden fiel und zerbrach. Die Negerin schloß schnell wieder die Tür, und Bahloul machte es sich auf der Türschwelle bequem, wo er sitzenblieb, bis Hamdounas Ehemann nach Hause kam. Als der Großwesir ihn auf der Schwelle seines Hauses sitzen sah, grüßte er ihn und sagte:

„Warum sitzt du hier, Bahloul?"

„O mein Herr, ich ging gerade durch diese Straße, als mich großer Durst überkam. Eine Negerin kam und brachte mir eine Schale Wasser. Die Schale aber entglitt meinen Händen, fiel auf die Stufen und zerbrach. Um den Schaden zu ersetzen, ließ mir unsere Herrin, Hamdouna, die Robe wegnehmen, die mir unser aller Herr, der König, geschenkt hatte."

„Bringt ihm seine Robe wieder", befahl der Großwesir.

In diesem Moment kam Hamdouna aus dem Haus, und ihr Mann fragte sie, ob es wahr wäre, daß sie Bahloul die goldene Robe als Bezahlung für die zerbrochene Schale weggenommen hätte. Hamdouna schlug ihre Hände zusammen und rief:

„O Bahloul, was hast du getan?"

Er antwortete: „Ich habe zu deinem Mann in der Sprache meiner Torheit gesprochen, sprich du nun zu ihm in der Sprache deiner Weisheit."

Und Hamdouna, seine List und Klugheit bewundernd, gab ihm seine Robe zurück und ließ ihn seiner Wege gehen.

ZWEITES KAPITEL

Von lobenswerten Frauen

WISSE, o Wesir (und die Gnade und Weisheit Gottes seien mit dir), daß es vielerlei Arten von Frauen gibt und unter ihnen jene, die es wert sind, gelobt zu werden, und andere, die nur Verachtung verdienen.

Eine Frau, an der Männer Gefallen finden, sollte gesund und von schöner Gestalt sein, die Haut weich, das Fleisch fest; ihr Haar von glänzendem Schwarz, darunter die hohe Stirn und der Bogen ihrer Brauen, dunkel wie die Hautfarbe der Äthiopier. Ihre Augen sollten groß sein, das Augenweiß ungetrübt und rein, die Pupillen makellos, schwarz und funkelnd wie Edelsteine. Ihre Wangen bilden ein vollkommenes Oval. Die Nase ist vornehm, der Mund anmutig, der Flor ihrer Lippen zinnoberrot, rotglänzend auch die Farbe ihrer Zunge. Ihr Atem ist wohlriechend, ihr Hals lang und wohlgeformt, ihr Nacken kräftig. Oberkörper und Hüften sollten nicht zu schmal sein, die Brüste voll und fest, ihr Bauch nicht formlos, ihr Nabel markant, eingesunken und schön gewachsen. Die Vulva sollte vorstehen und ihr Fleisch durchgehend fest sein, vom Ansatz der Schamhaare bis zum Gesäß; der Durchgang sollte eng und trocken sein, sich weich und warm anfühlen und nicht nach verfaulten Eiern riechen. Auch das Fleisch ihrer Schenkel und Hinterbacken sollte fest sein, die Hüften breit und voll, die Taille schmal. Ihre Hände und die Feingliedrigkeit ihrer Füße sind von besonderer Vornehmheit; ihre Arme sind drall und ihre Schultern kräftig.

Erblickt man eine Frau, die diese Vorzüge besitzt, von vorne, ist ihr Anblick atemberaubend; erblickt man sie von hinten, ist ihr Anblick fatal. Sitzend gleicht sie einer sanft gerundeten Kuppel, liegend einem weichen Bett und aufrecht stehend dem Stab einer Standarte. Wenn sie geht, wölbt sich ihre Vulva im Schritt gleich einem Schmuckstück unter ihren Kleidern vor. Sie spricht und lacht selten, und niemals ohne Grund. Nie verläßt sie das Haus, auch nicht, um ihr bekannte Nachbarn zu besuchen. Sie hat keine Freundinnen. Ihr Ehemann ist ihre Stütze und ihr einziger Verbündeter. Sonst vertraut sie keinem. Sie nimmt auch von niemandem außer von ihrem Ehemann und seinen Verwandten Geschenke an. Kommen seine Verwandten in ihr Haus, mischt sie sich nicht in deren Angelegenheiten. Sie ist nicht treulos, hegt keine heimlichen Absichten und hat nichts zu verbergen. Sie versucht, niemanden zu verführen oder zu beeindrucken.

Wünscht ihr Ehemann mit ihr zu verkehren, um seiner ehelichen Pflicht nachzukommen, ist sie damit einverstanden und weist ihn nicht zurück. Manchmal kommt sie ihm zuvor und weckt von selbst sein Verlangen. Sie hilft ihm immer in seinen Geschäften; sie ist sparsam mit ihren Tränen und Klagen. Wenn sie sieht, daß ihr Ehemann niedergeschlagen oder traurig ist, frohlockt sie nicht und lacht ihn nicht aus, sondern teilt seine Sorgen, verwöhnt und kümmert sich um ihn und findet so lange keine Ruhe, bis seine Sorgen verschwunden sind und er wieder wohlgelaunt und zufrieden ist.

Sie gibt sich keinem anderen hin, selbst wenn sie die Enthaltsamkeit das Leben kosten würde. Sie ist schamvoll und achtet darauf, daß niemand ihre geheimen Körperteile zu sehen bekommt. Sie achtet auf größte Reinlichkeit, ist vornehm gekleidet, von größter persönlicher Schicklichkeit und sorgsam bemüht, ihrem Ehemann nichts zu zeigen, was ihn abstoßen könnte. Sie parfümiert sich mit Wohlgerüchen, benützt Antimon zur Körperpflege und reinigt ihre Zähne mit *souak*[1].

Solch eine Frau wird von allen Männern geschätzt.

Die Geschichte von dem Neger Dorerame

Es ist überliefert, und nur Gott weiß, ob es wahr ist, daß vor langer Zeit ein mächtiger König namens Ali ben Direme auf Erden lebte. Sein Reich war so groß, daß eine Karawane zwei Monate brauchte, um von den entferntesten Grenzen seines Reiches zur Hauptstadt zu gelangen. Er gebot über Armeen und besaß mächtige Verbündete.

Als er eines Nachts keinen Schlaf finden konnte, ließ er seinen Wesir, den Polizeihauptmann und den obersten Befehlshaber der Wachen zu sich rufen. Nachdem sie sich unverzüglich bei ihm eingefunden hatten, sprach er zu ihnen die folgenden Worte: „Der Schlaf will heute Nacht nicht zu mir kommen; ich wünsche deshalb, in die Stadt zu gehen, und brauche euch an meiner Seite."

„Hören ist gehorchen", antworteten sie.

„Also dann, im Namen des allmächtigen Gottes!", rief der König aus. „Laßt uns gehen! Möge der Segen des Propheten mit uns sein und das ewige Heil und die Gnade Gottes auf ihm ruhen." Dann holten sie ihre Schwerter und verließen den Palast.

Nachdem sie schon eine Zeitlang ohne bestimmtes Ziel durch die nächtliche Stadt gewandert waren, hörten sie plötzlich in einer der Seitenstraßen lautes Geschrei, und

1 *Souak* ist die Rinde des Walnußbaumes, welche die Eigenschaft hat, die Zähne weiß und die Lippen und das Zahnfleisch rot zu machen. Zahnstocher werden auch *souak* genannt.

als sie an den Ort des Tumultes kamen, erblickten sie einen Mann, der, völlig außer sich, lang ausgestreckt auf dem Boden lag, sich mit einem Stein auf die Brust schlug, weinte und jammerte und unablässig wiederholte:

„Es gibt keine Gerechtigkeit mehr hier unten auf Erden! Ist hier denn keiner, der dem König berichten will, was in seinem Königreich vor sich geht? – Nein, es gibt keine Gerechtigkeit mehr! Sie ist verschwunden, und die ganze Welt ist in Trauer."

Der König, verwundert über den Anblick, befahl seinen Begleitern, den Mann zu ihm zu bringen. „Aber tut es, ohne Aufsehen zu erregen. Und gebt acht, daß ihr ihn nicht erschreckt."

Sie gingen zu dem Mann hin, faßten ihn an der Hand und sagten: „Erhebe dich und hab keine Furcht – es wird dir kein Leid geschehen."

„Ihr sagt, daß mir kein Leid geschehen wird und daß ich mich nicht fürchten soll", erwiderte der Mann, „und dennoch entbietet ihr mir nicht den Willkommensgruß! Obwohl ihr wißt, daß der Willkommensgruß eines Gläubigen dem Gegrüßten Schutz und Gnade gewährt! Unterläßt aber ein Gläubiger den Willkommensgruß, wie ihr es getan habt, so ist das wahrlich ein Grund, sich zu fürchten." Trotzdem stand er auf und ging, ohne ein weiteres Wort zu verlieren, mit ihnen.

Der König wartete in der Nähe. Wie seine Begleiter hatte auch er sein Gesicht hinter einem Haik verborgen.

Als seine Begleiter den Mann vor den König gebracht hatten, sagte er: „Ich grüße dich, o Mensch!"

Der König entgegnete: „Ich erwidere deinen Gruß, o Mensch."

Darauf der Mann: „Warum sagst du ‚o Mensch'?"

Der König: „Und warum hast du ‚o Mensch‘ gesagt?“

„Weil ich deinen Namen nicht kenne.“

„Genausowenig kenne ich deinen.“

„Nun aber sag mir“, fuhr der König fort, „was die Worte bedeuten, die ich vorhin aus deinem Mund gehört habe: ‚Es gibt keine Gerechtigkeit mehr hier unten auf Erden! Ist hier denn keiner, der dem König berichten will, was in seinem Königreich vor sich geht?‘ Erzähl mir, was dir zugestoßen ist.“

„Ich habe geschworen, daß ich das nur demjenigen erzählen werde, der, so es dem Allmächtigen Gott gefällt, in der Lage ist, mich aus meiner Not und von meiner Schmach zu befreien, und mir Genugtuung verschafft.“

„Möge Gott es fügen, daß es mir möglich ist, dir Genugtuung zu verschaffen und dich aus deiner Not und von deiner Schmach zu befreien!“

„Nun gut“, sagte der Mann. „Dann höre meine Geschichte. Einst liebte ich eine Frau, die mich wiederliebte, sodaß wir durch die Liebe verbunden waren. Unsere Liebe währte lange Zeit, bis eine alte Frau meine Geliebte zum Bösen verführte und sie mit sich fortnahm zu einem übelbeleumundeten Haus. Seither flieht mich der Schlaf, ich habe meine Lebenslust verloren und finde mich am Boden eines Abgrunds von Trauer und Verzweiflung.“

„Dann sag mir: Wo ist dieses Haus, und bei wem ist deine Frau jetzt?“, forderte ihn der König auf.

„Sie ist bei einem Neger, genannt Dorerame“, antwortete der Mann, ohne zu zögern. „Ihm gehört das übelbeleumundete Haus, in das die Alte meine Geliebte entführt hat. Es wohnen noch andere Frauen dort, schön wie der Mond, wie du sie nicht einmal im Palast des Königs findest. Dieser Neger hat außerdem eine Mätresse, die ihn abgöttisch liebt und ihn mit allem versorgt, dessen er bedarf.“

Dann verstummte der Mann plötzlich, wie durch die Erinnerung an den Ort, an dem seine Geliebte jetzt weilte, von Trauer und Verzweiflung überwältigt, und der König drang nicht weiter in ihn. Zwar war der König sehr erstaunt über das, was er von ihm gehört hatte, doch war dem Wesir, der jedes Wort der Unterhaltung mitangehört hatte, klar, daß es sich bei dem Neger Dorerame nur um seinen eigenen Diener handeln konnte.

Mit knappen Worten forderte der König den Mann auf, ihm das Haus zu zeigen.

„Wenn ich es dir zeige, was willst du dann tun?“, fragte der Mann erschrocken.

„Du wirst sehen, was ich dann tun werde“, antwortete der König.

„Du wirst nichts tun können“, erwiderte der Mann. „Denn auch wenn deine Absichten ehrbar sind, kannst du mir doch nicht helfen. Dieses Haus ist ein Ort, den man meiden und fürchten muß. Willst du dort mit Gewalt eindringen, verwirkst du dein Leben, denn sein Herr ist wegen seiner Stärke und seines Muts gefürchtet.“

„Zeig mir den Ort“, sagte der König, „und hab keine Furcht.“

„Der Wille Gottes geschehe!“, erwiderte der Mann, erhob sich und ging voran. Er führte sie bis vor das Haus, das von einer hohen Mauer umgeben war, so hoch, daß kein Dieb sie erklettern konnte. Die Eingangstüren waren fest verriegelt und von außen durch ein Eisengitter gesichert. Sie gingen um das Haus herum und suchten nach einer Möglichkeit, in das Haus einzudringen, jedoch blieb ihre Suche erfolglos. Sie fanden das Haus so fest verschlossen wie den Brustpanzer eines Kriegers.

Als sie wieder vor der Eingangstür standen, wandte sich der König an den Mann und fragte ihn nach seinem Namen.

„Omar ben Isad“, antwortete der Mann.

„Omar, bist du stark und entschlossen?“

„Ja, mein Bruder“, antwortete Omar. „Dem Allmächtigen sei Dank! Möge er dir heute Nacht beistehen!“

Dann wandte sich der König an seine Begleiter und sagte: „Ist einer unter euch, der diese Mauer überwinden kann?“

„Unmöglich!“, antworteten sie alle wie aus einem Mund.

„So Gott will, werde ich diese Mauer selbst bezwingen“, sagte der König. „Doch dazu bedarf ich eurer Hilfe. Sagt mir: Wer ist der Stärkste von euch?“

Sie antworteten: „Der Polizeihauptmann, der dein Chauouch ist.“

„Und der zweitstärkste?“

„Der Hauptmann der Wache.“

„Und nach ihm?“

„Der Großwesir.“

Omar hatte mit wachsendem Erstaunen zugehört. Nun, da er wußte, daß dieser Fremde niemand anderer als der König selbst sein konnte, war seine Freude groß.

„Wer ist dann noch übrig?“, fragte der König.

„Ich, o mein Herr und Gebieter“, antwortete Omar.

„Omar, nun, da du weißt, wer wir sind, bewahre unser Geheimnis, und du sollst von deiner Schmach befreit werden.“

„Hören ist gehorchen“, antwortete Omar.

Dann sagte der König zum Chauouch: „Stütz deine Hände gegen die Mauer, sodaß du uns den Rucken zukehrst.“

Der Chauouch tat es.

Dann sagte der König zum Hauptmann der Wache: „Steig über den Rücken auf die Schultern des Chauouch.“ Er tat es und stellte sich mit seinen Füßen auf die Schultern des Chauouch. Als nächster kletterte der Wesir hinauf, stellte sich auf die Schultern des Hauptmanns der Wache und stützte sich mit seinen Händen an der Mauer ab. Zuletzt forderte der König Omar auf, es den anderen nachzutun.

Und Omar, noch immer überrascht von der Einfachheit der Lösung, die niemandem außer dem König eingefallen war, rief aus: „Möge Gott dir bei deinem Vorhaben seine Hilfe gewähren, o mein Herr und Gebieter!“

Dann stieg er auf die Schultern des Chauouch, von dort auf die Schultern des Hauptmanns der Wache, von dort auf die Schultern des Wesirs, wo er stehenblieb und sich wie die anderen mit seinen Händen an der Mauer abstützte. Nun war nur noch der König übrig.

Als er seine Hände auf die Schultern des Chauouch legte, sagte er zu ihm. „Hab noch etwas Geduld; wenn ich Erfolg habe, wirst du belohnt werden!“ Dasselbe sagte er auch zu den anderen, wenn er zu ihnen kam. Zu Omar aber sagte er: „O Omar, hab noch ein wenig Geduld, wenn ich Erfolg habe, werde ich dich zu meinem persönlichen Sekretär ernennen – gib nur acht, daß du fest stehenbleibst und dich nicht bewegst.“

Mit den Füßen auf Omars Schultern war es dem König nun möglich, den Mauerabschluß zu erreichen. Vor Freude rief er aus: „Im Namen Gottes! Möge er seinen Segen über den Propheten ausgießen, auf dem die Gnade und Barmherzigkeit Gottes ruhen!“ Dann schwang er sich auf die Mauer und befahl von dort seinen Begleitern, wieder hinabzusteigen, einer nach dem anderen, in der umgekehrten Reihenfolge, in der sie hinaufgestiegen waren. Während sie das taten, konnten sie nicht aufhören, sich über den guten Einfall des Königs und dessen einfaches Gelingen zu wundern, auch über die Stärke des Chauouch, der vier Männer auf einmal getragen hatte.

Indessen suchte der König nach einer Stelle, von der aus er von der Mauer wieder hinuntergelangen konnte. Als er keine fand, rollte er seinen Turban auf, befestigte ein Ende oben an der Mauer und ließ sich vorsichtig in den dunklen Innenhof hinab. Unten angekommen, begann er sofort alles zu erkunden und stieß in der Mitte des Hauses auf eine Tür, die mit einem riesigen Schloß versperrt war. Die Größe des Schlosses erschreckte ihn, aber er erinnerte sich, daß er in der Hand Gottes war, daß Gott es gewesen war, der ihm die Idee mit der Räuberleiter zur rechten Zeit eingegeben hatte, und daß, so es Sein Wille war, Er es ihm auch ermöglichen würde, wieder heil und gesund zu seinen Gefährten zurückzukehren.

Dann begann er aufs neue, den Ort zu untersuchen. Anhand der Fenster, die auf den Innenhof hinausgingen, zählte er siebzehn Zimmer. Soviel er erkennen konnte, war jedes dieser Zimmer in einem anderen Stil eingerichtet, ausgestattet mit Tapeten und Samtvorhängen in den unterschiedlichsten Farben. Sich weiter umsehend, entdeckte er zu seiner Überraschung eine kleine Terrasse, die er bei seiner ersten Erkundung übersehen haben mußte. Zu der Terrasse führten sieben Stufen hinauf, und jetzt schien es ihm auch, als hörte er, in der Stille des Innenhofes, von dort her Stimmen. Gottes Beistand erflehend, betend, ihn vor jedem Schaden zu bewahren, ging er darauf zu.

Die einzelnen Stufen waren aus verschiedenfarbigem Marmor gebildet. Er setzte seinen Fuß auf die erste und sprach: „Im Namen Gottes, des Mitleidigen und Mitleidvollen!"

Er setzte seinen Fuß auf die zweite Stufe und sprach: „Der, dem Gott hilft, ist unbesiegbar!"

Er setzte seinen Fuß auf die dritte Stufe und sprach: „Mit der Hilfe Gottes ist der Sieg nahe!"

Er setzte seinen Fuß auf die vierte Stufe und sprach: „Ich habe von Gott, dem mächtigsten Verbündeten, den Sieg erbeten."

Bei der fünften, sechsten und siebten Stufe rief er den Propheten an (Die Gnade und Barmherzigkeit Gottes seien mit ihm!).

Dann stand er auf der Terrasse. Ein Vorhang aus rotem Brokat versperrte ihm die Sicht auf den dahinterliegenden Raum. Vorsichtig schob er ihn beiseite und erblickte einen Raum, der vom Licht unzähliger Kerzen, die in goldenen Kerzenhaltern brannten, erhellt wurde. Der Glanz ihrer honigfarbenen Flammen spiegelte sich in kostbaren Lustern, die von der Decke hingen. Mitten im Raum strömte aus einer künstlichen Quelle moschusduftendes Wasser. Über die ganze Länge des Raums war eine Tischdecke[2] ausgebreitet, auf der silberne Tabletts, Onyxteller und Schüsseln aus Porzellan aufgereiht waren, alle bis zum Rand gefüllt mit den köstlichsten Speisen, süßen Spezereien und frischen Früchten. Die vergoldeten Möbelstükke rundherum blendeten das Auge mit ihrem Glanz, und überall waren kunstvolle Ornamente und kostspielige Verzierungen angebracht.

Auf dem Teppich saßen zwölf Mädchen und sieben Frauen, alle schön wie der Mond. Der Anblick ihrer Schönheit und Anmut machte den König staunen. Noch mehr aber verwunderte ihn die Anwesenheit von sieben Negern, die bei den Frauen saßen. Eine von ihnen, deren Schönheit

2 Die Araber essen liegend, auf Teppichen und Kissen; sie benützen keine Tische, doch verwenden Tischdecken aus Leder oder Stoff, die sie über den Boden breiten, um das Geschirr darauf abzustellen. Diese Tischdecken werden *sefra* genannt.

vollkommen wie der Vollmond war und die Schönheit der anderen Frauen und Mädchen bei weitem übertraf, zog seine Aufmerksamkeit in Bann. Ihre Augen waren von glänzendem Schwarz, ihre Wangen bildeten ein perfektes Oval, ihr Körper war anmutig und ihre Bewegungen geschmeidig. Ihr Anblick mußte die Herzen aller verwirren, die sie ansahen. Geblendet von ihrer Schönheit, unfähig, auch nur einen Muskel zu rühren oder den Blick abzuwenden, starrte der König sie an. Er dachte bei sich: „Wie kann ich nur jemals von diesem Ort entfliehen! O mein Gott, laß es nicht zu, daß ich mich verliebe!"

Die Anwesenden fuhren fort, zu essen und Wein zu trinken, wobei es offensichtlich war, daß sie mehr tranken als aßen. Während der König über einen Weg nachsann, wie er aus seiner mißlichen Lage entkommen könnte, hörte er, wie eine der Frauen zu ihrer Begleiterin sagte: „Steh auf! Zünde eine Lampe an und laß uns zu Bett gehen, denn wir sind beide müde."

Sie standen auf und gingen geradewegs auf den Vorhang zu, hinter dem sich der König verbarg. Er trat zurück, um sie vorbeizulassen, aber sie waren so müde und betrunken, daß sie ihn ohnehin nicht bemerkt hätten. Er folgte ihnen bis zu ihrem Zimmer, und als sie wieder herauskamen, um einem natürlichen Bedürfnis nachzukommen, nützte er die Gelegenheit, stahl sich in das Zimmer und verbarg sich in einem Schrank. Während er dort die Rückkehr der Frauen abwartete, geriet er in Sorge, ob er wohl seine Gefährten je wiedersehen würde, und auch diese begannen, wegen seiner langen Abwesenheit allmählich um das Leben des Königs zu fürchten.

Die Frauen kamen zurück und verschlossen die Tür. Sie waren offensichtlich noch immer betrunken, und sobald sie ihre Kleider abgelegt hatten, begannen sie, sich gegenseitig zu berühren.[3]

Der König dachte bei sich: „Omar hat die Wahrheit gesprochen, als er mir dieses Unglückshaus als ein Haus der Sünde und des Verderbens beschrieben hat."

Als die Frauen endlich eingeschlafen waren, verließ der König sein Versteck, löschte das Licht, zog seine Kleider aus und legte sich zwischen die beiden Frauen. Während er sie belauscht hatte, hatte er darauf achtgegeben, ihre Namen zu erfahren. Eine der Frauen bei ihrem Namen ansprechend, fragte er sie: „Wo hast du die Schlüssel des Hauses hingetan?"

Die Frau antwortete: „Schlaf jetzt, Dirne, die Schlüssel sind, wo sie immer sind."

Der König hielt den Atem an, sagte sich: „Es gibt keine Stärke als in Gott, dem Allmächtigen!" und sprach die Frau nochmals an: „Es wird bald Tag, und ich muß die Türen öffnen. Die Sonne geht schon auf, und es wird Zeit, das Haus aufzusperren."

Die Frau antwortete: „Die Schlüssel sind an ihrem üblichen Platz. Warum belästigst du mich? Schlaf noch, bis es hell wird."

Der König sagte sich: „Es gibt keine Stärke als in Gott, dem Allmächtigen und Mitleidvollen!, wäre es nicht aus Furcht vor Ihm, würde ich diesen Frauen mein Schwert in den Leib stoßen."

Dann begann er von neuem: „Sag mir …"

„Was?", fragte die Frau.

„Ich fühle mich nicht wohl wegen der Schlüssel. Sag mir, wo sie sind!"

„O du läufige Hündin! Juckt es dich wieder zwischen den Schenkeln, brauchst du wieder einen Mann? Kannst du

3 Die wörtliche Übersetzung lautet: „Sie begannen, an einander zu arbeiten."

es nicht eine einzige Nacht ohne Mann aushalten? Nimm dir ein Beispiel an der Frau des Sohns des Wesirs, die allen Verführungskünsten des Negers widerstanden und sich ihn sechs Monate vom Leib gehalten hat. Damit du es weißt: Ich schäme mich für dich! Der Neger hat die Schlüssel. Er trägt sie immer bei sich, in einer der Taschen seiner Kleider. Frag ihn nicht danach. Sag nicht zu ihm: ‚Gib mir die Schlüssel', sondern sag: ‚Gib mir dein Glied.' Und jetzt laß mich schlafen!"

Jetzt wußte der König alles, was er wissen wollte. Er wartete, bis die Frau eingeschlafen war, zog ihre Kleider an und verbarg darunter sein Schwert. Sein Gesicht versteckte er unter einem Schleier aus roter Seide. Er schlich sich aus dem Zimmer und kehrte zu seinem Beobachtungsposten auf der Terrasse zurück. Die Gesellschaft in dem Raum war nicht mehr vollzählig; nur noch wenige waren noch wach, die anderen an der Tafel eingeschlafen.

Stumm verrichtete der König folgendes Gebet: „O meine Seele, laß mich dem rechten Weg folgen; und laß diese Leute blind vor Trunkenheit sein, sodaß sie den König nicht von einem seiner Untertanen zu unterscheiden wissen – o möge Gott mir Stärke verleihen!"

Dann betrat er den Raum und ging mit unsicheren Schritten, als sei er betrunken, zu einem der Neger hin. Dieser Neger war kein geringerer als Dorerame. Dorerame hielt den König für die Frau, deren Kleider er trug. Er hatte ein großes Verlangen nach dieser Frau, und als er sah, daß sie sich zu ihm setzte, glaubte er, daß sie nur wieder aufgestanden war, um bei ihm zu sein. Deshalb sagte er: „Zieh dich aus und leg dich schon hin. Ich werde gleich wieder da sein." Dann ging er hinaus.

Der König dachte bei sich: „Omar hat mir nichts als die Wahrheit über diesen Ort erzählt." Kaum aber hatte Dorerame den Raum verlassen, begann er, die Taschen der herumliegenden Kleider zu durchwühlen, fand jedoch in keiner den gesuchten Schlüssel. Die Zeit drängte. Bald würde Dorerame zurückkommen, und dann war jede Möglichkeit, diesen Ort wieder heil zu verlassen, zunichte. Der König murmelte ein Stoßgebet, den Beistand des Allmächtigen erflehend, und, als er seinen Kopf wieder hob, fiel sein Blick auf ein hohes Fenster, auf dessen Sims etwas lag, das wie ein Gewand aussah. Auf den Zehenspitzen stehend, reichte er hinauf und tastete den Sims ab, bis er das Gewand ergriff – ein goldbestickter Rock, in dessen Taschen er endlich die gesuchten Schlüssel fand. Er untersuchte den Schlüsselbund genauer und zählte sieben Schlüssel. In seiner Freude rief er aus: „Gott sei gepriesen und gerühmt!" Und fügte hinzu: „Ich werde hier nur durch eine List wieder hinauskommen." Als dann Dorerame zurückkam, täuschte er Übelkeit vor. Er tat so, als müßte er sich jeden Augenblick übergeben, hielt sich die Hand vor den Mund und stürzte aus dem Raum. Dorerame lachte nur und rief ihm nach: „Gott segne dich wegen deiner guten Erziehung, meine Liebe. Wäre das einer der anderen Frauen passiert, hätte sie sich auf meinem Lager übergeben!"

Der König ging zu der innersten Tür des Hauses, öffnete sie, schlüpfte hindurch und verschloß sie gleich wieder hinter sich. Auf diese Weise gelangte er von einer Tür zur nächsten, bis er zur siebten und letzten kam, die auf die Straße hinaus führte. Dort hatten seine Begleiter schon sorgenvoll auf ihn gewartet. Jetzt, über seine Rückkehr erleichtert, bestürmten sie ihn mit Fragen und wollten alles wissen, was ihm zugestoßen war.

Der König aber wehrte ihre Fragen ab und sagte: „Es ist jetzt nicht die Zeit, Fragen zu beantworten und Geschichten zu erzählen. Bald wird es Tag; laßt uns also rasch in dieses Haus gehen und, mit dem Segen Gottes und seiner Hilfe, unser Werk vollenden."

Er ermahnte sie noch, wachsam zu sein, und unterrichtete sie in kurzen Worten von der Anwesenheit der sieben Neger, der zwölf Mädchen und der sieben Frauen, jede schön wie der Mond.

„Was tragt Ihr für seltsame Kleider?", wollte der Wesir vom König wissen.

„Sei still", antwortete der König, „für jetzt nur soviel: Ohne diese Kleider wäre es mir nie gelungen, das Haus lebend zu verlassen."

Dann drangen sie in das Haus ein. Als sie in den Innenhof gelangten, schlich sich der König zuerst in das Zimmer der beiden Frauen, bei denen er im Bett gelegen hatte, zog sich die Frauenkleider aus und seine eigenen wieder an. Dann führte er seine Gefährten zu dem Brokatvorhang und ließ sie durch den Spalt in den Raum spähen. Nachdem sie sich, einer nach dem anderen, alles genau angesehen hatten, sagten sie: „Unter all diesen Frauen gibt es keine schönere als jene, die auf dem erhöhten Kissen sitzt!"

„Ich beanspruche sie für mich, wenn sie noch keinem anderen gehört", sagte der König.

In diesem Moment erhob sich Dorerame von seinem Lager und nach ihm eine der schönen Frauen. Ein anderer Neger stand auf und legte sich mit einer der Frauen hin. Das ging so fort bis zur siebten Frau. Jede der sieben Frauen schien sich mit großem Widerwillen in das Bett zu legen und verließ es wieder mit gesenktem Kopf.

Den Negern war das egal. Am meisten aber gelüstete es sie nach der schönen Frau auf dem erhöhten Kissen. Immer wieder wollten sie sie umarmen, sie aber wies sie zurück und stachelte ihre Begierde noch mehr an, indem sie sagte: „Niemals werde ich mich freiwillig einem von euch hingeben – und was diese Jungfrauen betrifft, so stehen sie unter meinem Schutz."

Da stand Dorerame auf, nackt wie er war, ging zu ihr hin, sein erigiertes Glied in der Hand, und begann, sie damit ins Gesicht und auf den Kopf zu schlagen, wobei er sagte: „Schon sechsmal habe ich heute Nacht versucht, dich zu umarmen, damit du mein Verlangen stillst, aber du hast mich immer wieder zurückgewiesen – wisse: Heute noch, in dieser Nacht, wirst du mir gehören."

Als die Frau die Entschlossenheit des betrunkenen Negers sah, versuchte sie, ihn zu beschwichtigen und bat ihn, sich neben sie zu setzen, indem sie ihm versprach, alle seine Wünsche zu erfüllen.

Dann sang sie mit gefühlvoller Stimme die folgenden Verse:

Bei der Liebe bereiten mir junge Männer das größte Vergnügen;
ich will nur einen jungen Mann,
voller Mut und jugendlicher Kraft –
ihn zu bekommen, gilt mein ganzer Ehrgeiz;
sein Zepter ist stark, bereit, Jungfrauen zu erobern,
wohlgestalt in seiner Größe;
ja, stark ist er, und hart,
stolz hebt er seinen Kopf,
und sein Verlangen ist so mächtig, daß er nicht schlafen kann.
Zwischen meinen Schenkeln nimmt er Wohnung

und weint so manche Träne über meinem Bauch,
er benötigt weder Hilfe noch Rat,
nie beugt ihm die Müdigkeit das Haupt;
nein, die Jugend verschmäht keine Gelegenheit zur Liebe.
Zuerst wird er meine Wangen küssen,
dann an meinen Lippen saugen
und mich zuletzt, in fester Umarmung, auf sein Lager werfen.
Mit Küssen erregt er meine Lust,
bis er mich in Hitze sieht,
dann kommt er schnell zu mir und öffnet mir die Schenkel.
Mit tausend Lippen küßt er meinen Bauch,
kraftvoll dringt er in mich ein,
ausdauernd und gleichmäßig erfüllt er seine Pflicht.
Zuerst erforscht er meine Tiefen, dann meine Seiten,
nun ist er ganz in mir, der Schaft bis an die Wurzel,
dann reibt er seinen Kopf in mir
und streichelt meinen Rücken, meine Seiten, meinen Bauch.
O, in seinen Armen bin ich wie ein Körper ohne Leben,
freudig trinke ich den Kelch der Lust,
und sagt er sanft: „Empfang meinen Samen", antworte ich:
„Gib ihn mir, o Geliebter! Willkommen soll er sein!"
O, du! Mann aller Männer!
Du erfüllst mich mit ungekannter Lust.
Licht meiner Augen.
O, du! Seele meiner Seele, Geist von meinem Geist –
bleib noch ein wenig! Geh nicht! Bleib in mir ruhen,
bis du wieder zu Kräften kommst!
Erinnere dich an dein Versprechen,
durch das du für siebzig Nächte
mein Geliebter bist.
Würdig hast du heute deine Pflicht getan,
und wenn du gehst, wirst du in meinem Herzen weiterleben.

Als er diese Verse vernommen hatte, sagte der König voller Bewunderung: „Wie verführerisch und begehrenswert hat doch Gott diese Frau gemacht! Es besteht kein Zweifel: Diese Frau hat keinen Mann, und keiner von diesen Männern hier hat sie berührt, denn obwohl dieser Neger offensichtlich in sie verliebt ist, hat sie ihn abgewiesen."

Omar ben Isad ergriff das Wort: „O König, was Ihr sagt, ist wahr! Ihr Ehemann ist nun seit fast einem Jahr fort, und viele Männer haben versucht, sie zu verführen, aber bisher hat sie jeden zurückgewiesen."

„Wer ist ihr Ehemann?"

„Sie ist die Frau des Sohnes des Wesirs eures Vaters."

„Ihr sprecht wahr. Ich habe schon davon sprechen gehört, daß der Sohn des Wesirs meines Vaters eine Frau von vollendeter Schönheit geheiratet hat, keusch und ohne Makel."

„Das ist jene Frau", antworteten seine Begleiter.

„Ich muß sie trotzdem haben", sagte der König. Und an Omar gewandt fügte er hinzu: „Wer von diesen Frauen ist deine Geliebte?" – „Ich kann sie nirgendwo sehen, o mein König!"

„Hab Geduld, ich werde sie dir zeigen. Und der dort ist also der Neger Dorerame? Ist er es?", fragte der König.

„Ja", antwortete der Wesir, „und er ist einer meiner Diener."

„Genug!", befahl der König. „Es ist jetzt nicht die Zeit für viele Worte."

Während sie so miteinander sprachen, sagte Dorerame zu der Frau: „Ich bin deiner Lügen müde, o Beder el Bedour" – Vollmond der vollen Monde, denn das war ihr Name. Dann schlug er ihr ins Gesicht und versuchte, sie mit sich fortzuziehen.

Das erfüllte das Herz des Königs mit Eifersucht und Zorn. „Schau, was dein Neger tut!", sagte er zum Wesir. „Bei Gott! Ich werde es ihn mit dem Leben büßen lassen! Ich werde an ihm ein Exempel statuieren, als Warnung für alle, die versuchen, es ihm gleichzutun!"

In diesem Moment sagte die Frau zu Dorerame: „Was tust du? Du hast deinen Herrn, den Wesir, mit seiner Frau betrogen. Und nun willst du sie betrügen, obwohl sie dich mit soviel Wohlwollen behandelt und dir alle erdenklichen Annehmlichkeiten verschafft hat? Und obwohl sie dich ohne jeden Zweifel über alles liebt, versuchst du, eine andere Frau zu verführen!"[4]

„Hör zu, aber sprich kein Wort!", ermahnte der König den Wesir.

Die Frau machte sich von Dorerame los, ging an ihren Platz zurück und begann, folgende Verse zu rezitieren:

Hört! Hört mir zu, ihr Männer,
was ich euch über die Frauen zu sagen habe!
Die Lust und das Verlangen stehen in ihre Augen geschrieben,
doch ihr Mund spricht Lügen und falsche Eide.
Immer ist ihre Arglist der Kraft des Mannes überlegen.
Ihre Bosheit kennt keine Grenzen;
und selbst dem König der Könige,
wie groß seine Macht auch immer sei,
würde es nicht gelingen, sie zu besiegen.
Darum, ihr Männer: Nehmt euch in acht!
Sagt niemals: „Diese Frau ist die Liebe meines Lebens."

4 In dieser wörtlichen Rede ist eine Passage ausgelassen, die lautet: „Du betrügst das Salz und du betrügst die Frau des Wesirs." Das Salz zu betrügen, ist ein figurativer Ausdruck in Anspielung auf die orientalische Sitte, als Zeichen der Gastfreundschaft Salz anzubieten, der besagen will: „Du betrügst den Gastgeber, den Herrn, die Hand, die dich nährt."

Und denkt nicht: „Sie ist meine Gefährtin auf Lebenszeit."
Denn ihre Liebe währt nur,
solange sie in deinen Armen liegt,
und endet, wenn der Tag anbricht.
Solange du an ihrem Busen liegst,
schwört sie dir ewige Treue, Liebe und Gehorsam,
aber hat sie erst dein Bett verlassen,
nimmt sie auch ihre Schwüre mit
und läßt (sich) ihre Reize von einem andern Mann bewundern.
Sklaven wird sie in eurem Ehebett empfangen,
und Dienstboten befriedigen ihre Lust.
Denn die Ehre ihres Mannes ist für sie nur ein leeres Wort.
Von seiner Frau getäuscht,
verliert der Mann die Achtung seiner Freunde
und wird fortan von allen
nur noch mit Verachtung angesehen.

Als er diese Worte hörte, begann der Wesir zu schluchzen, aber der König befahl ihm, still zu sein. Dorerame antwortete auf diese Verse mit folgenden Worten:

Weiber hatten wir Neger in Hülle und Fülle,
wir fürchten ihre Ränke nicht, wie listig sie auch sein mögen.
Die Männer vertrauen uns an, was sie schätzen.[5]
Das ist keine Lüge, erinner dich, sondern die Wahrheit, wie du weißt.
O all ihr Frauen! Ihr habt keine Geduld,
wenn euch nach einem männlichen Glied verlangt,
in ihm liegt euer Leben und euer Tod;
es ist das Ende all eurer Begierden, offen oder geheim.
Erhebt ihr euch im Zorn gegen eure Männer,

5 Dies bezieht sich auf den Umstand, daß Neger als Domestiken, als minderwertige Klasse angesehen wurden, denen es erlaubt war, sich in der Nähe der Frauen aufzuhalten, weil sie unfähig waren, sie zu beeindrucken.

beschwichtigen sie euch schnell, indem sie das Glied einführen.
Eure Religion wohnt in eurer Vulva,
und das Glied des Mannes ist eure Seele.
Solcherart ist stets die Natur der Frau.

Nach diesen Worten warf sich der Neger erneut auf Beder el Bedour, aber sie stieß ihn von sich. Nun konnte der König nicht länger an sich halten. Er zog sein Schwert und stürmte in den Raum. Seine Gefährten taten es ihm nach.

Beim Anblick der Schwerter erschraken die Neger und blieben wie gebannt auf ihren Plätzen. Plötzlich sprang einer von ihnen auf, um sich den Eindringlingen entgegenzustürzen, aber der Chauouch hemmte seinen Lauf, indem er ihm mit einem gewaltigen Schwerthieb den Kopf vom Körper trennte.

„Gott segne dich!“, rief der König aus. „Dein Arm hat seine Kraft nicht verloren. Deine Mutter gebar keinen Schwächling! Du hast deine Feinde niedergeworfen, und das Paradies wird deine Belohnung sein!“

Ein anderer Neger stand auf und ging mit einem der goldenen Kerzenständer auf den Chauouch los; die Wucht des Schlages zerbrach das Schwert in zwei Teile. Es war ein sehr wertvolles Schwert gewesen, und sein Verlust erfüllte den Chauouch mit unbändiger Wut. Er packte den Neger am Arm, hob ihn hoch und schleuderte ihn gegen die Wand, wo er zu Boden sank und leblos liegenblieb.

„Gott ist groß!“, rief der König aus. „Er hat deine Hand nicht verdorren lassen. O, was für ein Chauouch! Gottes Segen sei mit dir!“

Als die übrigen Neger sahen, was der Chauouch mit ihrem Gefährten getan hatte, wurden sie ängstlich und still und leisteten keinen Widerstand mehr. Der König, nun Herr über ihr Leben, sagte zu ihnen: „Derjenige, der es noch wagt, seine Hand gegen uns zu erheben, wird als nächster seinen Kopf verlieren!“

Dann befahl er, die verbliebenen fünf Neger zu fesseln, und als das geschehen war, wandte er sich mit folgenden Worten an Beder el Bedour: „Sag mir, wessen Frau du bist und wer dieser Neger bei dir ist?“

Sie erzählte ihm dasselbe, was er bereits von Omar erfahren hatte.

Dann fragte er sie, wie lange eine Frau ohne Beischlaf auskommen kann, und als er sah, daß sie mit der Antwort zögerte, bat er sie, frei und ohne falsche Scham zu sprechen.

Sie sagte: „Eine Frau von hoher Geburt kommt sechs Monate lang ohne Geschlechtsverkehr aus, aber eine Frau von niederer Geburt und schlechtem Charakter wird keine Gelegenheit auslassen, einen Mann bei sich zu empfangen. Hat er einmal an ihrem Busen gelegen, wird sein Glied ihre Vagina nie mehr verlassen.“

„Wer ist diese Frau?“, fragte der König, indem er auf eine der anderen Frauen zeigte.

„Das ist die Frau des Kadi.“

„Und diese hier?“

„Das ist die Frau des zweiten Wesirs.“

„Und diese?“

„Das ist die Frau des Oberhauptes der Muftis.“

„Und diese?“

„Das ist die Frau des Schatzmeisters.“

„Und die Frauen in dem Raum nebenan?“

„Sie sind nur Gäste. Eine von ihnen wurde gestern von einer alten Frau hierhergebracht; der Neger hat sie bislang nicht angerührt.“

„Das ist die Frau, von der ich zu dir gesprochen habe, o mein Herr“, sagte Omar.

„Und die zweite Frau? Zu wem gehört sie?"

„Sie ist die Frau des Sprechers der Zimmerleute", antwortete Beder el Bedour.

„Und wer sind diese Mädchen?"

„Eine ist die Tochter des Sekretärs des Schatzmeisters; die andere die Tochter des Inspektors für Maße und Gewichte, diese da die Tochter des Baliff und jene neben ihr sind die Töchter des Muezzins und des Fahnenmeisters."

Dann fragte sie der König nach dem Grund, weshalb sie alle hier versammelt seien.

„Der Neger hat keine anderen Gelüste als Frauen und Wein", antwortete Beder el Bedour. „Er macht den ganzen Tag lang nichts anderes, als Wein zu trinken und mit Frauen zu schlafen. Sein Glied erschlafft nur, wenn er selbst in Schlaf fällt."

„Wovon ernährt er sich?", wollte der König wissen.

„Von Eidottern, die er in Fett brät und die in Honig schwimmen; er trinkt nichts außer alten Muskatwein."

„Wer brachte diese Frauen hierher, die alle hohen Staatsbeamten angehören?"

„In seinen Diensten steht eine alte Frau, die einst Wirtschafterin in den Häusern der Mächtigen dieser Stadt gewesen ist; sie wählt die Frauen aus und bringt sie hierher; aber sie dient ihm nur gegen gutes Silber, Kleider, Edelsteine, Rubine und andere Dinge von hohem Wert."

„Und woher bekommt der Neger das Silber, die Edelsteine, Rubine und all die anderen wertvollen Dinge, mit denen er sie bezahlt?" Darauf schwieg Beder el Bedour, bedeutete aber dem König mit einem Blick auf den Großwesir, daß Dorerame all diese Dinge von der Frau des Großwesirs erhielt.

Der König verstand und fragte sie dazu nicht weiter aus. Er sagte: „O Beder el Bedour! Ich glaube und vertraue dir.

Und nun erzähle mir, ohne etwas zurückzuhalten, deine eigene Geschichte!"

„Ich wurde nicht angerührt, und egal wie oft der Neger es auch versucht hätte, er hätte sein Begehren niemals an mir gestillt."

„Ist das so?"

„So ist es."

„Sag mir nun: Hat der Neger meine Ehre respektiert oder wurde sie durch ihn beschmutzt?"

„Soweit es Eure Frauen betrifft, hat er Eure Ehre respektiert. Soweit ist er nicht gegangen; aber wenn Gott seine Tage verlängert hätte, wer weiß, ob er nicht versucht hätte, auch das zu beschmutzen, was er respektieren sollte."

„Und wer sind diese Neger?"

„Seine Gefährten. Wenn er einer Frau müde ist, reicht er sie an seine Gefährten weiter. Stände dieser Mann nicht in der Gunst einer Frau, was wäre er schon?"

„O Beder el Bedour! Warum haben du oder dein Mann mich in eurer Not nicht um Hilfe gebeten?"

„O König der Zeit, o geliebter Sultan, o Herr zahlreicher Armeen und Verbündeter! Was meinen Mann betrifft, so war es mir unmöglich, ihm von meiner Bedrängnis zu erzählen; und ich selbst kann dir dazu nicht mehr sagen, als du ohnehin schon aus den Versen weißt, die ich vorgetragen habe."

„O Beder el Bedour! Du schmeichelst mir. Ich aber habe dir die Fragen im Namen des Propheten (Der Segen Gottes sei mit ihm!) gestellt. Erzähl mir alles, was du weißt, und ich unterstelle dich meiner Gnade. Sag mir: Hat sich der Neger Dorerame nicht auch an dir vergangen, denn ich vermute, daß keine der Frauen vor ihm sicher war!"

„O König unserer Zeit“, sagte Beder el Bedour, „im Namen deiner hohen Gesinnung und deiner großen Macht! Höre: Niemals hätte ich ihn, dessen Namen du gerade nanntest, als meinen Ehemann akzeptiert – warum sollte ich ihm dann die Gunst einer verbotenen Liebe gewähren?“

„Du scheinst aufrichtig zu sein, jedoch haben die Verse, die du gesprochen hast, Zweifel in meine Seele gelegt.“

„O mein König! Ich hatte drei Gründe, mich dieser Sprache zu bedienen. Erstens war ich in jenem Augenblick in Hitze wie eine junge Stute; zweitens hat Iblis meine Geschlechtsteile erregt, und drittens wollte ich den Neger beruhigen und dazu bewegen, mir eine Schonfrist zu gewähren, damit er mich in Ruhe läßt, bis Gott mich von ihm befreien würde.“

„O Beder el Bedour“, rief der König aus, „du allein sollst verschont werden!“

Er ermahnte sie noch, ihr Geheimnis niemandem zu verraten, dann verabschiedete er sich von ihr.

Jetzt umringten alle Frauen und Mädchen Beder el Bedour und beschworen sie, beim König für sie um Gnade zu bitten. „Sprich für uns“, sagten sie, „denn auf dich wird er hören.“ Dabei weinten sie, rauften sich die Haare und warfen sich voller Verzweiflung zu Boden.

Die Frauen und Mädchen, die sterben sollten, erbarmten Beder el Bedour, und so ging sie dem König nach und sagte zu ihm: „O Herr, du hast mir bisher kein Geschenk gemacht.“

„Wie auch, ich habe Befehl gegeben, einen prächtigen Maulesel für dich bereitzustellen, auf dem du reiten kannst, wenn wir diesen Ort verlassen. Was aber diese Frauen betrifft, so müssen sie alle sterben.“

„O mein Herr“, sagte Beder el Bedour, „schwört, daß ihr mir eine Gunst gewährt.“

Der König willigte ein, und Beder el Bedour sagte: „Ich wünsche mir von euch, daß ihr das Leben dieser Frauen und Mädchen verschont. Bedenkt auch die Bestürzung, die ihr Tod in der ganzen Stadt hervorrufen würde.“

„Es gibt keine Stärke außer bei Gott, dem Barmherzigen“, sagte der König. Dann befahl er seinen Gefährten, die Neger nach draußen zu führen und ihnen den Kopf abzuschlagen. Ausgenommen war nur Dorerame. Dorerame war ungewöhnlich stämmig und hatte einen Nacken wie ein Bulle. Zuerst schnitten sie ihm die Nase, die Ohren und die Lippen ab, danach sein Glied und stopften es ihm in den Mund. Zuletzt hängten sie ihn auf.

Der König befahl, alle Türen des Hauses gut zu verschließen, sodaß niemand hinaus- noch hineingelangen konnte, und kehrte in seinen Palast zurück.

Bei Sonnenaufgang schickte er den Maulesel zu Beder el Bedour und gab Anweisung, sie zu ihm in den Palast zu bringen. Von diesem Tag an blieb sie bei ihm, und er fand sie nicht nur nach seinem Geschmack, sondern von der Art, daß sie selbst die vortrefflichsten Frauen übertraf, wie jene alle anderen übertrafen.

Der König veranlaßte, daß Omars Frau an ihn zurückgegeben wurde, und ernannte ihn zu seinem Privatsekretär. Dem Wesir befahl er, seine Frau zu verstoßen. Er vergaß auch nicht auf den Chauouch und den Hauptmann der Wache, die er, wie er es ihnen an der Mauer versprochen hatte, mit großzügigen Geschenken bedachte. Dazu benützte er die Schätze des Negers Dorerame, die man in jenem Haus gefunden hatte. Den Sohn des Wesirs seines

Vaters ließ er verhaften und in den Kerker bringen. Auch die alte Kupplerin ließ er ergreifen und zu sich bringen. Er befragte sie nach Einzelheiten zu dem Neger Dorerame und ihren Geschäften mit ihm.

„Findest du es gut", fragte er sie, „Männer und Frauen auf diese Weise zusammenzubringen?"

„Die Kuppelei ist das Geschäft fast aller alten Frauen", antwortete sie.

Er befahl, sie hinzurichten und mit ihr all jene Frauen, die dem Gewerbe der Kuppelei nachgingen. Dadurch bereitete er diesem Geschäft in seinem Reich mit einem Schlag ein Ende und riß das Übel mit seinen Wurzeln aus.

Die anderen Frauen und Mädchen ließ er zu ihren Familien zurückkehren und ermahnte sie, fortan die Barmherzigkeit und den Großmut Gottes zu loben.

Hier endet diese Geschichte. Sie zeigt nur einen Bruchteil der Schliche und Betrügereien, die Frauen ihren Ehemännern gegenüber anwenden. Aber sie lehrt auch, daß ein Mann, der sich verliebt, sich in höchste Gefahr für Leib und Leben begibt.

DRITTES KAPITEL

Von verachtenswerten Männern

WISSE, o mein Bruder (dem Gott barmherzig sei!), daß ein Mann von unförmiger Gestalt, ungepflegt im Äußeren, mit schlechten Gewohnheiten, dessen Glied klein, dünn und weich ist, von Frauen verachtet wird.

Verkehrt solch ein Mann mit einer Frau, sind seine Bewegungen kraftlos und plump. Es kümmert ihn nicht, ob die Frau dabei Lust empfindet. Er legt sich auf sie wie ein Sack Mehl, ohne sie vorher gestreichelt oder mit ihr gespielt zu haben; er tauscht mit ihr keine Küsse aus, erregt sie nicht, saugt weder an ihren Lippen noch beißt er sie zärtlich in den Hals oder legt seine Arme um sie.

Nein, er besteigt sie, ohne ihr Begehren geweckt zu haben, und versucht sogleich, umständlich und mit endlosen Schwierigkeiten sein weiches, blutleeres Glied in sie einzuführen. Das ermüdet ihn, noch ehe der Liebesakt begonnen hat. Hat er es endlich geschafft, macht er ein oder zwei kraftlose Bewegungen und sinkt dann, während er ejakuliert, wie leblos über der Frau zusammen – denn das war schon das Äußerste, zu dem er imstande ist! Ist er fertig, zieht er sein Glied gleich wieder aus der Frau heraus und beeilt sich, von ihr wieder herunterzukommen.

Solch ein Mann ist, wie es einmal ein Schriftsteller ausgedrückt hat, schnell beim Erguß und langsam beim Erigieren; nach dem Zittern, das dem Erguß folgt, ist seine Brust schwer und sein Hintern leicht.

Eigenschaften wie diese sind für Frauen wertlos.

Auch solche Männer sind verachtenswert, deren Rede falsch ist, die mit Worten lügen und ihre Versprechen nicht halten; sie sagen ihrer Frau nie die Wahrheit und verheimlichen alles vor ihr, ausgenommen die Ehebrüche, die sie angeblich begehen.

Es wird erzählt, daß ein Mann namens Abbes, dessen Glied ausgesprochen klein und schlaff war, eine wohlbeleibte Frau hatte, die er nicht befriedigen konnte, sodaß sie sich darüber bald bei ihren Freundinnen zu beklagen begann.

Nun besaß diese Frau ein recht ansehnliches Vermögen, während Abbes sehr arm war. Wollte er irgend etwas kaufen, so konnte er sich darauf verlassen, daß sie alles tun würde, damit er es auch bekam.

Eines Tages ging er zu einem Weisen, schilderte ihm seine ausweglose Situation und erbat seinen Rat. Der Weise antwortete ihm: „Hättest du ein großes, schönes Glied, wären all deine Probleme gelöst. Weißt du denn nicht, daß die Religion der Frauen zwischen ihren Beinen liegt? Aber du mußt dir keine Sorgen machen – ich werde dir eine Arznei verschreiben, die deine Probleme lösen wird."

Wieder zu Hause verlor Abbes keine Zeit und begann sogleich, die Arznei nach der Rezeptur des Weisen zuzubereiten; kaum hatte er sie eingenommen, schwoll sein Glied sowohl in die Länge als auch in die Breite an. Als seine Frau es in diesem Zustand erblickte, war sie freudig überrascht; aber ihre Freude wurde noch größer, als er sie den Gegenstand ihrer Überraschung fühlen ließ; ja er bediente sie damit so außergewöhnlich gut, daß sie zitterte und stöhnte, laut aufschluchzte, wimmerte und vor Lust schrie, so lange der Liebesakt dauerte.

Nachdem die Frau an ihrem Ehemann solche außerordentlichen und wohltuenden Eigenschaften entdeckt hatte, überschrieb sie ihm sofort ihr Vermögen und unterstellte sich und alles, was sie besaß, seiner freien Verfügung.

VIERTES KAPITEL

Von verachtenswerten Frauen

WISSE, o mein Wesir (Gott gewähre dir Barmherzigkeit!), daß es die unterschiedlichsten Arten von Frauen gibt – manche von ihnen verdienen es, gelobt zu werden, anderen gebührt nur Verachtung.

Eine Frau, die es verdient, von Männern verachtet zu werden, ist häßlich und geschwätzig, hat wolliges Haar, eine fliehende Stirn, kleine, trübe Augen, eine riesengroße Nase, Lippen von bläulich-blasser Farbe und einen breiten Mund. Ihre Wangen sind faltig, die Zähne löchrig und ihre Zahnreihen lückenhaft; die Wangen sind hohl, und purpurn schimmern die Backenknochen durch die dünne Haut; auf ihrem Kinn tummeln sich Borsten gleich kleinen Ameisen; ihr Kopf sitzt auf einem dürren, sehnigen Hals wie auf einem Stock; die Schultern sind schief und hochgezogen, der Brustkorb ist eingefallen, geschmückt mit schaukelnden, schlaffen Brüsten; ihr Bauch gleicht einem leeren ledernen Wasserschlauch, in dessen Mitte sich der Nabel erhebt wie ein loser Steinhaufen. Ihre Hüften sind gebogen wie Arkaden, und sie ist so mager, daß man die Knochen an ihrer Wirbelsäule einzeln zählen kann; ihr Hintern ist eingefallen und fleischlos; die Vulva groß und kalt; sie riecht nach Aas, ist dünn behaart, blutleer und labberig; ihre Klitoris ist hart, übelriechend und feucht. Zu guter Letzt hat sie große Knie und große Füße, große Hände und dürre, ausgezehrte Beine.

Bereitet eine solche Frau Männern schon im allgemeinen wenig Vergnügen, so doch im besonderen ihrem Ehemann, der sich an ihren Vorzügen erfreuen darf. Ein Mann, der sich in ihrer Nähe befindet, wird bemerken, daß sein Glied schlaff, entspannt und gleichgültig bleibt, als befände er sich nicht in der Nähe einer Frau, sondern eines Lasttieres. O, möge Gott uns alle vor einer Frau von solchem Äußeren bewahren!

Verachtenswert sind Frauen von einem düsteren, finsteren Naturell; des weiteren Frauen, die zu oft und zu viel reden, ständig laut lachen und klatschsüchtig sind.

Ein Schriftsteller hat es einmal so formuliert: „Wenn du eine Frau siehst, die ständig lacht, scherzt und spielt, immer zu den Nachbarn läuft, sich in Sachen einmischt, die sie nichts angehen, die ihren Ehemann unablässig mit Klagen quält, sich mit anderen Frauen gegen ihn verbündet, dabei selbst die große Dame spielt und von jedem Geschenke annimmt, dann sei gewiß, daß diese Frau eine schamlose Hure ist und nicht mehr."

Verachtenswert sind auch Frauen, welche die Geheimnisse des Ehemannes nicht zu wahren wissen, die streitsüchtig oder leichtsinnig im Umgang mit Männern sind.

Meide Frauen, die böswillig sind!

Eine Frau von böswilligem Charakter spricht nur, um zu lügen, und wenn sie ein Versprechen gibt, dann, um es zu brechen. Wer ihr vertraut, wird von ihr betrogen. Sie ist verdorben, diebisch, zänkisch, grob und gewalttätig; sie ist unfähig, jemandem einen guten Rat zu geben; dauernd beschäftigt sie sich mit den Problemen anderer Leute, vor allem mit solchen, die Übel bringen, und ist immer auf der Suche nach verleumderischen Neuigkeiten und Gerüchten. Sie zieht das Nichtstun der Arbeit vor; sie spricht in unziemlichen Worten mit einem Gläubigen und nimmt selbst ihren Ehemann davon nicht aus; Unflätigkeiten und Schimpfworte liegen ihr ständig auf der Zunge; sie strömt einen üblen Geruch aus, der dich befleckt und dir noch lange anhaftet, wenn du sie längst verlassen hast.

Nicht weniger verachtenswert sind Frauen, die ohne Grund das Wort ergreifen und ihren heuchlerischen Reden nie eine gute Tat folgen lassen. Wünscht der Ehemann einer solchen Frau, mit ihr zu schlafen, gehorcht sie seinem Willen nicht. Sie hilft ihm nicht bei seinen Geschäften und langweilt ihn mit grundlosen Klagen und Tränen.

Sieht eine solche Frau ihren Mann besorgt oder in Schwierigkeiten, kümmert sie das nicht, im Gegenteil: Sie lacht noch mehr und vergnügt sich noch ausgiebiger, um seinen Kummer nicht zu beachten. Es ist nicht zu seinem Wohlergehen, daß sie sich selbst bewundert, und sie macht sich auch nicht schön, um ihm zu gefallen – nein: Bei ihm ist sie unordentlich und schlampig. Es macht ihr nichts aus, ihn Dinge und Gewohnheiten an sich sehen zu lassen, die ihn abstoßen müssen. Auch benutzt sie niemals *atsmed*[1] oder *souak*.

Für einen Mann, der mit einer solchen Frau verheiratet ist, gibt es keine Hoffnung.

Möge Gott uns alle vor einer solchen Frau bewahren!

1 *Atsmed* ist Antimon, aus dem eine Augensalbe hergestellt wird. Frauen schwärzen die Innenseite ihrer Augenlider damit, um die Augen größer und strahlender wirken zu lassen.

FÜNFTES KAPITEL

Über den Beischlaf

O mein Wesir (Möge Gott dich beschützen!), wenn du zu einer Frau gehst, um dich mit ihr zu vereinigen, achte stets darauf, daß dein Magen nicht voll ist, sonst wird euch beiden aus eurem Zusammensein nur Schaden erwachsen.

Im schlimmsten Fall drohen dir Beschwerden, die denen eines Schlaganfalls oder der Gicht gleichen. Sehschwäche und Harnverstopfung sind noch die geringsten Übel, die dich daraufhin befallen können. Vermeidest du aber stets den übermäßigen Genuß von Speisen und Getränken vor dem Beischlaf, hast du nichts zu befürchten.

Auch ist wichtig, daß du nie mit einer Frau schläfst, ehe du sie nicht erregt hast. Beachte dies stets, und dein Vergnügen wird ein doppeltes sein.

Es wird sie erregen, wenn du ihre Wangen küßt, an ihren Brustwarzen knabberst, an ihren Lippen saugst und ihr euch auf diese Weise gegenseitig amüsiert, ehe du in sie eindringst; überhäuf sie mit Küssen, küß ihren Bauch, ihren Hals, ihren Nabel und die wohlgeformten Schenkel, innen und außen, während deine kosende Hand sanft um ihre Pforte spielt. Beiß sie vorsichtig in Arme und Schultern und laß mit deinen Liebkosungen keinen Teil ihres Körpers aus; schmieg dich an ihren Busen und laß sie deine Liebe und Ergebenheit fühlen. Verschränk deine Beine mit den ihren und halte sie fest in deinen Armen, so, wie es einmal ein Dichter beschrieben hat:

Mein rechter Arm unter ihrem Nacken
dient ihr als Kissen,
mit der linken Hand
ziehe ich sie unter mich
wie ein Bett.

Seid ihr nun beim Liebesspiel, und du bemerkst, daß ihre Augen schwer werden und sich tiefe, lustvolle Seufzer ihrer Brust entringen, mit einem Wort: Wenn du siehst, daß es sie mit jeder Faser ihres Körpers nach der Vereinigung mit dir verlangt, dann laß dein Verlangen sich mit dem ihren zu einem einzigen verschmelzen, um gemeinsam eure Lust bis zum Höhepunkt zu steigern, denn das ist der günstigste Augenblick für die Vereinigung. Laß ihn nicht ungenutzt verstreichen, dann wird die Frau die höchste Lust erfahren und du, schon zu deinem eigenen Vergnügen, wirst sie dafür noch mehr lieben. Auch sie wird ihre Zuneigung zu dir bewahren, denn es steht geschrieben: „Wenn du bemerkst, daß die Frau, mit der du zusammen bist, tiefe, lustvolle Seufzer von sich gibt, ihre Lippen erröten und ihre Augen schwer werden, während ihr Mund halboffen steht und ihre Bewegungen langsam werden; wenn sie so aussieht, als würde sie gleich einschlafen, und ab und zu gähnt, wisse, dann ist der rechte Augenblick gekommen; dringst du jetzt in sie ein, wird ihr höchste Lust zuteil, und du wirst fühlen, wie der Mund ihrer Gebärmutter dein Glied umfaßt – das ist unzweifelhaft der Höhepunkt der Lust, der von beiden erreicht werden kann.[1] Es gibt keine größere, und ihr folgen, vor allem anderen, Liebe und Zuneigung."

1 Die Beschreibung erinnert an den – heute – sogenannten Zervix-Orgasmus, der durch Stimulierung des Muttermundes erreicht wird. *Anm. d. Übers.*

Die nachfolgenden Ratschläge stammen von einem gelehrigen Schüler der Liebeskunst und sind allgemein bekannt. Er sagt: „Eine Frau ist wie eine Frucht, die ihre Süße nicht preisgibt, ehe du sie nicht in deinen Händen reibst. Schau dir das Basilienkraut an: Es gibt seinen Duft nicht frei, ehe du es nicht zwischen deinen Fingern reibst, bis es warm wird. Weißt du denn nicht, daß Bernstein, der unbehandelt ist und nicht erwärmt wird, sein Aroma in den Poren verbirgt? Und mit Frauen ist es nicht anders. Wenn du sie mit deinen Küssen, Bissen, Zärtlichkeiten und Umarmungen nicht erregen kannst, wirst du von ihr niemals das bekommen, wonach du dich sehnst. Du teilst zwar das Bett mit ihr, jedoch bereitet es dir kein Vergnügen. In ihrem Herzen weckst du weder Zuneigung noch Liebe zu dir. Und all ihre Vorzüge bleiben dir verborgen."

Es wird erzählt, daß, als einmal ein Mann eine Frau fragte, was denn das geeignetste Mittel sei, um beim Beischlaf die Liebe einer Frau zu wecken, er folgende Antwort bekam: „O, wenn du so fragst, dann sind es zwei Dinge, welche die Liebe begünstigen: das zärtliche Küssen und Spielen davor und die feste Umarmung im Augenblick des Höhepunktes!

Glaube mir, die Küsse, das Beißen, das Saugen an den Lippen und das Trinken des süßen Speichels, die innige Umarmung, die Besuche der Lippen bei den Knospen der Brüste sind es, die ihrer Zuneigung Dauer verleihen. Tust du das, werden Mann und Frau gleichzeitig zum Höhepunkt kommen und ihr Verlangen stillen. Dann fühlt der Mann, wie die Gebärmutter sein Glied packt, und die Lust ist für beide vollkommen.

Tust du es aber nicht, bleibt die Lust der Frau unerfüllt; denn das Verlangen der Frau wird nicht gestillt und sie wird ihren Reiter nicht lieben, wenn er nicht imstande ist, bis zu ihrer Gebärmutter vorzudringen; wenn aber die Gebärmutter mit einbezogen wird, dann wird das Weib die größte Liebe zu ihm empfinden, selbst wenn er der häßlichste Mann der Welt wäre.

Versuche dein Möglichstes, eine gleichzeitige Ejakulation der Samenflüssigkeiten[2] herbeizuführen; darin besteht das Geheimnis der Liebe."

Einer der Gelehrten, die sich mit diesem Thema befaßt haben, hat uns die nachfolgenden Geheimnisse überliefert, die ihm eine Frau mitgeteilt haben soll: „O ihr Männer, einer und alle, die ihr die Liebe und Gunst der Frauen sucht und wünscht, sie seien von Dauer – spielt mit den Frauen, ehe ihr sie besteigt! Macht sie für das Vergnügen bereit und laßt nichts unversucht, um dieses Ziel zu erreichen. Erforscht sie aufmerksam und auf jede erdenkliche Art und macht euch dabei frei von jedem anderen Gedanken. Laßt den kostbaren Augenblick der Lust nicht ungenutzt verstreichen! Dieser Augenblick ist da, wenn ihr seht, daß ihre Augen feucht und ihre Lider schwer werden. Dann, wenn die Küsse und Zärtlichkeiten diese Wirkung zeigen, dann könnt ihr euch mit eurer Geliebten vereinigen, niemals aber zuvor!

O ihr Männer! Habt ihr die Frau einmal in diesen Zustand versetzt, dringt in sie ein; achtet ihr nun noch darauf,

2 Manche (nicht alle) Frauen haben beim Orgasmus eine Ejakulation. Dabei tritt „weibliches Ejakulat" aus. Dieses wird von den Skene-Drüsen in der Vagina gebildet und während der Erregung bzw. des Orgasmus über Öffnungen in der Harnröhre und der Vulva ausgeschüttet. Wissenschaftliche Studien haben gezeigt, daß sich dieses Ejakulat aus zwei Flüssigkeiten zusammensetzt: Die erste ist dünnflüssig und durchsichtig und enthält niedrige Konzentrationen von Harnsäure, Kreatinin und Harnstoff, wie sie auch im Urin enthalten sind. Die zweite Flüssigkeit ähnelt dem männlichen Ejakulat. Sie enthält wie dieses eine relativ hohe Menge an PSA (Prostataspezifisches Antigen) und Glukose (Zucker), die durch die Ejakulation in die Scheide gelangen kann. *Anm. d. Übers.*

die richtigen Bewegungen auszuführen, wird sie eine Lust erfahren, die all ihre Sehnsüchte stillt.

Steh jetzt nicht gleich auf! Bleib an ihrem Busen liegen und laß zärtliche Küsse über ihre Wangen regnen. Dann beginn deine Arbeit von neuem, stoß nach dem Muttermund, damit dein Werk den krönenden Abschluß findet. Hast du damit, durch Gottes Gnade, Erfolg, achte darauf, daß dein Glied in der Scheide bleibt, und koste die Lust bis zur Neige. Lausche dem schweren Atem und dem tiefen Stöhnen der Frau, denn es sind verläßliche Zeugen für die große Lust, die du ihr bereitet hast.

Ist das Vergnügen vorbei und euer Liebesspiel zu Ende, dann steh nicht gleich auf; zieh dein Glied nicht mit einem Mal aus ihr heraus, sondern tue es langsam und vorsichtig. Bleib noch bei ihr und leg dich auf die rechte Seite des Bettes, das Zeuge eurer Lust war. Du wirst diese Nähe als angenehm empfinden.

Wenn du meinen Ratschlägen folgst, wird nur Gutes aus eurem Zusammensein entstehen, und du wirst keiner dieser Männer sein, die eine Frau wie ein Maultier besteigen, sich grob und fühllos an ihr befriedigen und, kaum haben sie ejakuliert, ihr Glied aus ihr herausziehen und das Weite suchen. Vermeide solche Unarten, denn sie berauben die Frau jedes bleibenden Vergnügens.“

Kurz gesagt: Ein echter Liebhaber der Frauen wird nicht darauf verzichten, all das zu beachten, was ich hier empfohlen habe, denn es wird die Lust der Frau nur erhöhen und ihre Zufriedenheit steigern.

Damit ist das Wesentliche zu diesem Thema gesagt.

Gott hat alles zum Besten gemacht!

SECHSTES KAPITEL

Was den Beischlaf begünstigt

WISSE, o mein Wesir (Gottes Güte sei mit dir!), erinnere dich stets: Wenn du eine Liebesnacht wünschst, die für Mann und Frau gleichermaßen lustvoll wie befriedigend ist, mußt du mit deiner Gespielin zärtlich sein und sie mit Küssen und Liebkosungen erregen, ehe du in sie eindringst. Leg sie auf das Bett, laß sie auf dem Rücken liegen, dann wieder auf dem Bauch und setz deine Zärtlichkeiten so lange fort, bis du an ihren Augen siehst, daß der Augenblick der Vereinigung gekommen ist, so wie ich es im vorangegangenen Kapitel beschrieben habe – und, bei meiner Ehre!, ich habe meine Beschreibungen darüber gewiß nicht zu kurz gehalten.

Wenn du also bemerkst, daß die Lippen der Frau zu zittern und sich zu röten beginnen, ihre Augenlider schwer werden und ihr Atem tiefer geht, dann verlangt es sie nach Vereinigung mit dir; das ist der rechte Zeitpunkt, um sich zu ihr zu legen und in sie einzudringen.

Wenn du auf meine Ratschläge hörst, wirst du eine lustvolle Umarmung erleben, die dir und deiner Gespielin die höchste Befriedigung verschafft, und du wirst um eine schöne Erinnerung reicher von ihr gehen.

Jemand hat einmal gesagt: „Willst du mit einer Frau schlafen, dann leg dich zu ihr, umarme sie fest und drück deine Lippen auf die ihren; trink ihren Atem, beiß sie, küß ihre Brüste, ihre Seiten und ihren Bauch, halt sie in deinen Armen, bis sie schwach vor Verlangen wird, dann erst dring in sie ein. Befolgst du meinen Rat, wird euch die Erfüllung gleichzeitig zuteil werden. Denn das ist es, was der

Frau die Lust versüßt. Weist du meinen Rat aber zurück, wird die Frau dein Verlangen nicht stillen und für sich selbst auch wenig Lust empfunden haben.“

Willst du dich nach dem Beischlaf erheben, dann tu es nicht plötzlich, sondern entziehe dich ihr sanft und lege dich an ihre rechte Seite. War sie fruchtbar, so wird sie, wenn es Gott dem Allmächtigen gefällt!, einen Knaben von dir empfangen.“

Weise Männer (Möge Gott ihnen allen seine Gnade zukommen lassen!) haben behauptet, daß, legt man die Hand auf die Vulva einer schwangeren Frau und spricht dazu die folgenden Worte: „Im Namen Gottes! Möge seine Gnade dem Propheten zuteil werden! O Gott! Ich bete zu dir im Namen des Propheten: Laß dieses Kind ein Knabe werden“, dann kann es geschehen, daß, durch den Willen Gottes und im Gedenken an unseren Herrn Mohammed, die Frau einen Sohn gebären wird.

Trinke niemals, unmittelbar nach dem Koitus, Regenwasser, denn das schwächt die Nieren.

Willst du ein zweites Mal mit deiner Gespielin verkehren, dann parfümiere dich mit süßen Düften, ehe du ihr beiwohnst, und du wirst mit dem Ergebnis zufrieden sein.

Achte auch darauf, daß die Frau während des Beischlafs nicht auf dir reitet, denn in dieser Position besteht die Gefahr, daß etwas von der Scheidenflüssigkeit in deinen Penis gelangen und eine Harnleiterentzündung verursachen kann.

Außerdem ist es ratsam, sich nach dem Geschlechtsverkehr zu erholen und jede anstrengende Tätigkeit zu vermeiden.

Hast du dein Glied aus der Scheide zurückgezogen, dann wasch es nicht gleich, sondern warte, bis der Reizzustand etwas abgeklungen ist, dann erst reinige es vorsichtig. Wasche dein Glied nicht zu oft. Wenn du es unmittelbar nach dem Erguß aus der Scheide ziehst, kann das Geschwüre verursachen.

Von den verschiedenen Stellungen beim Beischlaf

Gott, der Großartige, hat gesagt: „Frauen sind euer Feld. Bestellt euer Feld, wie es euch gefällt."[1]

Zahlreich und vielfältig sind die Möglichkeiten, sich mit einer Frau zu vereinigen, vorausgesetzt, daß der Beischlaf an dem Ort stattfindet, der dafür bestimmt ist, in der Scheide, und es ist nun an der Zeit, dich mit den gebräuchlichsten Stellungen bekannt zu machen.

ERSTE STELLUNG: Die Frau liegt auf dem Rücken und hebt ihre Schenkel an; du legst dich zwischen ihre Beine und dringst in sie ein. Drückst du dabei die Zehen gegen den Boden, kannst du dich in angemessener Weise bewegen. Diese Stellung ist empfehlenswert für Männer mit einem langen Glied.[2]

ZWEITE STELLUNG: Wenn dein Glied kurz ist, laß die Frau auf dem Rücken liegen und heb ihre Beine soweit an, bis ihre Zehen ihre Ohren berühren; dabei wird ihr Gesäß angehoben und ihre Vulva zeigt nach vorn. Jetzt führ dein Glied in sie ein.

---

1 Diese Passage bezieht sich auf den 223. Vers der 2. Sure des Korans, der lautet: „Eure Frauen sind euch ein Saatfeld. So kommt zu eurem Saatfeld, wann und wie ihr wollt. Doch schickt (Gutes) für euch selbst voraus. Und fürchtet Allah und wißt, daß ihr Ihm begegnen werdet. Und verkündet den Gläubigen frohe Botschaft."

2 Diese Position für den Beischlaf, die man auch die natürliche nennen kann, heißt bei den Arabern *hannechi*, was „nach Art der Schlangen" bedeutet.

DRITTE STELLUNG: Die Frau liegt auf dem Rücken. Du bist zwischen ihren Schenkeln, legst ihr eines Bein auf deine Schulter und das andere in die Beuge deines Arms; dann dringst du in sie ein.

VIERTE STELLUNG: Laß sie sich hinlegen und nimm ihre Beine über deine Schultern; in dieser Stellung wird sich dein Glied der Vulva, die leicht angehoben ist, genau gegenüber befinden. Jetzt dring in sie ein.

FÜNFTE STELLUNG: Mann und Frau liegen auf der Seite, das Gesicht einander zugewandt; der Mann liegt zwischen den Schenkeln der Frau und dringt in sie ein. Diese Stellung begünstigt Rheuma und Ischias.

SECHSTE STELLUNG: Die Frau kniet sich, wie zum Gebet, auf Ellbogen und Knie, sodaß die Vulva hervorsteht und nach hinten zeigt; führe dein Glied dann von dieser Seite in sie ein.

SIEBTE STELLUNG: Die Frau liegt auf der Seite, und du hockst dich, auf deinen Fersen sitzend, zwischen ihre Schenkel; ihr obenauf liegendes Bein legst du auf deine Schulter, die ihr am nächsten ist, und das andere Bein auf deinen Schenkel, wobei sie auf der Seite liegen bleibt. Dann dringst du in sie ein und bewegst sie mit den Händen vor und zurück.

ACHTE STELLUNG: Die Frau liegt mit angezogenen Beinen auf dem Rücken; der Mann besteigt sie knieend, wie ein Reiter ein Pferd, und führt sein Glied in sie ein.

NEUNTE STELLUNG: Die Frau sitzt und lehnt mit dem Rücken bequem gegen eine leichte Erhöhung, wobei ihre Füße den Boden berühren. So bietet sie dem Mann ihre Vulva an, der jetzt in sie eindringt.[3]

3 *Anmerkung in der Autographie-Ausgabe:* Es ist wichtig, nicht zu vergessen, daß bei all diesen Schilderungen die Bettstatt, wo die Begegnung stattfindet, ein arabisches Bett ist, das gewöhnlich aus mehreren Teppichen besteht, die über-

ZEHNTE STELLUNG: Die Frau liegt auf einem niedrigen Divan, an dessen Lehne sie sich mit den Händen festhalten kann; du schiebst dich unter sie, hebst ihre Beine etwa bis zur Höhe deines Nabels an und läßt sie mit ihren Beinen deinen Körper umklammern; in dieser Stellung führe dein Glied in sie ein und ergreife gleichzeitig die Lehne des Divans, um dich daran festzuhalten. Wenn du mit der Arbeit beginnst, dann laß dir Zeit und gib der Frau stets Gelegenheit, auf deine Bewegung zu antworten.

ELFTE STELLUNG: Die Frau liegt auf dem Rücken; ihr Gesäß ist durch ein Kissen erhöht; du legst dich zwischen ihre Beine, mit denen sie dich umfängt, sodaß ihre Fußsohlen aneinanderliegen; dann dringst du in sie ein.

Neben diesen Stellungen, die ich gerade aufgezählt habe, gibt es noch zahlreiche andere, die vor allem bei den Indern gebräuchlich sind. Die Bewohner dieses Landes haben die Möglichkeiten, sich mit einer Frau zu vereinigen, vervielfacht und sind deshalb in ihrem Wissen weit fortgeschrittener als wir. Im folgenden werde ich die bei ihnen gebräuchlichsten Stellungen anführen:

Der Pfropfen – Die Frau liegt auf dem Rücken und ihr Gesäß ist mit einem Kissen erhöht; knie dich zwischen ihre Beine, wobei du darauf achten mußt, daß deine Zehen den Boden berühren, und drück mit deinem Gewicht ihre Schenkel gegen ihre Brust. Nun streck deine Hände unter ihre Arme, um sie an dich zu drücken, oder halte sie an den Schultern fest. Ist das getan, führe

---

einander liegen oder über eine Matratze am Boden gebreitet sind. Solch ein Bett ist sehr niedrig, deshalb empfiehlt der Autor eine Erhöhung (Plattform), wenn das Stelldichein einer Unterstützung der Höhe unseres Bettes bedarf.

dein Glied in sie ein und zieh sie im Moment des Höhepunktes ganz fest an dich. Diese Stellung ist für die Frau sehr schmerzhaft, weil ihre Schenkel gegen ihre Brust gedrückt sind und ihr Gesäß durch ein Kissen erhöht ist; dadurch werden die Scheidenwände gegeneinander gepreßt und der Uterus nach vorne gedrückt, sodaß ihr nicht viel Bewegungsspielraum bleibt und noch weniger Platz für den Eindringling; das Glied kann nur mit Schwierigkeiten eingeführt werden und stößt gegen die Gebärmutter. Diese Stellung sollte daher nur angewandt werden, wenn das Glied des Mannes kurz und weich ist.

Der Frosch – Die Frau liegt auf dem Rücken und hat ihre Schenkel soweit angezogen, daß die Fersen ihr Gesäß berühren. Nun nimmst du in dieser Kutsche Platz, setzt dich der Vulva gegenüber und führst dein Glied in sie ein; dann legst du ihre Knie in deine Armbeugen, faßt sie an den Unterarmen und ziehst sie an dich.

Mit gekrümmten Zehen – Die Frau liegt auf dem Rücken, und der Mann hockt sich zwischen ihren Schenkeln auf seine Knie, sodaß er auf seinen Fersen sitzt und seine Zehen den Boden berühren. Nun schlingt sie ihre Beine um seine Hüften, er legt seine Arme um ihren Nacken und dringt in sie ein.

Mit den Beinen in der Luft – Die Frau liegt auf dem Rücken. Du nimmst ihre Beine und hebst sie, während du sie fest zusammenhältst, soweit in die Höhe, bis ihre Fußsohlen zur Decke zeigen; dann umfaßt du sie mit deinen Schenkeln und dringst in sie ein, wobei du darauf achtgeben mußt, ihre Beine nicht loszulassen.

Der Ziegenbock – Die Frau liegt auf der Seite, das zuunterst liegende Bein ausgestreckt. Der Mann hockt sich zwischen ihre Schenkel und hebt ihr obenauf liegendes Bein an, bis es auf seinem Rücken liegt; dann dringt er in sie ein. Während des Beischlafs hält er sie an den Schultern oder den Armen.

Die Archimedische Schraube[4] – Der Mann liegt ausgestreckt auf dem Rücken, und die Frau, das Gesicht ihm zugewandt, sitzt auf seinem Glied. Sie legt ihre Hände auf das Bett und beugt sich nach vor, bis ihr Bauch den seinen berührt; dann bewegt sie sich auf und ab. Wenn der Mann nicht zu schwer ist, kann er ihr dabei von unten helfen. Wenn sie den Mann in dieser Stellung küssen will, muß sie nur die Arme auf das Bett legen.

Lanzenstechen – Du hängst das Weib an der Zimmerdecke auf, indem du an ihren Händen und Füßen je einen Strick befestigst; die Mitte ihres Leibes ruht auf einem breiten Band, damit ihr der Rücken nicht wehtut. Sie muß eine solche Stellung einnehmen, daß ihre Scheide sich genau deinem Gliede gegenüber befindet, wenn du aufrecht vor ihr stehst. Nun versetzt du den Apparat in eine schwingende Bewegung, indem du ihn leise von dir wegstößt und dann wieder an dich ziehst: Infolgedessen wird deine Waffe abwechselnd in ihre Scheide hinein- und wieder herausfahren; natürlich mußt du aufpassen, daß du jedesmal wieder die Öffnung triffst. Das wiederholst du so lange, bis der Samenerguß eintritt.

Hängen – Der Mann bindet der Frau Hände und Füße in Richtung ihres Nackens zusammen, so daß ihre Scham wie eine gewölbte Kuppel hervortritt. Dann zieht er sie mittels einer an der Zimmerdecke befestigten Rolle in die Höhe. Hierauf streckt er sich unter ihr auf dem Bo-

4 Arabisch *el loulabi* von *louleb*, was das Rohr einer Quelle bezeichnet, durch welches das Wasser gezwungen wird, durch eine schmale Öffnung hervorzutreten, nach einem System, das wie die Archimedische Schraube [eine Förderanlage, die aus einer Wendel und einem Trog besteht] dazu dient, Wasser zu fördern.

den aus; in der Hand hält er das andere Ende des Strikkes, so daß er sie auf sein Glied herniederlassen und dieses in ihre Scheide eindringen kann. Er zieht sie nun abwechselnd auf und nieder, bis er ejakuliert.

Der Purzelbaum – Die Frau trägt ein Paar Hosen, das sie wie Fußfesseln auf die Knöchel fallen läßt. Sie beugt sich nach vor, bis ihr Kopf in der Öffnung der Hose steckt. In diesem Moment hält der Mann sie an den Beinen und legt sie auf den Rücken; er kniet sich über sie und dringt, indem er sein Glied zwischen ihren Schenkeln durchstößt, in sie ein. Es wird auch behauptet, daß es Frauen geben soll, die, während sie auf dem Rücken liegen, ihre Füße hinter den Kopf legen können, ohne dazu ihre Hände oder andere Hilfsmittel, wie ein Paar Hosen, zu brauchen.

Der Schwanz des Vogel Strauß – Die Frau liegt mit dem Rücken auf dem Boden, der Mann kniet zwischen ihren Füßen; er hebt ihre Beine an und legt sie um seinen Nakken, bis nur noch ihr Kopf und ihre Schultern den Boden berühren; dann dringt er in sie ein.

Anpassen der Socke – Die Frau liegt auf dem Rücken. Du setzt dich zwischen ihre Beine und legst dein Glied zwischen ihre Schamlippen, die du mit Daumen und Zeigefinger nach vor ziehst; nun bewegst du dich vorsichtig vor und zurück, wobei dein Glied mit den Schamlippen in Berührung bleibt; damit fährst du so lange fort, bis ihre Vulva von der Flüssigkeit, die aus deinem Penis austritt, feucht wird. Hast du ihr so einen Vorgeschmack auf das Vergnügen bereitet, dringst du ganz in sie ein.

Wechselseitige Ansicht der Hinterbacken – Der Mann liegt auf dem Rücken, die Frau sitzt, mit dem Rücken zu ihm, rittlings auf seinem Glied. Er umklammert sie mit den Beinen, während sie sich nach vorne beugt, bis ihre Hände den Boden berühren. So kann sie sich angemessen bewegen, während sie auf den Hintern des Mannes blickt und er auf den ihren.

Den Bogen spannen – Mann und Frau liegen auf der Seite; der Mann liegt hinten, sein Gesicht ihrem Rücken zugewandt, mit seinen Beinen zwischen den ihren. Er hält sie an den Schultern und dringt in sie ein. Nun ergreift die Frau die Füße des Mannes und zieht sie nach vorne; so formt sie mit dem Körper des Mannes einen Bogen, für den sie der Pfeil ist.

Die Erwiderung – Der Mann, die Beine angewinkelt, sitzt auf dem Boden und legt die Fußsohlen aneinander; indem er die Oberschenkel leicht sinken läßt, rücken die Füße näher zu seinem Unterkörper heran. Die Frau setzt sich auf seine Füße, wobei der Mann darauf achtgeben muß, sie fest geschlossen zu halten. In dieser Stellung sind die Oberschenkel der Frau gegen die Hüften des Mannes gepreßt; sie umschlingt ihn mit den Beinen und legt ihre Arme um seinen Hals. Der Mann zieht nun seine Füße an, bis sich die Vulva der Frau seinem Glied genau gegenüber befindet, dann dringt er in sie ein. Durch das Anziehen und Strecken der Beine bewegt er die Frau vor und zurück; sie sollte sich dabei so leicht wie möglich machen und nicht zu fest an ihn klammern. Tatsächlich ist ihre Mithilfe bei dieser Stellung unerläßlich. Befürchtet er, daß sein Glied aus der Scheide rutschen könnte, faßt er die Frau an der Taille; dann müssen sich beide mit den Bewegungen begnügen, die er mit seinen Füßen ausführen kann.

Der Specht – Der Mann setzt sich auf den Boden und streckt die Beine aus; die Frau setzt sich auf seine Oberschenkel, verschränkt ihre Beine hinter seinem Rücken und rutscht soweit nach vor, bis sich ihre Vulva seinem Glied gegenüber befindet; dann ergreift sie sein Glied und führt es sich in ihre Scheide ein. Sie schlingt ihre Arme um seinen Hals, er hält sie an den Hüften und bewegt sie, mit ihrer Unterstützung, auf seinem Penis auf und ab.

Beischlaf von hinten – Die Frau liegt auf dem Bauch, ihr Gesäß ist durch ein Kissen erhöht; der Mann legt sich auf sie und dringt in sie ein, während die Frau ihre Arme um seine Ellbogen schlingt. Das ist die leichteste von allen Positionen.

Bauch an Bauch – Frau und Mann stehen sich gegenüber, der Mann innen, mit seinen Füßen zwischen den Füßen der Frau. Nun stellt jeder einen Fuß nach vorne und umklammert mit dem freien Bein die Hüfte des anderen. Nun führt der Mann sein Glied in sie ein, und beide bewegen sich auf eine Art und Weise, die ich später erläutern werde, wenn es Gott dem Allmächtigen gefällt (s. u.: Erste Bewegung (Der Eimer im Brunnen)).

Die Ramme – Die Frau kniet und hat ihre Unterarme auf den Boden gelegt. Der Mann kniet hinter ihr und führt sein Glied in ihre Scheide ein. Seine Hände liegen während des Beischlafs auf ihren Schultern.

Der Kamelhöcker – Stehend beugt sich die Frau nach vor, bis ihre Finger den Boden berühren; der Mann stellt sich hinter sie, hält sie an den Hüften und dringt in sie ein. Wenn der Mann sein Glied aus ihr herauszieht, während sie noch nach vorne gebeugt ist, macht die Vulva ein Geräusch, das dem Blöken eines Kalbes gleicht – aus diesem Grund mögen viele Frauen diese Stellung nicht.

Den Pflock einschlagen – Der Mann und die Frau stehen einander gegenüber, sie legt ihre Arme um seinen Nakken und zieht sich an ihm hoch, bis sie mit ihren Beinen seine Hüften umfassen kann; sie kann sich dabei mit dem Rücken gegen die Wand lehnen oder daran mit den Füßen abstützen. Dann dringt der Mann in sie ein.

Die Verschmelzung – Die Frau liegt auf ihrer rechten Seite und du auf deiner linken. Streck dein zuunterst liegendes Bein gerade aus und leg das andere auf den Körper der Frau. Dann zieh ihr obenauf liegendes Bein zu deinem Körper und dring in sie ein. Wenn die Frau will, kann sie dem Mann dabei behilflich sein, die notwendigen Bewegungen auszuführen.

Das Schaf – Die Frau ist auf Händen und Knien, und der Mann hebt ihre Schenkel soweit an, bis sich ihre Vulva auf Höhe seines Gliedes befindet, dann dringt er in sie ein. In dieser Stellung ist es empfehlenswert, daß die Frau den Kopf zwischen ihre Arme legt.

Die Umkehrung – Der Mann liegt auf dem Rücken; die Frau gleitet zwischen seine Beine und hockt sich über ihn, wobei ihre Zehenspitzen den Boden berühren. Sie hebt seine Oberschenkel an und drückt sie soweit gegen den Körper des Mannes, bis sich sein Glied genau vor ihrer Scheide befindet; sie führt es ein und legt ihre Hände, etwa auf Höhe seiner Hüften, zu beiden Seiten des Mannes auf das Bett. Es ist notwendig, daß die Füße der Frau auf einem Kissen ruhen, um ihr genügend Spielraum zu geben. In dieser Stellung führt allein die Frau die notwendigen Bewegungen aus.

Die Reiterin – Der Mann liegt, mit einem Kissen unter den Schultern, auf dem Rücken, wobei er darauf achten muß, daß sein Gesäß nicht angehoben ist. Er zieht seine Beine an, bis seine Knie nahe vor seinem Gesicht sind. Jetzt setzt sich die Frau auf sein Glied. Sie legt sich nicht auf ihn, sondern sitzt rittlings auf ihm wie auf einem Sattel, der durch die Beine und die Brust des Mannes gebildet wird. In dieser Stellung kann sie sich, durch das Beugen und Strecken ihrer Knie, auf und ab bewegen. Sie kann auch ihre Knie am Boden abstützen: In diesem Fall bewegt sie der Mann mit den Oberschenkeln, während sie sich mit ihrer linken Hand an seiner rechten Schulter festhält.

Die Schaukel – Die Frau sitzt auf dem Steißbein: ihre Hinterbacken dürfen nur ganz eben das Bett berühren. Der Mann nimmt dieselbe Stellung ein, so daß sein Glied sich ihrer Scheide gegenüber befindet. Hierauf schlägt die Frau ihren rechten Schenkel über den linken Schenkel des Mannes; er macht es ebenso und legt seinen rechten Schenkel über ihren linken. Die Frau führt sein Glied in ihre Vagina ein, dann fassen sie sich gegenseitig an den Oberarmen und beginnen vorsichtig, sich abwechselnd zurückzulehnen, dann hin und her zu wiegen; ihre Bewegungen müssen gut aufeinander abgestimmt sein.

Der Stubenhocker – Die Frau liegt auf dem Rücken, und der Mann, die Hände auf Kissen, liegt auf ihr. Wenn er sein Glied in sie eingeführt hat, hebt die Frau ihr Gesäß soweit wie möglich an; der Mann bewegt sich mit, wobei er darauf achtgeben muß, daß sein Glied in der Vagina bleibt; dann läßt die Frau ihr Gesäß ruckartig fallen, und der Mann muß dabei, obwohl sie sich nicht umarmen, an ihr kleben wie eine Klette. In dieser Art fahren sie fort. Ist der Mann schwerfällig und macht sich nicht leicht oder ist das Bett zu hart, kann diese Stellung sehr schmerzhaft sein und muß öfter unterbrochen werden.

Der Schmied – Die Frau liegt auf dem Rücken mit einem Kissen unter ihrem Gesäß; sie zieht nun ihre Knie an den Oberkörper, bis ihre Vulva vorsteht wie ein Sieb;

dann führt sie das Glied des Mannes in ihre Vagina ein. Ein-, zweimal führt der Mann die üblichen Bewegungen aus, dann zieht er sein Glied wieder heraus und schiebt es zwischen die Oberschenkel der Frau, so wie der Schmied das glühende Eisen aus der Esse zieht, um es in kaltes Wasser zu tauchen.

Der Verführer – Die Frau liegt auf dem Rücken, und der Mann hockt zwischen ihren Schenkeln; er nimmt ihre Beine unter seine Arme oder legt sie auf seine Schultern und dringt in sie ein. Er kann sie während des Beischlafs an den Hüften oder Armen halten.

Ich habe hier mehr Stellungen angeführt, als man normalerweise ausübt, um jenen, welche die eine oder andere Stellung schwierig auszuführen finden, die Möglichkeit zu geben, eine andere Stellung zu wählen, die ihnen mehr zusagt und größere Lust gewährt.

Auch habe ich es nicht für notwendig erachtet, Stellungen anzuführen, deren Ausführung mir unmöglich erscheint. Ist aber nun jemand der Ansicht, daß die Stellungen, welche ich beschrieben habe, ihm nicht genügen, so soll ihn nichts davon abhalten, neue zu erfinden.

Zweifelsohne haben die Inder auch Lösungen für die allerschwierigsten Stellungen gefunden – hier ein Beispiel:

„Die Frau liegt auf dem Rücken, und der Mann sitzt rittlings auf ihrem Oberkörper mit dem Gesicht zu ihren Füßen. Während er sich nun nach vor beugt, hebt er ihre Oberschenkel an, bis ihre Vulva sich seinem Glied genau gegenüber befindet; dann dringt er in sie ein.“

Eine solche Stellung ist, wie man sich vorstellen kann, nicht nur schwierig auszuführen, sondern auch sehr ermüdend. Ich denke, daß sie nur in Gedanken oder als Bild verwirklichbar ist. In Hinblick auf die anderen Stellungen, die oben beschrieben wurden, möchte ich festhalten, daß sie nur dann ausgeführt werden können, wenn beide, Mann und Frau, weder körperlich beeinträchtigt noch mißgebildet sind; zum Beispiel wenn einer von beiden bucklig ist oder sehr klein oder sehr groß oder zu fettleibig. Auch müssen sich beide bei guter Gesundheit befinden.

Ich werde nun den Beischlaf zwischen Menschen behandeln, die entweder sehr beleibt, von unterschiedlicher Gestalt oder mit einem körperlichen Defekt behaftet sind. Dabei werde ich die möglichen Stellungen unter Rücksicht auf die körperlichen Unterschiede einzeln anführen.

Stellungen für dicke Menschen

Ich beginne mit den Stellungen zwischen einem schlanken Mann und einer dickleibigen Frau:

Will der Mann sie von der Seite nehmen, legt er den obenauf liegenden Schenkel der Frau, etwas oberhalb seiner Hüfte, auf seinen Körper und benützt ihre Unterarme als Unterlage für seinen Kopf. Er muß auch einen Polster unter sein Gesäß legen, damit sein Glied sich auf der richtigen Höhe befindet, was von der Dicke der Oberschenkel der Frau abhängig ist.

Aber wenn die Frau ungewöhnlich fett ist, ist es am besten, wenn sie sich mit angezogenen Beinen auf den Rücken legt; der Mann kniet sich dann auf seinen Fersen zwischen ihre Beine, versucht sie an den Hüften zu halten und an sich zu ziehen. Falls ihm das aufgrund der Dicke ihrer Schenkel und des Bauches nicht gelingt, muß er mit beiden Händen ihr Gesäß umfassen, nur ist es dann, wegen der Unbeweglichkeit ihrer Schenkel, die durch den Bauch behindert werden, unmöglich, sie angemessen zu bedienen. Er kann sie auch, wenn er will, dabei mit seinen Händen stützen, aber er muß darauf achten, daß dabei ihre Schenkel nicht auf den seinen zu liegen kommen, denn dann hätte er weder genügend Kraft noch Leichtigkeit, sich zu bewegen.

Ein Dichter hat gesagt:

Zum Koitus heb ihre Hinterbacken hoch:
So gleichst du dem Strick, den ein Ertrinkender faßt.
Und zwischen ihren Schenkeln sitzest du
Wie ein Ruderer im Hinterteil des Boots.

Wenn der Mann es vorzieht, kann er sich auch rittlings auf das zuunterst liegende Bein der Frau setzen, wobei sie es etwas vorschiebt. Ihr obenaufliegendes Bein, abgewinkelt am Knie, hebt er an, und, sich selbst auf die Zehenspitzen erhebend, dringt er in sie ein.

Ist die Frau schwanger, sollte sie auf der Seite liegen und ihre Knie soweit anziehen, wie es ihr möglich ist. Der Mann legt sich hinter sie und kann nun ohne Probleme sein Glied in ihre Vagina einführen.

Diese Stellung kann mit jeder Frau ausgeführt werden, aber sie dient besonders der Bequemlichkeit und Sicherheit von schwangeren Frauen.

Ist nun der Mann beleibt und die Frau nicht, ist es am besten, wenn sie die Führung übernimmt. Der Mann liegt auf dem Rücken, die Frau setzt sich auf sein Glied und legt die Hände auf seinen Bauch. Wenn sie geschickt ist, kann sie sich jetzt auf und ab bewegen; ist sie ungeschickt, muß ihr der Mann dabei helfen, indem er sein Gesäß oder die Oberschenkel anhebt.

In dieser Stellung besteht für den Mann die Gefahr, daß etwas von der weiblichen Scheidenflüssigkeit in seinen Harnleiter gelangen und eine Entzündung verursachen kann. Es kann auch passieren, daß das Sperma des Mannes nicht austreten kann und in den Harngang zurückgedrängt wird.

Zieht der Mann es vor, daß die Frau auf dem Rücken liegt, muß er sich zwischen ihre Beine hocken, doch wird er bei der Ausführung des Aktes bald ermüden, weil sein Bauch auf dem ihren liegt, was unbequem ist und die Bewegung behindert; abgesehen davon wird er sein Glied nicht zur Gänze in sie einführen können. Nicht anders verhält es sich, wenn beide auf der Seite liegen, wie es in der Stellung für schwangere Frauen empfohlen wurde.

Sind beide beleibt, gibt es kaum eine Stellung, die nicht ermüdend wäre, besonders wenn beide sehr fett sind. In diesem Fall ist es am besten, wenn sich die Frau hinkniet, die Hände und Unterarme am Boden, sodaß ihr Gesäß höher als ihr Rücken liegt; der Mann kniet sich hinter sie, öffnet ihre Beine und dringt in sie ein, wobei er seinen Bauch mit der Hand nach oben hält. Er kann seinen Bauch auch auf ihren Hintern legen, während er sie an den Schenkeln oder an der Hüfte hält. Wenn ihr Gesäß zu nieder für seinen Bauch ist oder sein Bauch zu tief liegt, muß er, um den Unterschied auszugleichen, auf einem Kissen knien.

Eine bessere Stellung für zwei dicke Menschen ist mir nicht bekannt. Wenn zum Beispiel die Frau auf dem Rükken liegt und der Mann zwischen ihren Schenkeln hockt, muß er feststellen, daß er sein Glied nicht benutzen kann; er wird die Vulva nicht einmal sehen, und wenn, dann nur zum Teil; er wird also keine Möglichkeit finden, den Akt auszuführen.

Es wird ihm aber gelingen, wenn die Frau auf der Seite liegt, er sich hinter sie hockt und seinen Bauch auf ihr Gesäß legt, während sie die Beine anzieht. Schafft sie es dabei nicht, die Knie weit genug an den Körper zu ziehen, wird der Mann weder ihre Vulva sehen noch in sie eindringen.

Sind beide Partner beleibt, aber ihre Bäuche nicht übermäßig groß, werden sie alle Stellungen einnehmen können. Jedoch sollten sie sich nicht zu lange Zeit lassen, zum Höhepunkt zu kommen, denn sie sind kurzatmig und ermüden schnell.

Stellungen für sehr kleine und sehr große Menschen

Im Falle des Beischlafs zwischen einem sehr großen Mann und einer sehr kleinen Frau besteht das Hauptproblem, das gelöst werden muß, darin, wie man es anstellt, daß ihre Münder und ihre Geschlechtsteile zur selben Zeit zueinanderfinden. Um das zu erreichen, ist es das Beste, wenn die Frau auf dem Rücken und der Mann auf der Seite liegt; er legt eine Hand unter ihren Nacken und mit der anderen hebt er ihre Schenkel soweit an, bis sich sein Glied der Vulva, die nach hinten vorsteht, genau gegenüber befindet. Wenn er diese Stellung unbequem findet oder er sich bei seinen Bewegungen behindert fühlt, legt er seinen obenauf liegenden Schenkel auf den Boden, um sich abzustützen. Während er in sie eindringt, schlingt die Frau ihre Arme um seinen Hals und beginnt, ihn zu küssen.

Will die Frau auf der Seite liegen, muß er sich zwischen ihre Beine legen und sie so an sich ziehen, daß sein Glied sich auf Höhe der Vulva befindet. Eine Hand legt er unter ihren Nacken und die andere auf ihr Gesäß, um sie zu bewegen. Wenn er will, kann er auch seine Beine übereinanderlegen und zwischen den Beinen der Frau ausstrecken, wobei er die Frau fest an sich drückt. So wird es zwar für ihn leichter sein, sich zu bewegen, aber, um sie gleichzeitig zu küssen, wird er den Rücken krümmen müssen.

Bezüglich des Geschlechtsverkehrs zwischen einem sehr kleinen Mann und einer großen Frau muß gesagt werden, daß es ihnen kaum möglich ist, sich während des Beischlafs zu küssen, ausgenommen sie nehmen eine der drei folgenden Stellungen ein, doch selbst dann wird es nicht leicht sein und sie werden schnell ermüden:

Die Frau liegt auf dem Rücken, das Gesäß und den Kopf auf Kissen und zieht ihre Oberschenkel an die Brust. Der Mann legt sich auf sie, führt sein Glied in ihre Vagina ein und streckt seine Arme aus, um sie an den Schultern zu fassen und soweit an sich zu ziehen, bis ihre Schultern die seinen berühren. Die Frau schlingt ihre Arme und Beine um seinen Rücken und er, wenn er es vermag, seine Arme um ihren Hals.

Beide liegen, die Gesichter einander zugewandt, auf der Seite; die Frau schlüpft mit ihrem zuunterst liegenden Schenkel unter den Körper des Mannes, etwa in Höhe seiner Hüften; das andere Bein legt sie auf das obenauf liegende Bein des Mannes. Dann krümmt sie sich über den Bauch, bis ihre Brust nicht länger die des Mannes berührt, während der Mann sein Glied in ihre Vagina einführt.

Beide sollten sich gegenseitig am Hals umarmen, und die Frau, ihre Beine hinter dem Rücken des Mannes verschränkt, sollte ihn zu sich heranziehen.

Der Mann liegt ausgestreckt auf dem Rücken, und die Frau setzt sich auf sein Glied; während sie sich auf ihm ausstreckt, zieht sie ihre Knie bis auf Höhe des Bauches an. Dann legt sie ihre Hände auf seine Schultern und zieht sich an ihm hoch, bis ihre Lippen die seinen berühren.

Beide Partner mögen diese Stellungen ermüdend finden; sie können auch jede andere Stellung ausprobieren, aber es muß ihnen dabei möglich sein, sich während des Beischlafs zu küssen.

Stellungen für mißgebildete und behinderte Menschen

Ich werde nun den Beischlaf mit Buckligen behandeln, und ich beginne mit jenen, die einen runden Buckel haben und deren Nacken und Rückgrat kräftig sind.

Einem solchen Mann wird mit einer kleinen Frau am besten gedient sein, jedoch nur, wenn er sie von hinten nimmt. Noch einfacher ist es, wenn sie sich nach vorne beugt oder hinkniet. Diese Stellung gilt auch als empfehlenswert, wenn es die Frau ist, die einen Buckel hat.

Weisen beide die gleiche Mißbildung auf, müssen sie sich eine Stellung suchen, bei der beide auf ihre Kosten kommen. Allerdings werden sie sich nicht umarmen können, und wenn sie auf der Seite liegen, Gesicht an Gesicht, wird zwischen ihnen ein großer Abstand sein. Und wenn einer von beiden auf dem Rücken liegen will, muß man ein Kissen unter seinen Rücken legen, um ihn aufrecht zu halten und den leeren Platz auszufüllen.

Wenn der Mann nur am Nacken mißgebildet ist, sodaß sein Kinn gegen die Brust gedrückt wird, sein Rücken aber gerade ist, kann er jede Stellung einnehmen, die er will, obwohl es für ihn schwierig werden wird, die Frau während des Beischlafs auf den Mund zu küssen; liegt die Frau auf dem Rücken, wird es den Anschein haben, als ob er wie ein Widder nach ihr stieße. Ist auch die Frau im Nacken mißgebildet, werden ihre Bewegungen an einen Kampf zwischen gehörnten Tieren erinnern. Die angenehmste Stellung für beide ist jene, bei der sich die Frau auf Händen und Füßen niederkniet; und wenn sie sich während des Beischlafs küssen wollen, dann müssen sie es über ihre Schulter tun.

Ein Mann, dessen Buckel auf seinem Rücken aussieht wie die Hälfte eines Topfes, ist nicht so schlimm mißgebildet wie derjenige, von dem der Dichter sagt:

Liegt er auf dem Rücken,
sieht er aus wie eine Schüssel,
dreh ihn um,
und er sieht aus wie ein Deckel.

Ist der Mann im Zweifel, wähle er die Stellungen für „den kleinen Mann“, jedoch wird es ihm verwehrt sein, auf dem Rücken zu liegen.

Wenn eine kleine Frau auf dem Rücken liegt mit einem Buckligen über ihrem Bauch, wird er aussehen wie der Deckel auf einer Vase; ist die Frau dagegen groß, wird er aussehen wie ein Tischlerhobel auf einer Bank. Ich habe folgende Verse dazu verfaßt:

Dort geht einer, den Rücken aufgewölbt
wie eine Kuppel, sodaß dir bei seinem Anblick
ein Ausruf des Staunens entfährt.
„Und wie“, willst du von ihm wissen, „ist es

dir damit möglich, mit deiner Frau zu verkehren?"
„Das ist die Strafe für meine Sünden", antwortet er.
Die Frau unter ihm ist ein Brett,
und liegt er bei ihr, ist er ein Hobel.

Ich habe dazu auch noch folgende Verse geschrieben:

Des Buckligen Rückgrat ist in Knoten geschürzt;
an seinem Sündenregister schreiben sich die Engel ihre Finger wund[5]
und laufen sich die Beine müd, um ihm
ein Weib zu finden, das seinem Wuchs entspricht.
Und findet sich eine, stößt sie ihn zurück
Und fragt: „Wer trüge wohl unserer Sünden Last?"
Drauf er: „Ich trag sie gut auf meinem Buckel."
Doch sie verspottet ihn und sagt: „O du Hobel, du!
Wenn es Dein Schicksal ist, Späne zu machen, nimm lieber ein
Dielenbrett!"

Haben beide einen Buckel, kann das Paar jede Stellung einnehmen, die es will, solange es darauf achtet, den Buk-kel, wenn einer von ihnen auf dem Rücken liegen will, auf allen Seiten mit Kissen zu schützen, wie mit einem Turban, sodaß er darin wie in einem Nest liegt.

Ist auch die Brust des Mannes mißgebildet, ist ihm die Umarmung verwehrt, und er wird sich beim Küssen nach vorne beugen müssen. Das ausgenommen kann er jede Stellung einnehmen, doch welche Stellung er auch versucht, sie wird sowohl für ihn als auch für die Frau schwierig und schon nach kurzer Zeit unangenehm sein.

5 *Anmerkung in der Autographie-Ausgabe:* Dem Glauben der Muselmanen nach sind die Engel unablässig damit beschäftigt, während sie hinter oder vor einem Menschen stehen, seine guten und schlechten Taten aufzuschreiben (siehe auch: Koran, Sure 6, Vers 61 und Sure 13, Vers 12).

Ich habe dazu folgende Zeilen verfaßt:

Wenn sich die Buckligen der Leidenschaft ergeben,
sehen sie aus wie ein Krug mit zwei Henkeln.
Und hat ein Mann zwei Buckel,
einen hinten, einen vorne,
ruft das Mädchen aus, sobald er sie umarmen will:
„Das schaffst du nie, dein Buckel ist im Weg!
Selbst wenn dein Glied den Hafen findet, um sich auszuruhen,
kann ich nicht dasselbe für deinen Buckel vorne tun.“

Haben beide vorne und hinten einen Buckel, sei ihnen folgende Stellung empfohlen: Die Frau liegt auf der Seite, und der Mann führt sein Glied – so, wie es in der Stellung für schwangere Frauen beschrieben wurde – von hinten in ihre Vagina ein. Liegt die Frau auf dem Rücken, muß sie ihr Gesäß soweit wie möglich anheben – den Buckel mit Kissen geschützt –, und der Mann hockt sich zwischen ihre Beine. Beide werden diese Stellung annehmbar finden. Dadurch wird zumindest vermieden, daß sich ihre Buckel gegenseitig behindern. Sind sie nur an der Brust mißgebildet, werden sie die Stellung *Der Kamelhöcker* allen anderen vorziehen.

Für einen Mann, dessen Wirbelsäule an den Lenden verbogen, dessen Rücken aber gerade ist, sodaß es aussieht, als verrichte er gerade sein Gebet, ist jede Form des Beischlafs schwierig. Bedenkt man den Abstand seiner Schenkel zu seinem Bauch, ist es für ihn fast unmöglich, sein Glied zur Gänze in die Vagina einzuführen. Am günstigsten ist es daher für ihn, wenn er steht und die Frau sich vor ihm auf Händen und Füßen niederläßt und ihr Gesäß bis auf die Höhe seiner Schenkel hochstreckt. Jetzt kann er sein Glied in sie einführen, und sie bewegt sich darauf wie auf einem Bolzen, denn es wird ihm wegen seiner Mißbildung kaum möglich sein, sich zu bewegen. Es handelt sich dabei wieder um die Stellung *Der Kamelhöcker*, nur mit dem Unterschied, daß sich diesmal die Frau statt dem Mann bewegt.

Gelähmte können den Beischlaf meistens nur im Sitzen ausführen. Sind bei einem Mann Knie und Beine gelähmt, nicht aber die Wirbelsäule und das Gesäß, mag er jede Stellung ausprobieren, bei der er nicht stehen muß; aber wenn seine Gesäßmuskeln gelähmt sind, wird er sich nicht bewegen können, und die Frau muß es statt ihm tun.

Über die höchste Lust

WISSE, o Wesir, daß die höchste Lust nicht allein durch die richtige Stellung erreicht wird und daß ich hier nur deshalb so viele Stellungen aufgezählt habe, damit meine Arbeit nicht unvollständig sei. Der wundervollste Beischlaf kann zwischen Liebenden statthaben, auch wenn ihre Körper unvollkommen sind, wenn sie ihre eigenen Mittel und Wege zur gegenseitigen Befriedigung finden.

Es wird gesagt, daß es Frauen mit großer Erfahrung gibt, die während des Beischlafs ein Bein in die Luft strecken und auf ihrer Fußsohle eine angezündete Lampe im Gleichgewicht halten können, ohne daß die Lampe erlischt oder sie auch nur einen Tropfen Öl verschütten. Den Beischlaf stört dieses Kunststück nicht, wenngleich es große Geschicklichkeit erfordert.

Die indischen Schriftsteller haben in ihren Arbeiten zwar viele Möglichkeiten, miteinander zu schlafen, beschrieben, aber die Ausführung der meisten davon bereitet wenig Vergnügen und mehr Schmerz als Lust. Man sollte jenen Dingen beim Liebesspiel sein Augenmerk schenken, welche das größte Vergnügen und die höchste Lust verschaffen, also auch den Umarmungen und Küssen. Denn letztlich sind es diese Dinge, die den Menschen von den Tieren unterscheiden. Jedes Lebewesen ist empfänglich für die Lust, die durch den Unterschied der Geschlechter geweckt wird, aber nur der Mensch findet seine höchste Seligkeit in ihr.

Befindet sich seine Liebe auf dem Höhepunkt, fallen ihm alle Vergnügungen des Beischlafs leicht und mühelos stillt er sein Verlangen.

Liebhabern des Koitus sei empfohlen, alle Stellungen einmal auszuprobieren, schon um herauszufinden, welche Stellung beiden Partnern am meisten Lust verschafft. Dann wird man auch wissen, welche Stellung bei einem Stelldichein die beste ist, um sowohl das eigene Verlangen zu stillen als auch die Zuneigung der Frau zu erlangen.

Viele Menschen haben die Stellungen, die ich beschrieben habe, kommentiert, aber nach allgemeiner Auffassung ist *Der Specht* jene Stellung, die am meisten Befriedigung verschafft.

Zu diesem Thema ist eine Geschichte überliefert: Ein Mann hatte einmal eine Geliebte von unvergleichlicher Schönheit, vollkommen an Wuchs und Anmut. Er verkehrte mit ihr auf die gewöhnlichste Art und Weise, sodaß ihr die Freuden des Beischlafs unbekannt blieben und sie sich nach dem Beischlaf immer unwohl fühlte. Als er sein Problem einer alten Frau erzählte, antwortete sie ihm: „Probiere auch andere Stellungen mit deiner Geliebten aus, um zu sehen, welche ihr das größte Vergnügen bereitet. Hast du diese einmal herausgefunden, wohne ihr nur noch in dieser Stellung bei und sie wird dich ohne Vorbehalte lieben."

Also probierte der Mann mit seiner Geliebten verschiedene Stellungen aus, und als die Reihe an den *Specht* kam, bemerkte er, daß sie ganz außer sich geriet und von heftiger Leidenschaft erfaßt wurde. Im Augenblick höchster Lust fühlte er, wie sich ihr Schoß um sein Glied kraftvoll zusammenzog, während sie ihm vor Wollust in die Lippen biß und ausrief: „So ist es richtig, das ist die richtige Art, sich zu lieben." Da wußte der Mann, daß es diese Stellung war, die ihr die größte Lust bereitete, und verwendete fortan keine andere. So gelangte er an sein Ziel und erreichte, daß ihn die Frau abgöttisch liebte.

Probiere also die verschiedenen Stellungen aus, denn jede Frau liebt jene, welche ihr die größte Lust verschafft; jedoch zeigen die meisten eine Vorliebe für den *Specht*, weil dabei Bauch an Bauch und Mund an Mund gepreßt sind und „das Ergreifen" durch Reizung des Muttermundes selten ausbleibt.

Nun bleibt mir nur noch übrig, von den verschiedenen Bewegungen zu sprechen, die beim Beischlaf gebräuchlich sind.

Erste Bewegung (Der Eimer im Brunnen): Nach dem Eindringen umarmen sich Mann und Frau, dann bewegt sich zuerst der Mann und zieht sich leicht zurück, danach bewegt sich die Frau, indem sie sich auf ihre Seite zurückzieht, wobei sie darauf achten müssen, daß der Penis nicht aus der Scheide rutscht. In dieser Bewegung fahren sie abwechselnd fort; berühren sich dabei an Händen und Füßen, ahmen sie die Bewegung eines Eimers in einem Brunnen nach.

Zweite Bewegung (Die gemeinsame Erschütterung): Nach dem Eindringen ziehen sich Mann und Frau voneinander zurück, wobei beide darauf achten, daß der Penis nicht zur Gänze aus der Vagina herausgezogen wird; dann nähern sie sich einander wieder langsam und umarmen sich innig. In dieser Weise fahren sie fort.

Dritte Bewegung (Die Annäherung): Der Mann bewegt sich in der üblichen Art und Weise und hält dann abrupt inne; dann bewegt sich die Frau, darauf achtend, daß der Penis in ihrer Vagina bleibt, in derselben Weise wie zuvor der Mann und hält abrupt inne. Der Mann beginnt das Spiel wieder von vorne, und so fahren sie fort, bis sie den Höhepunkt erreichen.

Vierte Bewegung (Schneider der Liebe): Der Mann führt nur die Spitze seines Gliedes in die Vagina ein und führt damit kurze, schnelle Stöße aus, als reibe er es an den Scheidewänden; dann, mit einem einzigen Stoß, dringt er ganz in sie ein. So macht es auch der Schneider, nachdem er den Faden eingefädelt hat, zieht er die Nadel mit einem einzigen Stoß durch den Stoff. Diese Bewegung ist nur für Männer und Frauen geeignet, die ihren Höhepunkt durch ihren Willen kontrollieren können.

Fünfte Bewegung (Auf-den-Zahn-Fühlen): Der Mann führt sein Glied in die Vagina der Frau ein und erforscht sie in alle Richtungen, von oben nach unten und an allen Seiten. Nur Männer mit einem sehr kräftigen Glied können diese Bewegung ausführen.

Sechste Bewegung (Die Liebesfessel): Der Mann führt sein Glied zur Gänze in die Vagina der Frau ein, sodaß seine Schamhaare sich mit den Schamhaaren der Frau vermengen. Jetzt muß er sich mit ganzer Kraft bewegen und darauf achten, daß nicht das kleinste Stück seines Gliedes aus der Vagina herausragt.

Das ist die beste Bewegung von allen und sie ist für die Stellung *Der Specht* besonders geeignet. Frauen ziehen sie jeder anderen Bewegung vor, weil sie ihnen die größte Lust verschafft, indem ihre Gebärmutter das Glied umschließen kann; wodurch ihre Wollust auf das ausgiebigste befriedigt wird.

Jene Frauen, die man Tribaden nennt, benützen keine andere Bewegung, und sie garantiert Männern wie Frauen den Orgasmus.

Jede Stellung, die das Küssen verhindert, ist unbefriedigend und das Vergnügen nur ein halbes, denn der Kuß ist einer der stärksten Stimuli bei der Liebe.

Ich habe es in Versen folgendermaßen ausgedrückt:

Dein flackernder Blick
verbindet unsere Seelen.
Und der zärtliche Kuß
trägt die Botschaft
vom Glied zur Scheide
ans Ziel.

Von manchen wird behauptet, daß Küsse ein unverzichtbarer Bestandteil des Beischlafs sind.

Der köstlichste Kuß ist jener, der von feuchten, heißen Lippen empfangen wird, verbunden mit dem Saugen an den Lippen und der Zunge, welches den Ausfluß des süßen, frischen Speichels bewirkt. Der Mann muß diesen Ausfluß provozieren, indem er sanft an ihren Lippen und an ihrer Zunge saugt, bis sie diesen kostbaren Speichel abgibt, süß, außergewöhnlich im Geschmack und köstlicher als feinster Honig, ein Speichel, der sich nicht mit dem gewöhnlichen Speichel im Mund vermischt. Dieser Speichel wird den Mann am ganzen Körper erschauern lassen und macht ihn trunkener als Wein.

Ein Dichter schrieb:

Als ich sie küßte, trank ich von ihren Lippen
wie ein Kamel am Wüstenquell.[6]
Jetzt noch fühle ich ihre Umarmung,
die Frische ihres Mundes
und die süße Mattigkeit des Todes,
die sich dabei durch meinen Körper stahl.

Ein Kuß sollte klangvoll sein. Sein Klang entsteht, wenn die Zunge den vom Speichel feuchten Gaumen berührt. Er wird durch die Bewegung der Zunge im Mund und durch das Saugen, welches den Speichel verdrängt, verursacht.

Ein Kuß, der auf die äußeren Lippen gegeben wird und ein Geräusch macht, das dem gleicht, wenn man eine Katze ruft, bereitet überhaupt keine Lust. So ein Kuß ist nur Kindern bestimmt, oder wenn man jemandem die Hand küßt. Der Kuß, wie ich ihn beschrieben habe, gehört zum Beischlaf und ist voller Wollust.

Ein volkstümliches Sprichwort besagt:

Ein feuchter Kuß
ist besser als ein eiliger Beischlaf.

Ich habe die nachfolgenden Verse zu diesem Thema verfaßt:

6 *Anmerkung in der Autographie-Ausgabe:* Im Original *redir,* womit ein Wasserreservoir in den heißen Ebenen bezeichnet wird, in dem sich Regenwasser sammelt und das für die nomadische Bevölkerung sehr wertvoll ist.

O du Schöne! Küß nicht meine Hand,
denn dann ist dein Kuß verloren!
Küß meinen Mund,
denn niemals kann die Hand die Nähe
deiner Lippen würdigen.

Die drei Worte *kobla*, *letsem* und *bouss* werden ohne Unterschied für den Kuß auf den Mund oder die Hand gebraucht. Das Wort *ferame* wird nur für den Kuß auf den Mund verwendet. Ein arabischer Dichter hat gesagt:

Ein liebendes Herz findet keine Medizin
bei Hexenkunst und Amuletten,
noch in der Umarmung, wenn die Küsse fehlen,
noch in dem Kuß, der die Vereinigung verneint.

Erinnere dich stets daran, daß jede Zärtlichkeit und jeder Kuß, wie ich sie erwähnt habe, wertlos sind, wenn sie nicht eine Anzahlung für den folgenden Beischlaf sind. Deshalb solltest du sie nicht anwenden, wenn du nicht vorhast, mit der Frau zu schlafen, sonst entfachst du ein Feuer für nichts. Tatsächlich gleicht die Leidenschaft einem Feuer, das angefacht wird; und wie ein Feuer nur durch Wasser gelöscht werden kann, so kann nur der Erguß des Samens die Lust befriedigen und den Durst der Begierde stillen. Wenn den Küssen und Zärtlichkeiten nichts nachfolgt, bleibt die Frau genauso unbefriedigt wie der Mann.

Es ist überliefert, daß einst Dahama bent Mesejel mit ihrem Vater und ihrem Ehemann, El Adjadje, vor dem Gouverneur der Provinz Yamama erschien und sich bei ihm beschwerte, daß ihr Ehemann impotent sei, mit ihr nicht verkehre noch sich ihr nähere. Weil Dahamas Vater ihr in diesem Fall beistand, wurde er von den Menschen in Yamama getadelt, und als sie ihn fragten, ob er sich nicht schäme, für seine Tochter den Beischlaf einzufordern, antwortete er:

„Es ist mein Wunsch, daß sie Kinder haben soll; sterben sie, ist es Gottes Wille; bleiben sie am Leben, werden sie meiner Tochter nützlich sein."

Dahama trug ihre Klage dem Gouverneur mit folgenden Worten vor. „Dort steht mein Ehemann, und bis zum heutigen Tag ließ er mich unberührt."

„Vielleicht, weil ihr unwillig dazu wart", wandte der Gouverneur ein.

„Im Gegenteil: Willig lege ich mich hin, willig öffne ich meine Schenkel für ihn", erwiderte Dahama.

„O Emir, sie lügt!", rief ihr Mann aus. „Jedesmal wenn ich sie besitzen will, wehrt sie sich und kämpft mit mir!"

Daraufhin verkündete der Emir folgenden Urteilsspruch: „Ich gebe dir ein Jahr Zeit, die Falschheit ihrer Anklage zu beweisen." Er entschied so, weil er dem Mann wohlgesonnen war. El Adjadje zog sich daraufhin, die nachfolgenden Verse murmelnd, zurück.

Dahama und ihr Vater Mesejel dachten,
der Emir würde über meine Impotenz entscheiden,
als wüßten sie nicht, daß selbst der stärkste Gaul
an manchen Tagen müßig ist
und nur aus diesem Grund
den Dienst verweigert.

Wieder zu Hause nahm er seine Frau in die Arme und begann, sie zärtlich zu streicheln und auf den Mund zu küssen; weiter aber kam er bei seinen Bemühungen nicht, und es war ihm nicht möglich, ihr einen Beweis seiner Männlichkeit zu geben. Dahama sagte zu ihm: „Behalte deine Zärtlichkeiten und Küsse, sie reichen für die Liebe nicht aus. Was ich brauche, ist ein starkes und steifes Glied, dessen Samen in meine Gebärmutter rinnt." Dann sagte sie folgende Verse:

Versuch nicht,
mich mit deinen Zärtlichkeiten und Küssen
zu verzaubern,
davon hatte ich für mein Leben genug;
gib mir einen Mann, der mich an seine Brust drückt
und mir die Scheide
mit seinem Samen füllt.

Voller Verzweiflung brachte El Adjadje sie zu ihrer Familie zurück und verstieß sie noch in derselben Nacht, um seine Schande zu verbergen.

Wie der Dichter sagt:

Was bedeuten schon Zärtlichkeiten
für eine heißblütige Frau,
Juwelen und kostbare Gewänder,
wenn des Mannes Männlichkeit
nicht die Quelle ihres Feuers stillt,
das sie verzehrt.

Merke dir also, daß die Mehrheit der Frauen keine zureichende Befriedigung in Küssen und Umarmungen findet, wenn der Beischlaf nicht folgt. Ihre höchste Lust empfangen sie durch das Glied, und sie schätzen den Mann, der es zu gebrauchen weiß, selbst wenn er mißraten oder mißgebildet ist.

Es wird auch eine Geschichte zu diesem Thema erzählt, die von Moussa ben Mesab handelt, der sich eines Tages in das Haus einer Frau begab, um ihr eine ihrer Sklavinnen, die eine außergewöhnliche Sängerin war, abzukaufen. Ihre Herrin war eine große Schönheit und besaß, unabhängig von ihrem bezaubernden Aussehen, ein großes Vermögen. Als er das Haus betrat, fiel ihm ein junger Mann auf, abstoßend und von ungepflegtem Äußeren, der hin und her rannte und Befehle gab. Als Moussa sich bei der Frau erkundigte, wer dieser Mann sei, antwortete sie: „Das ist mein Mann, und ich würde für ihn mein Leben geben."

„Da habt ihr ein schweres Schicksal gewählt", antwortete er, „und ich bedaure euch dafür. Aber wir sind Kinder Gottes und zu ihm werden wir zurückkehren, doch was für ein Unglück ist es, daß eine Frau von solch unvergleichlicher Schönheit und bewundernswertem Äußeren, wie ich sie vor mir sehe, einem solchen Mann gehören soll!"

Sie gab ihm zur Antwort: „O Sohn meiner Mutter,[7] würde er das mit dir von hinten machen, was er mit mir von vorne macht, würdest du all dein erworbenes Vermögen verkaufen und dein väterliches Erbe dazu. Du würdest ihn schön finden, und sein unansehnliches Äußeres hätte sich in Schönheit verwandelt."

„Möge Gott ihn dir erhalten!", rief Moussa aus.

Es ist auch überliefert, daß der Dichter Farazdak eines Tages einer Frau verliebte Blicke zuwarf und sie deshalb zu ihm sagte: „Was erlaubst du dir, mich so anzusehen? Selbst wenn ich tausend Vulven hätte, wäre dein Begehren hoffnungslos!"

„Und was ist der Grund dafür?"

---

7 Eine übliche Anrede, die nicht unbedingt impliziert, daß der Angesprochene der Bruder der Person ist, die sie verwendet.

„Weil du häßlich bist“, sagte sie, „und was man von dir nicht sehen kann, ist sicherlich nicht besser.“

Er antwortete: „Würdest du es mit mir versuchen, würdest du erkennen, daß meine verborgenen Qualitäten von der Art sind, daß sie mein äußeres Erscheinungsbild vergessen lassen.“ Dann entblößte er sich und zeigte ihr sein Glied, das etwa die Größe eines Mädchenarms hatte.

Dieser Anblick versetzte die Frau in Hitze. Als er ihren Zustand sah, bat er sie um Erlaubnis, sie streicheln zu dürfen. Als Antwort entblößte sie sich und zeigte ihm ihren Venushügel, gewölbt wie eine Kuppel.

Er drang in sie ein und rezitierte folgende Verse:

Ich habe mein Glied in sie eingeführt,
meinen Freund
mit dem runden Kopf,

groß wie ein Mädchenarm
und allzeit bereit;
ein und eine halbe Spanne lang.
Und, o! Ich fühle mich, als hätte ich es
in einen Glutofen getaucht.

Wer die Wonnen begehrt, die eine Frau gewähren kann, der muß ihr Liebesverlangen stillen, nachdem er sie mit glühenden Liebkosungen erregt hat. Dann wird er sie vor Wollust in Ohnmacht sinken sehen, ihre Scheide wird feucht werden, ihr Muttermund wird sich nach vorne drängen, ihr Same und sein Same werden ineinander fließen.

SIEBTES KAPITEL

Von den Gefahren und Krankheiten, die der Beischlaf verursachen kann

WISSE, o Wesir (Gottes Gnade sei mit dir!): Vielfältig und zahlreich sind die Krankheiten, die durch den Beischlaf verursacht werden können – aber ich werde hier nur jene erwähnen, die man kennen muß, um sie zu vermeiden.

Beischlaf, im Stehen ausgeführt, ist schädlich für die Kniegelenke und kann nervöses Zittern zur Folge haben; auf der Seite liegend ausgeführt, macht er den Körper anfällig für Ischias und Gicht. Des Beischlafs enthalten solltest du dich unmittelbar vor dem Essen oder wenn du fastest, denn das kann Rückenschmerzen verursachen, dein Sehvermögen schwächen und mindert deine Lebenskraft.

Läßt du die Frau auf dir reiten, setzt du dich der Gefahr von Herzerkrankungen und Wirbelsäulenproblemen aus – und sollte in dieser Stellung auch nur der kleinste Tropfen ihrer Scheidenflüssigkeit in deinen Harnleiter gelangen, kann eine Harnleiterentzündung die Folge sein.

Auch solltest du dein Glied nach dem Erguß nicht in der Scheide lassen, denn das könnte zu Harngrieß, Erweichung der Wirbelsäule, zum Platzen eines Blutgefäßes und, schlimmstenfalls, zu einer Lungenentzündung führen.

Vermeide nach dem Beischlaf zuviel Bewegung und größere körperliche Anstrengung. Wasch dein Glied nicht unmittelbar nach dem Beischlaf, denn das kann Schanker verursachen.

Halte dich von alten Frauen fern, denn man sagt:

Liege nie bei einer alten Frau,
auch wenn sie reicher als Karoun[1] *ist*
und dich mit Geschenken überhäuft,
denn der Beischlaf mit einer alten Frau
gleicht dem Genuß vergifteter Speisen.

Verkehrt ein Mann mit einer jüngeren Frau, gewinnt er an Manneskraft; ist sie gleich alt, erwächst ihm kein Vorteil daraus; ist sie aber älter, wird sie ihn auszehren, ihm alle Kraft rauben und auf sich übertragen.

Ein Dichter hat es einmal so formuliert:

Suche nicht deine Leidenschaft mit einer alten Frau zu teilen;
in ihrem Busen birgt sie Schlangengift.

Deshalb heißt es im Volksmund: „Erweise deine Liebesdienste niemals einer alten Frau, auch wenn sie dir anbietet, dich mit Grieß und Mandelbrot zu füttern."

Allzu häufiger Verkehr mit Frauen ist für den Körper wegen des übermäßigen Samenverlustes schädlich. So wie Butter, aus dem Rahm der Milch gewonnen, die Quintessenz der Milch ausmacht, sodaß, wenn du den Rahm abschöpfst, die Milch ihren Wert verliert, ebenso stellt der Samen die Quintessenz der Ernährung dar, und sein Verlust ist entkräftend.

Daher ist die körperliche Verfassung, und folglich auch die Qualität des Samens, unmittelbar von der Ernährung

1 Von diesem Karoun, in der Bibel Korach genannt, wird von den Exegeten berichtet, daß er einen Palast errichtet hatte, der ganz mit Gold bedeckt war und dessen Türen aus solidem Gold bestanden. Er ritt meist auf einem weißen Maultier mit goldenem Pferdegeschirr.

abhängig. Ein Mann, der sich den Freuden der körperlichen Liebe verschrieben hat, muß, um sich nicht zu entkräften, stärkende Speisen zu sich nehmen; anregendes Konfekt[2], aromatische Pflanzen, Fleisch, Honig, Eier und andere kräftigende Lebensmittel. Wer eine solche Ernährung beachtet, ist gegen die schlimmsten Übel gefeit, die durch übermäßigen Geschlechtsverkehr entstehen können. Dazu gehören: (1) der Verlust der Zeugungskraft; (2) die Beeinträchtigung des Sehvermögens; (3) der Verlust körperlicher Kraft. Letzteres kann soweit führen, daß er dem Mann gleicht, der fliehen will, es aber nicht vermag; der jemanden verfolgt, ihn aber nicht erreichen kann, und der bei jeder Arbeit schnell ermüdet und immer gleich erschöpft ist.

Wer frei von jedem sinnlichen Verlangen sein will, benutze Kampfer. Sechsunddreißig Gran davon, aufgelöst in Wasser, machen den Mann, der davon trinkt, unempfänglich für die Freuden des Beischlafs. Viele Frauen machen von diesem Mittel Gebrauch, wenn sie eifersüchtig sind; aber sie benutzen es auch, wenn sie eine Ruhepause brauchen oder sich von Ausschweifungen erholen wollen. Oft versuchen sie, sich von den alten Frauen, die nach Begräbnissen den Leichnam bewachen, Kampfer zu beschaffen, der von der Leichenwaschung übrig geblieben ist und nichts kostet. Zu demselben Zweck verwendet man auch Hennablüten, *faria*[3] genannt; die Blüten werden so lange in Wasser eingeweicht, bis sie gelb werden. Der so gewonnene Saft hat ähnliche Eigenschaften wie Kampfer.

---

2 Dieser Konfekt wird *madjoun* genannt und aus Früchten hergestellt, hauptsächlich Kirschen und Birnen, die mit Honig verkocht werden. Je nach Vorliebe werden als Gewürze Zimt, Muskat u.ä. beigefügt.

3 *Henna* ist eine Pflanze, die bei den Arabern vielfach Verwendung findet. Die getrockneten Blätter werden zu einem Pulver verarbeitet oder in Wasser eingeweicht, um damit die Nägel, Füße, Hände, das Haar und den Bart zu röten.

Ich habe diese Mittel in diesem Kapitel erwähnt, obwohl sie eigentlich nicht hierher gehören, weil ich denke, daß ihre Kenntnis für viele von Nutzen sein kann.

Andere Übel wiederum entstehen durch Tätigkeiten und Handlungen, die man über einen längeren Zeitraum betreibt. Dazu gehören lange Reisen, vor allem bei ungünstiger Witterung, Seereisen und Reisen in kalten Ländern; sie schwächen den Körper und können Ursache für Erkrankungen der Wirbelsäule sein. Von Übel ist auch zuviel Schlaf und der ständige Umgang mit Substanzen, die kalt und feucht sind, etwa Gips.

Meide auch saure Speisen, denn sie entkräften den Körper.

Hast du Schwierigkeiten, dein Wasser zu lassen, enthalte dich des Beischlafs, denn er wird dir nur schädlich sein.

Hast du den Höhepunkt erreicht, verweile nicht länger in der Frau – es würde dein Glied nur schwächen und deine Bereitschaft zum neuerlichen Beischlaf mindern.

Wenn du dich zu einer Frau hingezogen fühlst, kannst du sie ruhig mehrmals zum Höhepunkt bringen, solange du darauf achtgibst, daß du deine Pflicht nicht übertreibst, denn es stimmt, wenn es heißt: „Wer das Liebesspiel zu seinem eigenen Vergnügen spielt, um sein Verlangen zu stillen, erfährt die stärkste und ausdauerndste Lust; wer es aber nur tut, um die Lust eines anderen zu befriedigen, wird in seinen Bemühungen bald erlahmen, sein eigenes Verlangen verlieren und damit enden, daß er unfähig zum Beischlaf wird."

Der Sinn dieser Worte ist, daß ein Mann, wenn er fühlt – mit mehr oder weniger Leidenschaft, je nach seinem Temperament –, daß er für den Beischlaf bereit ist und er den Zeitpunkt dafür selbst wählen kann, keine Furcht davor haben muß, impotent zu werden, solange seine Leidenschaft nur von dem Gefühl, bei einer Frau zu liegen, geweckt und reguliert wird.

Derjenige aber, der den Beischlaf nur ausführt, um einen anderen zu befriedigen, etwa das Verlangen seiner Geliebten zu stillen, und alles versucht, um diese Unmöglichkeit zu erfüllen, wird letztlich gegen seine eigenen Interessen handeln und seine Gesundheit verlieren, um einen anderen zu erfreuen.

Unter folgenden Umständen sollte der Beischlaf vermieden werden: während des Bades oder unmittelbar nach einem Bad; nachdem man zur Ader gelassen wurde, nach einer Darmspülung und ähnlichen Behandlungen sowie nach zu ausgiebigem Alkoholgenuß. Während der Menstruation ist der Beischlaf weder für den Mann noch für die Frau gut; in dieser Zeit ist ihr Blut unrein, ihr Uterus kalt und sie empfindet wenig Vergnügen dabei. Außerdem: Sollte auch nur der kleinste Tropfen Blut in die Harnröhre des Mannes gelangen, kann das zahlreiche gefährliche Krankheiten nach sich ziehen.

Bezüglich des Beischlafs im Bad sei noch angemerkt, daß manche behaupten, er sei nicht lustvoll, weil das Maß des Lustempfindens mit der Temperatur der Vulva in Zusammenhang stehe – und im Bad sei die Vulva kalt und deshalb unempfänglich für die Freuden der Liebe. Dringt Wasser in die Geschlechtsorgane ein, kann dies zahlreiche Krankheiten nach sich ziehen.

Einigen Gelehrten zufolge kann der Anblick des Inneren der Vagina zu Blindheit führen. Dazu ist uns die Geschichte von Hasen ben Isehak, Sultan von Damaskus, überliefert, der unbedingt das Innere einer Vagina mit seinen Augen erforschen wollte; als man ihn davor warnte und über die Folgen, die dies für ihn haben könnte, unterrichtete, schlug er die Warnungen in den Wind und antwortete, daß er sich kein vergleichbares Vergnügen vorstellen könne. Kurze Zeit später erblindete er.

Koitus nach einem üppigen Mahl kann einen Darmdurchbruch verursachen. Wenn du sehr müde bist, bei sehr heißem oder sehr kaltem Wetter solltest du dich des Beischlafs enthalten.

Zu den Krankheiten, die durch den Beischlaf in heißen Ländern verursacht werden können, zählt auch das spontane Erblinden.

Wiederholter Beischlaf ohne Reinigung der Geschlechtsorgane schwächt die Manneskraft. Ein Mann soll sich auch des Beischlafs mit seiner Frau enthalten, wenn er sich im Hinblick auf die Gesetze im Zustand der Unreinheit[4] befindet, da sonst das Kind, das er zeugen könnte, mißgebildet sein kann.

Kleidung aus Seide schmälert das Verlangen und mindert die Zeugungskraft; das gilt auch dann, wenn die Frau, mit der du verkehrst, Seidenkleider trägt.[5]

Ausgedehntes Fasten beschwichtigt deine Begierden, obgleich es sie anfangs verstärkt. Fetthaltige Getränke und

4 *Anmerkung in der Autographie-Ausgabe:* Unreinheit nach den religiösen Gesetzen kann die unterschiedlichsten Ursachen haben, wie sie Sidi Khelil im ersten Kapitel seiner Schrift „Religiöse Jurisprudenz" aufzählt. Sie kann durch die große [Ghusl] oder die kleine [Wuḍū'] rituelle Waschung getilgt werden. Um ein Beispiel zu geben, zitiere ich nachfolgende Passage aus dem Kapitel: „Die große oder kleine rituelle Waschung ist für jede männliche Person ab der Pubertät verpflichtend, die ihr männliches Glied eingeführt hat, sei es durch fleischliche Vereinigung mit einer Frau oder mit einem Tier oder mit einem Leichnam oder (aufgrund von Fehlinformation oder Schlaffheit) die nur einen Teil des männliches Gliedes bis zur Länge der Eichel eingeführt hat."

5 Vermutlich ist die große Wärme-Entwicklung der Grund, daß der Autor annimmt, Seidenstoffe wären bei Beischlaf schädlich. Zugegebenermaßen haben sie diesen Effekt.

Schnupftabak, pur oder parfümiert, schwächen mit der Zeit die Manneskraft.

Auch ist es nicht gut, die Geschlechtsorgane unmittelbar nach dem Beischlaf mit kaltem Wasser zu waschen; im allgemeinen vermindert die Waschung mit kaltem Wasser das Begehren, während warmes Wasser es verstärkt.

Die Stärke der Erregung eines Mannes, der Umgang mit einer schönen Frau hat, entspricht ihrer Jugendlichkeit.

Ein Vater, der seine Tochter ihrem Bräutigam zuführte, gab ihr folgenden Ratschlag: „Parfümiere dich mit Wasser!“, womit er sagen wollte, daß sie sich öfter mit Wasser als mit Duftwässern reinigen sollte, da letzteres nicht für jeden angemessen ist.

Es ist auch überliefert, daß einmal eine Frau zu ihrem Ehemann sagte: „Du bist ein richtiger Niemand, weil du dich nie parfümierst!“ Er antwortete: „O du Hure! Es liegt an dir, gut zu riechen.“

Zu häufiger, unmäßiger Beischlaf führt in der Folge zu Unlust; um dem abzuhelfen, muß der Leidende sein Glied mit einem Gemisch, bestehend aus dem Blut eines Ziegenbocks und Honig, einschmieren.

Es heißt auch, daß die Lektüre des Koran der Lust förderlich ist.

Immer aber erinnere dich daran, daß es die Mäßigung ist, die den besonnenen Mann auszeichnet. Der Samen ist das Wasser des Lebens; vergeudest du ihn nicht, wirst du immer für die Freuden der Liebe bereit sein. Er ist das Licht der Augen. Geh also nicht zu verschwenderisch damit um, nutze nicht jede Gelegenheit zum Beischlaf und lerne dich zu kontrollieren, sonst wirst du dich vielen Gefahren aussetzen. Weise Ärzte sagen: „Ein gesunder Körper ist für die Vergnügungen der körperlichen Liebe unverzichtbar, und wer auf ihn achtet, kann sich der Freuden des Beischlafs ohne Gefahr hingeben; ein geschwächter Mann begibt sich in Gefahr und kann sein Leben verlieren, wenn er seiner Lust freien Lauf läßt."

Der Weise Es Sakli schreibt: „Männer, seien sie nun träge oder temperamentvoll, sollten nicht öfter als zwei- oder dreimal im Monat den Beischlaf vollziehen; Männer mit hypochondrischem oder melancholischem Charakter nur ein- oder zweimal im Monat." Nichtsdestotrotz geben sich heutzutage die Männer, egal welchen Temperaments, Tag und Nacht den Freuden des Beischlafs hin, ohne darauf zu achten, daß sie sich dadurch zahlreichen inneren wie äußeren Krankheiten aussetzen.

Frauen sind in dieser Hinsicht den Männern überlegen. Sie finden genau an den Dingen gefallen, bei denen Männer Gefahr laufen, sich zu entkräften.

Nachdem ich nun die Gefahren und Krankheiten, die der Beischlaf verursachen kann, aufgezählt habe, halte ich es für sinnvoll, dir zum Abschluß die nachfolgenden Ratschläge zur Körperpflege – die im Auftrag des berühmtesten Gelehrten seiner Zeit, Haroun er Rachid[6], aufgeschrieben wurden – zur Kenntnis zu bringen:

„Iß langsam, wenn du nicht willst, daß dir das Essen schadet, und achte auf deine Verdauung. Nimm keine Nahrung zu dir, die schwer zu kauen ist. Trink nicht unmittelbar nach dem Essen, oder du bist schon auf halbem Wege krank. Behalte nichts in dir, was von Übermaß ist. Und wenn du bei

6 Haroun er Rachid war im Jahr 170 Kalif und ist anerkanntermaßen einer der verdienstvollsten, beredtsten, kultiviertesten und großzügigsten Herrscher gewesen.

ausschweifenden Festen zu Gast bist, dann entsinne dich dieses Rates, ehe du zu Bett gehst, denn für einen wohltuenden Schlaf ist das die erste Notwendigkeit. Halte dich von Arzneimitteln und Drogen fern und nimm sie nur, wenn du sehr krank bist. Beachte alle Vorsichtsmaßregeln, denn sie erhalten deinen Körper gesund und sind dein bester Verbündeter. Sei nicht zu leichtfertig im Umgang mit Frauen. Unmäßiges Vergnügen wird dich entkräften, und zu häufiger Beischlaf kann dich krank machen, und du wirst erst, wenn es zu spät ist, erkennen, daß beim Beischlaf die Quelle des Lebens sich in den Schoß der Frau ergießt. Vor allem aber: Hüte dich vor dem Verkehr mit alten Frauen, denn das ist wie Gift für dich. Nimm jeden zweiten Tag ein Bad, und beherzige meine Ratschläge."

Alle Weisen und Gelehrten stimmen darin überein, daß die Krankheiten, die ein Mann bekommt, ursprünglich durch den Beischlaf entstehen. Will also ein Mann seine Gesundheit erhalten, im besonderen sein Augenlicht, und ein unbeschwertes Leben führen, wird er sich mit Vorsicht den Vergnügungen des Beischlafs hingeben, wissend, daß daraus die größten Übel erwachsen können.

ACHTES KAPITEL

Von den verschiedenen Namen für das männliche Geschlechtsorgan (1)

WISSE, o Wesir (zu dem Gott gut sei!), daß für das männliche Geschlechtsorgan so unterschiedliche Namen gebräuchlich sind wie: das männliche Glied, der Kahlköpfige, Penis, der Einäugige, der Zeugende, Der-mit-dem-Auge[1], der Stolpernde, die Taube, der Klingler, Der-mit-dem-Hals[2], der Ungezähmte, der Haarige[3], der Befreier, der Unverschämte, das Zepter, das Schamgesicht, der Aufreger, der Schläfer, der Weinende, die Brechstange, der Stöberer, der Schneider, der Vereiniger, der Auslöscher der Leidenschaft, der Schleimende, der Sucher, der Wender, der Reibende, der Schlappschwanz, der Anklopfende, der Schlaffe, der Schwimmer, der Plünderer, der Einbrecher, der Entdecker.

Bis auf die Bezeichnungen *Das männliche Glied* und *kamera*[4] erklären sich die Namen von selbst. *Das männliche Glied* heißt auf Arabisch *dekeur. Dekeur* ist ein Wort, das die Fortpflanzungsorgane aller männlichen Lebewesen bezeichnet und wird außerdem noch in der Bedeutung „erwähnen, vorkommen" und „Erinnerung" gebraucht.

Hatte ein Mann einen Unfall, bei dem sein Glied verletzt wurde, oder wenn es schwach und kraftlos wird, so-

---

1 Arabisch: *Abou aïne*. Das Wort *abou* bedeutet Vater und *abou aine*, wörtlich übersetzt, Vater des Auges. Im alltäglichen Gebrauch zeigt es den Besitz an und bedeutet „er, der hat". Es gibt zahlreiche ähnliche Formulierungen, die Nach- und Spitznamen bilden. Häufige Verweise in diesem Buch werden sich darauf beziehen.

2 Arabisch: *Abou rokba*. (Siehe FN 1.)

3 Arabisch: *Abou qutaïa*. (Siehe FN 1.)

4 Arabisch: *Kamera* bedeutet auch „die Eichel des Penis" und sein Stamm *kemeur* „einen größeren Penis als jeder andere Mann" zu besitzen, und in der dritten Form „mit jedem in Bezug auf die Größe des Penis rivalisieren".

daß er seine ehelichen Pflichten nicht mehr erfüllen kann, sagt man von ihm: „Sein Glied ist tot", was bedeutet: Die Erinnerung an ihn wird ausgelöscht sein, und der Stammbaum seines Geschlechtes ist an der Wurzel abgeschnitten. Und wenn er stirbt, werden sie sagen: „Sein Glied wurde abgeschnitten", was besagen will: Sein Gedächtnis hat die Welt verlassen.

Von der Bedeutung der Träume (1)

Dekeur spielt auch eine wichtige Rolle in den Träumen. Träumt ein Mann, daß sein Glied abgeschnitten wird, wird er nicht mehr lange leben, denn dieser Traum bedeutet, daß sein Andenken und sein Geschlecht ausgelöscht werden.

Ich werde dies nun anhand einiger Erklärungen von Träumen und Traumbildern weiter ausführen. Zähne *(senane)*, zum Beispiel, stehen für Jahre; sieht ein Mann in seinem Traum eine schöne Zahnreihe *(senine)*, ist es ein Zeichen dafür, daß er ein langes Leben haben wird.

Sieht er seine Fingernägel *(defeur)* umgedreht oder gewendet, ist es ein Zeichen dafür, daß der Sieg, den er über seine Feinde errungen hat, sich in eine Niederlage verwandeln wird; und von einem der Unterlegenen wird er überwunden werden. Sieht er aber die Fingernägel *(defeur)* seines Feindes umgedreht oder gewendet, kann er daraus schließen, daß der Sieg, den der Feind über ihn errungen hat, nicht von langer Dauer ist.

Der Anblick einer Lilie *(sonsana)* im Traum bedeutet Unglück für ein Jahr *(son*, Unglück; *sena*, Jahr).

Die Erscheinung eines Vogel Strauß *(nâmate)* in Träumen ist ein böses Vorzeichen, denn das Wort setzt sich zusammen aus *nâa* und *mate*, und das bedeutet: „Neuigkeiten vom Tod“ und kündet von naher Gefahr.

Von einem Schild *(henafa)* hingegen zu träumen bedeutet, daß alle Arten von Unglück nahen, denn durch Umdrehung der Buchstaben ergibt sich das Wort *koul afa*, das „alles Unglück“ bedeutet.

Der Anblick einer frischen Rose *(ouarde)* kündet von dem Kommen *(ouroud)* einer großen Freude, die das Herz erschüttern wird. Eine verblühte Rose verheißt trügerische Neuigkeiten und Betrug; dasselbe bedeuten auch kahle Schläfen und ähnliches.[5]

Das Wort Jasmin *(yasmine)* ist aus den Worten *yas*, das „Betrug“ bedeutet oder daß etwas nicht deinen Wünschen gemäß geschehen wird, und dem Wort *mine*, Unwahrheit, gebildet. Der Mann, der in seinem Traum Jasmin sieht, kann daraus folgern, daß an ihm durch eine Unwahrheit ein Betrug geschehen soll, und wird so trotzdem sein Geschäft erfolgreich zu Ende führen können.[6] Voraussagen aufgrund von Traumbildern des Jasmins und von Rosen unterscheiden sich auch im Grad ihrer Gewißheit. Besonders bei Rosen kann schon der leiseste Windhauch alles ins Gegenteil verkehren.

Der Anblick eines Kochtopfes *(beurma)* kündigt den Abschluß *(anuberame)* von Geschäften oder das Ende von Beziehungen an. Abou Djahel[7] (Gottes Fluch auf ihn!) hat

---

5 Einige Muselmanen lassen sich die Haare an den Schläfen ausreißen, um jünger auszusehen. Diese Operation, der ein Fremder wenig Glauben schenken wird, wertet der Autor als Verkündung einer lügenhaften Nachricht.

6 Dieses Wortspiel über Jasmin stammt aus dem Werk „Vögel und Blumen“ von Azzedine el Moccadesi.

7 Abou Djahel, einer der herausragendsten Männer der Koreischiten [heute Quraisch], war ein eingeschworener Feind Mohammeds und dessen Doktrin. Sein wirklicher Name war Ameur ben Heichame aus der Familie der Moukhzoum. Er erhielt auch den Beinamen Abou el Heukom, der Mann, der mit Weisheit gesegnet ist.

dazu angemerkt, daß solche Abschlüsse und Trennungen meistens während der Nacht stattfinden.

Ein irdenes Gefäß *(khabia)* ist ein Zeichen für Verworfenheit *(khebets)* in jeder Beziehung, außer das Gefäß ist in eine Grube oder einen Fluß gefallen und zerbrochen, und alles Unheil, das es enthielt, daraus entkommen.

Der Anblick von Holz *(nechara)* kündet von guten Neuigkeiten *(bechara)*.

Schreibzeug oder ein Tintenfaß gibt einen Hinweis auf die richtige Medizin für eine Krankheit; zerbrochen, verbrannt oder verloren bedeuten sie das Gegenteil.

Der Turban *(âmama)*, wenn er über das Gesicht fällt und die Augen bedeckt, ist ein Omen für Blindheit *(âina)*, vor der uns Gott bewahren möge!

Das Wiederfinden eines Schmuckstücks, das verloren oder liegengelassen wurde, in unversehrtem Zustand ist ein Zeichen für Erfolg.

Träumt jemand, daß er aus einem Fenster *(taga)* klettert, bedeutet dies, daß er aus allen Geschäften Vorteil ziehen wird, seien sie nun bedeutend oder nicht. Ist das Fenster, welches er im Traum sieht, schmal, sodaß er Schwierigkeiten hat, hindurchzusteigen, bedeutet es, daß er noch größere Anstrengungen auf sich nehmen muß, wenn er erfolgreich sein will. Die Anstrengungen sind so groß wie die Schwierigkeiten, die er dabei hat, aus dem Fenster zu klettern.

Eine bittere Orange bedeutet, daß an dem Platz, an dem sie gesehen wird, Verleumdungen, üble Nachrede und böse Gerüchte über den Träumenden ausgestreut werden.

Bäume *(achedjar)* bedeuten Beratungen *(mechadjera)*.

Die Karotte *(asefnaria)* zeigt kommendes Unglück *(asef)* und bevorstehende Trauer an.

Die Rübe *(cufte)* bedeutet für einen Mann, der sie im Traum erblickt, eine Sache, die vorbei und vergangen *(ameur fate)* und nicht mehr zu ändern ist; sie wiegt umso schwerer, je größer die Rübe ist.[8]

Der Anblick eines Gewehres, das nicht abgefeuert wird, zeigt eine Verschwörung an, die im geheimen vorbereitet wird, aber nicht zur Ausführung kommt. Wird das Gewehr abgefeuert, ist die Zeit dafür bereit.

Der Anblick von Feuer ist ein böses Vorzeichen.

Wenn das Trinkgefäß *(brik)*[9] eines Mannes, der sich an Gott gewandt hat, bricht, bedeutet dies, daß seine Reue vergeblich ist; zerbricht aber das Glas, aus dem er Wein trinkt, bedeutet es, daß er zu Gott zurückkehren wird.

Wenn du von Festen und üppigen Festessen geträumt hast, sei gewiß, daß dir Einsamkeit und magere Zeiten bevorstehen.

Siehst du jemanden im Traum, der sich von Leuten verabschiedet, die fortgehen, kannst du sicher sein, daß es bald diese Leute sein werden, die sich von ihm verabschieden. Wie der Dichter sagt:

Hast du gesehen, wie dein Freund sich verabschiedet, frohlocke!
Laß deine Seele zufrieden sein, auch wenn er weit fort geht,
damit seiner baldigen Rückkehr nichts im Wege steht.
Und sein Herz, das sich von dir verabschiedet hat,
wird zu dir zurückkehren.

Koriander *(keusbeur)* bedeutet, daß die Vulva *(keuss)* bei guter Gesundheit ist. Dazu gibt es folgende Geschichte:

---

8 Man muß zugeben, daß in Hinblick auf die recht willkürliche Beziehung zwischen „Rübe" und „verloren und vergangen" der Autor mit Leichtigkeit jede Schwierigkeit der Traumdeutung überwindet.

9 *Brik* bezeichnet ein schmales, irdenes Trinkgefäß mit einem Griff, welches die Araber, gefüllt mit Wasser, um den Durst zu stillen, bei sich tragen. Es hat einen besonders geformten Hals, der es einfach macht, daraus zu trinken.

Der Sultan Haroun er Rachid erhob sich von dem Gastmahl, zu dem er einige Würdenträger geladen hatte, um zu einer seiner Frauen zu gehen, mit der er sich vergnügen wollte. Jedoch hatte sie gerade ihre Tage, und so kehrte er enttäuscht wieder zu seinen Gästen zurück. Die Frau aber fand sich, kurze Zeit nachdem der Sultan gegangen war, ohne Beschwerden; sie versicherte sich, daß die Blutung aufgehört hatte, und ließ daraufhin dem Sultan ein Tablett mit Koriander[10] schicken.

Haroun er Rachid saß bei seinen Gästen, als ihm die Dienerin das Tablett brachte. Er nahm es an sich, untersuchte es, verstand aber nicht, warum und wofür es ihm die Frau geschickt hatte. Schließlich gab er es in seiner Ratlosigkeit an einen seiner Hofdichter weiter, der einen kurzen Blick darauf warf und dann die folgenden Verse aufsagte:

Sie hat dir Koriander geschickt,
weiß wie Zucker;
Ich habe ihn in meine Hand gelegt
und alle meine Gedanken darauf gerichtet,
um seine Bedeutung zu erfahren.
Schließlich habe ich es verstanden.
O Herr: Diese Frau teilt dir mit,
daß ihr Schoß wieder gesund ist.

Haroun er Rachid war überrascht von dem Einfallsreichtum der Frau und dem Scharfsinn des Dichters. Denn dadurch blieb, was ein Geheimnis sein sollte, verborgen, und was er wissen sollte, konnte laut ausgesprochen werden.

10 Man kann mit Koriander – wie mit Salz – auch Lebensmittel konservieren. Diese, getrocknet und gewürzt, werden *khelia* genannt. Sie halten ein Jahr oder länger. Darüber hinaus ist Koriander ein Stimulans.

Ein gezogenes Schwert bedeutet Krieg, und der Sieg wird mit dem sein, der das Schwert in Händen hält.

Zügel bedeuten Knechtschaft und Unterdrückung.

Ein langer Bart weist auf Wohlstand und Vermögen hin; aber es heißt auch, daß es den Tod bedeutet, wenn der Bart den Boden berührt. Andere glauben, daß die Klugheit eines Mannes im umgekehrten Verhältnis zur Länge seines Bartes steht, was bedeuten soll: Ein langer Bart kündet von einem kleinen Geist. Dazu gibt es folgende Geschichte:

Ein Mann mit einem langen Bart las eines Tages auf der Rückseite eines Buches die folgenden Worte: „Der, dessen Kinn von einem Bart verdeckt wird, ist so dumm, wie sein Bart lang ist." Aus Furcht, für einen Narren gehalten zu werden, wollte der Mann sich sofort seines Bartes, soweit er das Kinn verdeckte, entledigen. Zu diesem Zweck, es war Nacht, ergriff er seinen Bart nahe am Kinn und hielt ihn in die Flamme der Lampe. Das Feuer erfaßte den Bart und stieg schnell höher zu seiner Hand, sodaß er wegen der Hitze den Bart loslassen und die Hand zurückziehen mußte, und der ganze Bart verbrannte. Später schrieb er auf den Buchrücken, direkt unter den oben erwähnten Spruch: „Diese Worte sind vollkommen wahr. Ich, der ich das schreibe, habe ihre Wahrheit bewiesen." Und fortan war er davon überzeugt, daß die Dummheit eines Mannes im direkten Verhältnis zur Länge seines Bartes steht.[11]

Dazu ist auch eine Geschichte von Haroun er Rachid überliefert. Als sich der Sultan eines Tages in einem Kiosk auf-

11 Diese kleine Geschichte demonstriert, nicht ohne Humor, die doppelte Dummheit des Mannes, der ihr Held ist und der, nicht damit zufrieden, sich den Bart abgebrannt und vermutlich auch seine Haut versengt zu haben, ein Zeugnis seiner Imbezillität als Aufschrift verewigt, die er mit eigener Hand auf den Buchrücken schreibt. Man mag dabei, bis zu einem gewissen Grad, eine Verwandtschaft dieser Handlung mit dem berühmten Argument des Epimenides erkennen, der sagte: „Alle Kreter sind Lügner." Epimenides war selbst Kreter.

hielt, erblickte er einen Mann mit einem sehr langen Bart. Er befahl ihn zu sich und fragte ihn nach seinem Namen.

„Abou Arouba", antwortete der Mann.

„Und was ist dein Beruf?"

„Ich bin ein Meister für Streitfragen."

Haroun gab ihm den folgenden Fall zu lösen: Ein Mann kauft einen Ziegenbock; als das Tier seine Notdurft verrichtet, spritzt der Kot dem Käufer ins Gesicht und verletzt ihn am Auge. „Wer", wollte Haroun er Rachid wissen, „hat nun für den Schaden aufzukommen?"

„Der Verkäufer", antwortete Abou Arouba prompt.

„Und weshalb?"

„Weil er den Käufer davor hätte warnen müssen, daß sich ein Katapult im Anus des Tieres befindet."

Bei diesen Worten begann der Sultan unbändig zu lachen und rezitierte die folgenden Verse:

Wenn der Bart eines jungen Mannes
bis zu seinem Nabel reicht,
ist auch die Schwäche seines Geistes,
zumindest in meinen Augen,
im Verhältnis zur Länge
seines Barts gewachsen.

Viele Schriftsteller versichern, daß es, je nach ihrer Bedeutung, Namen gibt, die Glück, und andere, die Unglück anzeigen.

Die Namen Ahmed, Mohammed, Hamdouna und Hamdoun zeigen in Träumen an, daß in Geschäften eine gute Nachricht bevorsteht.[12] Ali und Alia weisen auf Höhe und

---

12 Der Wortstamm *hamd* dieser Namen bedeutet „loben, verherrlichen, sich des Lobes würdig erweisen".

Erhöhung des Ranges hin.[13] Nserouna, Naseur, Mansour, Naseur Allah bedeuten Triumph über die Feinde.[14] Salem, Salema, Selim, Selimane zeigen Erfolg bei allen Unternehmungen an; auch Sicherheit für den, der sich in Gefahr befindet.[15] Fetah Allah und Fetah verheißen Sieg wie alle Namen, die Glück oder etwas Glückliches bedeuten. Die Namen Râd und Râda bedeuten Donner, Tumult und umfassen alles, was damit in Beziehung steht. Abou el Feurdj und Ferendj bedeuten Freude; Ranem und Renime Erfolg, Khalf Allah und Khaleuf Wiedergutmachung für einen Verlust und Segen. Der Sinn von Abder Rassi, Hafid und Mahfound ist Gunst und günstig. Namen, welche die Worte *latif* (wohlwollend), *mourits* (hilfreich), *hanine* (mitleiden) und *aziz* (geliebt) beinhalten, tragen, in Übereinstimmung mit dem Sinn dieser Worte, auch die Verwirklichung des Wohlwollenden, *lateuf* (die Barmherzigkeit), *iratsa* (das Mitleiden), *hanana* und *aiz* (Gunst) in sich. Als Beispiel von Worten, die ein schlechtes Omen haben, seien hier *el ouar* und *el ouara* angeführt, die Schwierigkeiten bedeuten.

Was nun die Wahrhaftigkeit dieser Beobachtungen auf ihren voraussagenden Charakter betrifft, möchte ich mich auf einen Ausspruch des Propheten (Gottes Segen und Gnade sei mit ihm!) beziehen. Es heißt: „Vergleiche die Namen in deinen Träumen mit ihrer Bedeutung, damit du daraus deine Schlüsse ziehen kannst."[16]

---

13 Der Wortstamm *ala* bedeutet „Höhe; erhöht", sowohl in Wirklichkeit als auch bildlich gesprochen.

14 Der Wortstamm *neseur* bedeutet „helfen" und in erweiterter Bedeutung „den Sieg davontragen". Das Wort Gottes wird gehört; wem Gott hilft, der ist siegreich.

15 Der Wortstamm *selem* bedeutet „rechtschaffen und gut, der Gefahr entrinnen, in Sicherheit sein".

16 Siehe die Hadithe oder Überlieferungen Mohammeds.

Ich muß zugeben, daß dies nicht der geeignete Platz war, um über Träume zu sprechen, doch ein Wort führte zum nächsten, und so werde ich mich jetzt wieder dem eigentlichen Thema dieses Kapitels zuwenden: den verschiedenen Namen für das Geschlechtsorgan des Mannes.

Von den verschiedenen Namen für das männliche Geschlechtsorgan (2)

Der Name *el aïr* (Der Zeugende) ist abgeleitet von *el kir* (Der Blasebalg des Schmieds). Wenn du in dem letzten Wort aus dem *k* ein *kef* machst, sodaß es in die andere Richtung schaut, kannst du es als *el aïr* lesen. Das männliche Glied wird wegen seiner Eigenschaft, an- und abzuschwellen, so genannt. Ist es angeschwollen, steht es aufrecht, sonst sinkt es schlaff in sich zusammen.

„Die Taube" wird es genannt, weil es, wenn es wieder erschlafft, einer Taube gleicht, die auf ihren Eiern sitzt.

„Der Klingler" heißt ein Glied, das jedesmal, wenn es in die Scheide eindringt oder aus ihr herausgezogen wird, ein Geräusch verursacht.

„Der Ungezähmte"[17] – Dieser Name rührt daher, da das Glied, wenn es erigiert ist, seinen Kopf zu bewegen beginnt, als suchte es die Pforte der Vulva. Hat es sie gefunden, tritt es gleich ein, unverschämt und ohne um Erlaubnis zu fragen.

„Der Befreier" – So genannt, weil er, in die Scheide einer Frau eingeführt, die dreimal verstoßen wurde, ihr die Möglichkeit gibt, zu ihrem ersten Mann zurückzukehren.[18]

---

17 *Heurmark* (der Ungezähmte) ist kein übliches arabisches Wort. Es bezeichnet einen feurigen, wilden, ungezähmten Hengst.

18 *Anmerkung in der Autographie-Ausgabe:* Nach muselmanischem Recht kann eine Frau, die durch die dreimal ausgesprochene Formel geschie-

„Das Zepter", arabisch *el zeub*, abgeleitet von dem Wort *deub*, das „kriechen" bedeutet. Dieser Name wurde dem männlichen Glied gegeben, das, wenn es zwischen die Schenkel der Frau gelangt und fühlt, daß die Scheide angeschwollen ist, über die Schenkel und den Venushügel zu kriechen beginnt und sich so der Vulva nähert, in sie hineinkriecht, bis es sie ganz besitzt und sich bequem in ihr eingerichtet hat; dann, nachdem es den ganzen Weg ganz allein gemacht hat, beginnt es, in das Zentrum der Vulva zu stoßen, bis es ejakuliert.[19]

„Der Aufreger" bezeichnet ein Glied, das die Vulva durch sein ständiges Hinein- und Hinausgehen irritiert und ganz verrückt macht.

„Der Schläfer" – Der Name rührt von seinem trügerischen Äußeren her. Wenn das Glied erigiert ist, wird es lang, größer und steif, sodaß man nicht glaubt, daß es jemals wieder erschlaffen könnte. Hat es seine Arbeit getan, fällt es sogleich, nachdem es die Vulva verlassen hat, wieder in Schlaf. Manche schlafen auch ein, während sie noch in der Vulva sind, aber die meisten bleiben stark und fest, bis zu dem Moment, wo sie plötzlich schläfrig werden und langsam, langsam einnicken.

„Die Brechstange" – Wird der Penis, wenn er an die Vulva kommt, nicht gleich eingelassen, erzwingt er sich seinen Eintritt mit dem Kopf, alles durchbrechend und zerreißend wie ein wildes Tier in der Brunft.

„Der Schneider" bezeichnet einen Penis, der nicht eher in die Scheide eindringt, ehe er sich nicht vor dem Eingang in Stellung gebracht hat, wie die Nadel in der Hand eines

---

den wurde, ihren ersten Mann erst wieder heiraten, nachdem sie einen anderen Mann geehelicht hat und von ihm geschieden wurde.

19 In einigen Passagen dieses Buches wird dem Mann geraten, beim Beischlaf sein Glied beim Höhepunkt in der Mitte der Vagina zu plazieren. Die arabischen Weisen sind bei diesem Rat geteilter Meinung.

Schneiders, kriechend und sich an der Klitoris reibend, bis er genügend erregt ist und in die Vulva eindringt.

„Der Auslöscher der Leidenschaft" – Dieser Name wird einem Glied gegeben, wenn es groß, kräftig und langsam beim Erguß ist; solch ein Glied befriedigt vollständig die Sehnsüchte der Frauen, weil, nachdem es ihre Lust aufs höchste erregt hat, ihr Feuer besser löscht als jedes andere.

Gelangt es an die Pforte und findet es sie verschlossen, beginnt es zu klagen, zu betteln und Versprechungen zu machen. Es sagt: „O meine Liebe! Laß mich hinein, ich werde auch nicht lange bleiben." Und wenn es eingelassen wird, bricht es sein Wort und bleibt lange und geht nicht, ehe es sein Feuer gelöscht und sein Verlangen befriedigt hat; es geht und kommt, stößt ganz hinein, reibt seinen Kopf an den Seiten, bis die Vulva empört Einspruch erhebt: „Was gilt nun dein Wort, du Betrüger? Du wolltest doch nur einen Augenblick bleiben."

„Ja", sagt es dann. „Aber ich werde mich nicht zurückziehen, ehe ich deine Gebärmutter berührt habe; sobald ich sie berührt habe, werde ich gehen."

Nach diesen Worten nimmt sich die Vulva seiner an, dehnt ihre Gebärmutter, umarmt ihn und küßt seinen Kopf, als würde sie ihn begrüßen.[20] Aber es zieht sich erst zurück, wenn seine Leidenschaft gestillt ist.

„Der Wender" – Dieser Name wurde einem Glied gegeben, das, wenn es an die Vulva gelangt, so tut, als hätte es wichtige und dringende Geschäfte zu erledigen; es pocht an die Tür, tritt ein, wendet sich dorthin und dahin, untersucht, ohne Scham oder Schüchternheit, jeden Winkel,

---

20 *Anmerkung in der Autographie-Ausgabe:* Dieses Bild ist einer Begrüßungsart entliehen, die bei den unteren Klassen der Muselmanen angewandt wird, wenn sie einen Höhergestellten treffen, bei der sie den Kopf des letzteren ergreifen und nach unten drücken, um ihn zu küssen.

rechts und links, vorne und hinten, und wendet sich dann, ohne Vorwarnung, zielsicher dem Grund der Vulva zu, um zu ejakulieren.

„Der Anklopfende“ bezeichnet ein Glied, das, wenn es an die Pforte kommt, nicht sofort eintritt, sondern leise anklopft. Öffnet sich die Vulva, tritt es ein; erhält es keine Antwort, klopft es nochmals an und macht das so lange, bis es eingelassen wird. Ein Schmarotzer,[21] der in das Haus eines reichen Mannes eingelassen werden will, um am Festmahl teilzunehmen, macht es genauso; er klopft an und wenn ihm geöffnet wird, tritt er ein; öffnet ihm niemand, klopft er wieder und wieder an, bis ihm aufgemacht wird, genauso, wie es „Der Anklopfende“ am Eingang der Scheide macht.

Mit „anklopfen“ ist das Reiben des Gliedes an der Vulva gemeint, bis sie feucht wird. Dieses Feuchtwerden ist gemeint, wenn vom „Öffnen der Tür“ die Rede ist.

„Der Schwimmer“ – Wenn er in die Scheide eingedrungen ist, bleibt er nicht an einem bestimmten Platz, sondern wendet sich nach rechts, nach links, nach oben und unten und bleibt dann, wie ein Schwimmer, in der Mitte ruhig liegen, in seinem eigenen Samen und der Scheidenflüssigkeit schwimmend, als hätte er Angst, zu ertrinken.

„Der Einbrecher“ – Gelangt er an die Pforte, fragt ihn die Vulva: „Was willst du?“ – „Ich will hinein!“ – „Unmöglich! Ich kann dich nicht hereinlassen, du bist zu groß!“ Er aber besteht darauf, daß sie wenigstens seinen Kopf hineinläßt, wobei er verspricht, nicht ganz in sie einzudringen; er reibt seinen Kopf zwei-, dreimal an den Schamlip-

21 Das arabische Wort *teufil*, das hier mit „Schmarotzer“ übersetzt wurde, ist der Name eines Mannes, der in Kufa, einer bedeutenden Stadt im Irak, lebte und dem man den Beinamen Teufil el Aaress (der Hochzeits-Schmarotzer) gab, weil er bei den Hochzeitsfesten stets ohne Einladung erschien.

pen, bis sie feucht werden, dringt zuerst mit seinem Kopf ein, um sich dann, mit einem einzigen Stoß, bis zu seinen Hoden in ihr zu versenken.

„Der Schlappschwanz" – So nennt man den Penis, der auf eine Vulva trifft, die eine Zeitlang keinen Koitus mehr gehabt hat. Er versucht hineinzugelangen, und die Vulva, von heißer Liebesleidenschaft entbrannt, sagt: „Ja! Aber nur unter einer Bedingung: wenn du drinnen bist, darfst du nicht wieder heraus, ehe du nicht so und so oft ejakuliert hast." Hierauf erwidert das Glied: „Ich verspreche dir, daß ich dich nicht eher verlasse, bevor ich dich dreimal öfter, als du verlangtest, befriedigt habe." Ist er erst eingedrungen, so bereitet die heiße Glut ihm höchstes Vergnügen; er eilt hin und her; auch er glüht von dem köstlichen Genuß, den die abwechselnde Reibung an den Schamlippen und am Muttermund ihm bereitet. Sobald er aber ejakuliert hat, sucht er sich schleunigst zu entfernen. Da schreit die Vulva auf: „Warum drückst du dich, du Lügner? Wahrlich, du verdienst, daß man dich einen Schlappschwanz und Betrüger nennt!"

„Der Einäugige" – Er hat nur ein Auge, das nicht wie andere Augen ist und mit dem er nicht klar sehen kann.

„Der Kahlköpfige" – So heißt der Penis, weil auf seinem Kopf kein einziges Haar wächst.

„Der-mit-dem-Auge" – Dieser Name verweist auf die Besonderheit des einen Auges, das weder Pupillen noch Wimpern hat.

„Der Stolpernde" – Wenn er eindringen will, aber die Tür nicht findet, stößt er nach oben und unten, geradeso wie einer, der über Steine auf der Straße stolpert, bis die Schamlippen feucht werden und er seinen Weg findet. Dann sagt die Vulva: „Was hat dich stolpern lassen?" Und er antwortet: „O meine Liebe, es war nur ein Stein, der im Weg lag."

„Der-mit-dem-Hals" – Das ist jenes Wesen mit einem kurzen Nacken, einem gut entwickelten, an einem Ende verdickten Hals und einem kahlen Kopf mit krausem, drahtigem Haar vom Nabel bis zum Schambein.

„Der Haarige" – Diesen Namen gibt man dem Penis, der reichlich mit Haar umwachsen ist.

„Der Unverschämte" – Dieser Name kommt daher, daß das Glied, sobald es hart und groß geworden ist, sich um nichts mehr kümmert; es hebt die Kleider seines Herrn in die Höhe, indem es seinen Kopf vorstreckt, und beschämt ihn dadurch, obwohl es selbst keine Scham empfindet. In derselben schamlosen Weise verhält es sich Frauen gegenüber, indem es ihnen die Kleider in die Höhe hebt und die Schenkel bloßlegt. Sein Herr errötet vielleicht bei diesem Treiben, aber das macht es nur stärker und erhöht sein Verlangen.

„Das Schamgesicht" – Der Name beschreibt ein männliches Glied, das in der Lage ist, sich zu schämen, und das scheu wird, wenn es auf eine Vulva trifft, die es nicht kennt, und deshalb ein wenig Zeit braucht, um steif zu werden. Manchmal ist es so irritiert, daß es für den Beischlaf unbrauchbar ist, was vor allem dann vorkommt, wenn eine dritte, fremde Person anwesend ist.

„Der Weinende" – Dieses Glied heißt so wegen der vielen Tränen, die es vergießt; wird es erregt, weint es; es weint, wenn es ein schönes Gesicht sieht; es weint, wenn es in einer Frau ist. Schon die Erinnerung an eine schöne Liebesnacht läßt es weinen.

„Der Stöberer" – Es hat seinen Namen daher, weil es, sobald es in die Vulva eingedrungen ist, überall herumzustöbern beginnt und damit nicht aufhört, bis seine Leidenschaft gestillt ist.

„Der Vereiniger" bezeichnet ein Glied, das, sobald es eingedrungen ist, weiterstößt und -arbeitet, bis Schamhaar an Schamhaar liegt, und selbst dann versucht, noch tiefer einzudringen, als wollte es die Hoden mit hineinnehmen.

„Der Schleimende" – Seinen Namen hat dieses Glied daher, daß, wann immer es in der Nähe einer Vulva ist oder wenn es eine sieht oder nur an eine denkt oder sein Herr mit einer Frau tändelt, sie streichelt und küßt, sein Speichel zu rinnen beginnt und es Tränen in seinem Auge hat; ein Ausfluß, der dann besonders reichlich ist, wenn es längere Zeit nicht gebraucht wurde. Diese Art Glied ist das häufigste, und es gibt nur wenige Männer, die nicht damit ausgestattet sind. Die austretende Flüssigkeit ist bei Gelehrten auch unter dem Namen *medi* bekannt. Sie wird durch Zärtlichkeiten und lüsterne Gedanken geweckt. Bei manchen Männern kommt sie so reichlich vor, daß sie die ganze Scheide naß macht, und die Männer der Meinung sind, es sei eine Ausscheidung der Frau.

„Der Plätscherer" – Wenn er in eine saftige Scheide eindringt, macht er ein Geräusch, das an das Plätschern der Wellen eines Sees erinnert.

„Der Zerreißer" – So nennt man ein kräftiges Glied, das sehr lang und hart wird, wie ein Knüppel oder ein Knochen. Seine Benennung bedeutet, daß es das Jungfernhäutchen zerreißt und das Blut in Strömen rinnen läßt.

„Der Sucher" – Der Name rührt von der Angewohnheit her, sich, sobald er eingedrungen ist, nach allen Richtungen umzusehen, als suche er etwas. Dieses Etwas ist die Gebärmutter, und er wird keine Ruhe geben, bis er sie gefunden hat.

„Der Reibende“ – Dieses Glied kann in eine Scheide nicht eindringen, ehe es sich nicht an der Pforte und dem unteren Teil des Bauches gerieben hat. Es wird manchmal mit „Der Schlaffe“ verwechselt.

„Der Schlaffe“ – Dieses Glied kann niemals in die Scheide eindringen, weil es zu weich ist und damit zufrieden, sich an den Schamlippen zu reiben, bis es ejakuliert. Ein Glied wie dieses bereitet den Frauen kein wirkliches Vergnügen, weil es nur ihre Leidenschaft entflammt, ohne sie stillen zu können; es macht sie verdrossen und gereizt.

„Der Plünderer“ – Ein Glied, das an den unüblichsten Plätzen eindringt, mit den verschiedenen Zuständen der Vulva vertraut ist und sie nach ihren Fehlern und Vorzügen beurteilen kann.

„Der Entdecker“ bezeichnet ein Glied, das, wenn es hart wird und den Kopf hebt, auch die Kleider anhebt, die es verbergen, und die Blöße seines Herrn zeigt und auch keine Furcht kennt, die Vulva zu entblößen, die es noch nicht kennt, und den Frauen die Kleider hochzuheben, ohne sich zu schämen. Es kennt überhaupt keine Scham, ist rücksichtslos und hat keinen Respekt. Nichts, was den Beischlaf betrifft, ist ihm fremd; es hat ein großes Wissen über Vulven und ihre verschiedenen Zustände, ihre Feuchtigkeit, Frische, Trockenheit, Bereitschaft und Wärme, die es genau erforscht. Es gibt gewisse Vulven von hervorragendem Äußeren, prall und schön, deren Inneres viel zu wünschen übrig läßt; die im Mann keine Lust wecken, weil sie nicht warm sind, aber sehr feucht, und andere ähnliche Fehler haben. All diesen Dingen geht „Der Entdecker“ auf den Grund, und hat daher seinen Namen.

Das waren die wichtigsten Namen, die man dem männlichen Geschlechtsorgan in Hinsicht auf seine Qualitäten gibt. Wem das nicht genügt, der kann nach weiteren Namen suchen, aber ich denke, meine Liste ist lang genug, um den Bedürfnissen der Leser zu genügen.

NEUNTES KAPITEL

Von den verschiedenen Namen für das weibliche Geschlechtsorgan (1)

WISSE, o Wesir (zu dem Gott gut sei!), daß für das weibliche Geschlechtsorgan so unterschiedliche Namen gebräuchlich sind wie: die Spalte, die Unersättliche, die Vulva, die Bodenlose, die Wollüstige, die Zweilippige, die Ursprüngliche, die Bucklige, der Star, das Sieb, der Riß, die Ruhelose, der Hahnenkamm, die Vereinigerin, die Stupsnase, die Entgegenkommende, die Gehilfin, der Igel, die Lange, die Schweigende, die Duellantin, die Auspresserin, die Fliehende, die Zudringliche, die Ergebene, die Sehnsüchtige, die Verschlossene, die Schöne, die Tiefe, die Anschwellende, die Beißende, die Vorstehende, die Saugende, die Wespe, die Unermeßliche, die Heiße, die Breite, die Köstliche.

Die Vulva wird „Die Spalte", arabisch *el feurdj*, genannt, weil sie sich, wenn ihr Verlangen groß ist, öffnen und schließen kann wie das Geschlecht einer Stute, wenn ihr der Hengst naht. Dieses Wort wird auch in abschätziger Weise für die Geschlechtsorgane von Mann und Frau verwendet, denn Gott der Allmächtige hat diesen Ausdruck auch im Koran verwendet (Sure 23, Vers 35). Die eigentliche Bedeutung von *el feurdj* ist Spalte, Öffnung, Durchgang; man sagt: „Ich habe einen Durchgang gefunden", dann ist ein Sukoon[1] über dem *ra* und ein Fat-ha[2] über dem *djîne* und es kann auch „weibliches Geschlechtsorgan"

---

1 Das *Sukoon* ist ein kleiner Kreis über dem Buchstaben, der gesetzt wird, wenn kein Laut nach dem Buchstaben gesprochen werden soll. *Anm. d. Übers.*

2 Das *Fat-ha* sieht wie ein Akzentzeichen aus (ein kurzer Strich über dem Buchstaben), das gesetzt wird, wenn nach dem Buchstaben ein kurzer A-Laut gesprochen werden soll. *Anm. d. Übers.*

bedeuten. Aber wenn über dem *ra* ein Fat-ha steht, bedeutet es „Nachricht von Unglück".

Von der Bedeutung der Träume (2)

Wer in seinen Träumen eine Vulva sieht, den wird Gott aus seinen Schwierigkeiten retten; befindet er sich in Nöten, wird ihm geholfen werden, und ist er arm, so wird er bald wohlhabend sein, denn *feurdj* bedeutet, wenn man die Vokale umstellt, „Befreiung vom Bösen". Und analog dazu bedeutet es: Wenn er etwas will, wird er es bekommen; wenn er Schulden hat, werden sie getilgt.

Noch mehr Glück soll es bringen, wenn man von einer Vulva träumt, die offen ist. Gehört sie aber einem jungen Mädchen, das noch Jungfrau ist, bedeutet es, daß die Pforte zu den Kammern des Trostes noch verschlossen und das Erwünschte nicht verfügbar ist. Es gilt als gesichert, daß einen Mann, der in seinem Traum die Vulva einer Jungfrau sieht, große Schwierigkeiten erwarten und daß er kein Glück in seinen Unternehmungen haben wird. Ist die Vulva aber offen, sodaß er in sie hineinsehen kann, oder besteht die Möglichkeit, daß er in sie eindringen kann, dann wird er, obwohl er zuerst scheitert, durch die Hilfe einer Person, an die er nie gedacht hätte, selbst dic schwierigsten Aufgaben lösen und zu einem guten Ende bringen.

Wer in seinem Traum einen Mann im Beischlaf mit einer Frau beobachtet und, wenn der Mann von ihr abläßt, einen Blick auf ihre Vulva erhascht, wird seine Geschäfte erfolgreich abschließen; und sollte er zuerst scheitern, wird ihm das durch die Hilfe des Mannes gelingen, den er im Traum mit der Frau gesehen hat. Sieht er sich selbst mit der Frau verkehren und erblickt ihre Vulva, wird er sich aus eigener Kraft aus allen Schwierigkeiten retten und in jeder Hinsicht erfolgreich sein. Allgemein gesprochen ist es also ein gutes Vorzeichen, eine Vulva in seinen Träumen zu sehen oder vom Beischlaf zu träumen. Wer sich selbst dabei sieht und den Akt zu einem befriedigenden Ende führt, wird in allem Erfolg haben. Wird der Beischlaf aber unterbrochen und nicht zu Ende geführt, bedeutet dies, daß den Träumer in allem nur Unglück erwartet.

Es heißt auch, daß ein Mann, der im Traum einer Frau beiwohnt, von ihr alles bekommen kann, wonach ihm verlangt.

Träumt ein Mann, daß er mit einer Frau Verkehr hat, mit der dies aus religiösen Gründen verboten ist, also zum Beispiel seiner Mutter oder Schwester etc. *(maharime)*, ist das ein Vorzeichen dafür, daß er bald zu geheiligten Orten *(moharreme)* reisen wird, ja vielleicht sogar zu dem heiligen Haus Gottes, um dort einen Blick auf das Grab des Propheten zu tun.[3]

Bereits in dem Kapitel über die Namen des männlichen Geschlechtsorgans wurde erwähnt, daß von einer Verletzung oder Verstümmelung des männlichen Gliedes zu träumen, den Verlust des Andenkens und die Auslöschung des ganzen Geschlechtes bedeutet.

Der Anblick von einem Paar Hosen *(seronal)* zeigt die bevorstehende Ernennung auf einen höheren Posten *(oulaïa)* an; durch Analogie der Buchstaben des Wortes *seronal*, verstärkt durch die Umstellung der zwei Worte *sir*, „gehen“, und *ouli*, was wörtlich übersetzt bedeutet: „Begib

3 Das Wort *harame* bedeutet gleichzeitig „gesetzwidrige, verbotene Handlung“ als auch „heilige Sache“. *Moharreme* bezeichnet die heilige Erde von Mekka, wohin alle Muselmanen pilgern. *Maharime* nennt man eine Person, der beizuwohnen durch die Religion verboten ist.

dich auf den Posten, der dir bestimmt ist.“ Es wird erzählt, daß einmal ein Mann, der geträumt hatte, daß ihm der Emir ein Paar Hosen schenkt, kurz darauf zum Kadi berufen wurde. Andere Bedeutungen sind: Schutz für die Geschlechtsorgane und Erfolg in Geschäften.

Die Mandel *(louze)*, das Wort besteht aus denselben Buchstaben wie das Wort *as zal*, das „aufhören, beenden, ablassen“ bedeutet; sieht jemand, der Probleme hat, in seinem Traum eine Mandel, bedeutet es, daß diese Probleme gelöst werden; ist er krank, so wird er gesund werden. Die Mandel zeigt also an, daß alles Übel aus dem Weg geräumt wird. Ein Mann, der im Traum Mandeln gegessen hatte, fragte einen Weisen, was dies zu bedeuten hätte, und bekam zur Antwort, daß, durch Analogie der Worte *louze* und *zal*, dies ein Hinweis darauf sei, daß er von seinen Krankheiten bald geheilt werden würde, was auch kurze Zeit später geschah.

Der Anblick eines Backenzahns *(deurss)* im Traum bedeutet „Ewigkeit“. Verliert ein Mann im Traum seinen Backenzahn, so kann er sicher sein, daß sein Feind gestorben ist. *Deurss* kann sowohl Feind als auch Backenzahn bedeuten, sodaß man zugleich sagen kann: „Das ist mein Zahn“ und „Das ist mein Feind“.

Das Fenster *(taga)* und der Schuh *(medassa)* im Traum stehen für Frauen.[4] Die Scheide, wenn das Glied in sie eindringt, sieht aus wie ein Fenster, durch das ein Mann seinen Kopf gesteckt hat, um sich umzusehen, oder wie ein Schuh, den man gerade anzieht. Wer sich also beim Träumen selbst durch ein Fenster steigen sieht oder Schuhe anzieht, kann sicher sein, in Kürze eine Frau zu finden; eine Jungfrau, wenn das Fenster oder der Schuh neu sind;

4 Die Araber benutzen manchmal in Witzen das Wort *taga* (Fenster) als Bezeichnung für das Sexualorgan der Frau.

eine alte Frau, wenn das Fenster oder der Schuh alt oder in schlechtem Zustand sind.

Der Verlust eines Schuhs im Traum kündet dem Mann den Verlust seiner Frau an.

Träumt man, daß etwas Zusammengefaltetes sich öffnet, bedeutet es, daß ein Geheimnis gelüftet und öffentlich gemacht wird. Wird etwas eingehüllt, bedeutet es, daß das Geheimnis gewahrt bleibt.

Träumst du, daß du einen Brief liest, bedeutet dies, daß dich, je nach dem Inhalt des Briefes, gute oder schlechte Neuigkeiten erwarten.

Wer von Textstellen aus dem Koran oder den Hadithen träumt, kann seine Schlüsse aus dem Inhalt dieser Textstellen ziehen. Zum Beispiel die Stelle: „Er wird dir Gottes Beistand gewähren und sofortigen Sieg" wird dann Sieg und Triumph ankündigen, eine Textstelle, die von Bestrafung handelt, kündet Bestrafung an.

Wer von Pferden, Maultieren oder Eseln träumt, kann auf Gottes Hilfe hoffen, denn der Prophet (Gottes Segen und Güte sei mit ihm!) hat gesagt: „Das Vermögen der Menschen ist den Stirnlocken ihrer Pferde mitgegeben, bis zum Tag der Auferstehung!"

Wer sich im Traum als Bote auf einem Esel reiten sieht und sein Ziel erreicht, wird in all seinen Unternehmungen Glück haben; aber wer auf seinem Weg vom Esel stürzt, ist gewarnt, daß ihm Unfälle und Unglück bevorstehen.

Fällt einem der Turban vom Kopf, bedeutet es Schande und Schmach für den Träumer, denn der Turban ist die Krone des Arabers.

Siehst du dich selbst in einem Traum mit nackten Füßen, bedeutet das einen nahen Verlust; und der entblößte Kopf bedeutet dasselbe.

Durch Umstellung der Buchstaben kann man aber auch zu anderen Vergleichen gelangen.

Ich weiß, daß diese Erklärungen nicht hierher passen, aber ich fühlte mich dazu veranlaßt, sie in dieses Kapitel zu stellen, wegen des Nutzens, den sie dem einen oder anderen bringen können. Wer mehr zu diesem Thema wissen möchte, sollte die Bücher von Ben Sirine studieren. Ich werde mich nun wieder den Namen zuwenden, die für das weibliche Geschlechtsorgan gebräuchlich sind.

Von den verschiedenen Namen für das weibliche Geschlechtsorgan (2)

„Vulva"[5] – arabisch *el keuss*, wird vor allem für die Scheide einer jungen Frau verwendet; sie ist sehr prall und in jeder Richtung gerundet, symmetrisch, mit langen Lippen und großem Schlitz; sie ist weich, verführerisch und makellos. Von allen Spielarten ist sie zweifellos die beste und angenehmste. Möge dir Gott das Eindringen in eine solche

5 *Anmerkung in der Autographie-Ausgabe:* All die Eigenschaften, die der arabische Text den Sexualorganen der Frau zuschreibt, beziehen sich auf das Wort *feurdj*, das ein Maskulinum ist und als Vulva oder Vagina übersetzt wird. Um die ermüdende Wiederholung desselben Wortes zu vermeiden, hat der Übersetzer einmal den einen, einmal den anderen Ausdruck verwendet, wodurch sich folgende Anomalie ergeben hat: Das arabische Wort *feurdj* ist immer maskulin, während bei den französischen Wörtern für Vulva und Vagina das erste, *vulve*, weiblich und das andere, *vagin*, männlich ist. Wir müssen dabei berücksichtigen, daß weder Vulva noch Vagina dem exakten Sinn von *feurdj* entsprechen, welches das Geschlechtsorgan der Frau als Ganzes bezeichnet, während mit Vulva die äußeren Teile bis zum Jungfernhäutchen und mit Vagina der Bereich zur Aufnahme des männlichen Gliedes bis zur Gebärmutter gemeint ist. Deshalb korrespondiert keiner der beiden Begriffe mit dem arabischen Wort *feurdj.* Da es nicht angebracht schien, in den Schilderungen eine lange Paraphrase wie zum Beispiel „das Sexualorgan der Frau" zu verwenden und noch weniger das vulgärlateinische Wort *cunnus*, hielt ich es für passender, die rhetorische Figur genannt Synekdoche anzuwenden, d.h. das Ganze durch einen Teil zu bezeichnen und abwechselnd die beiden oben erwähnten Begriffe zu benutzen, Vulva jedoch in Hinblick auf die äußeren Teile und Vagina, wenn von den inneren Teilen die Rede ist.

Scheide einmal gewähren! Sie ist warm, eng und trocken. Ihre Form ist anmutig, ihr Geruch angenehm; die Weiße ihrer Außenseite kontrastiert mit dem Karmesinrot ihrer Mitte. Sie ist ohne jeden Makel.

„Die Wollüstige" – Diesen Namen gibt man der Vulva von jungen Jungfrauen.

„Die Ursprüngliche", ein Name, der auf alle Vulven anwendbar ist.

„Der Star" bezeichnet die Vulva eines sehr jungen Mädchens oder, wie manche behaupten, einer Brünetten.

„Der Riß" – die Vulva einer knochigen, mageren Frau. Sie gleicht einem Riß in der Mauer. Möge Gott dich vor ihr bewahren!

„Der Hahnenkamm"[6] – So wird eine Vulva mit einem roten, buschigen Kamm, ähnlich dem des Hahnes, genannt, der sich aufstellt, wenn sie Lust verspürt.

„Die Stupsnase"[7] – eine Vulva mit dünnen Lippen und einer kleinen Zunge.

„Der Igel" – die Vulva einer alten, verbrauchten Frau, ausgetrocknet vom Alter und mit stacheligen Haaren.

„Die Schweigende" – So nennt man eine Vulva, die kein Geräusch macht. Das Glied mag sie hundertmal am Tag besuchen, aber sie wird keinen Laut von sich geben und damit zufrieden sein, schweigend zuzuschauen.

„Die Auspresserin" – Sobald das Glied eingedrungen ist, beginnt sie es nach rechts und links zu drücken, bis sie es mit der Gebärmutter packt, und wenn sie könnte, würde sie auch noch die Hoden mit hineinziehen.

---

6 Zweifellos wollte der Autor durch diese Bezeichnung jenen Teil des Sexualorganes der Frau bezeichnen, der als Klitoris (vom altgriechischen Wort für „kitzeln" [i.e. ugs. „Kitzler"]) bekannt ist. Die Klitoris ist der Sitz der Wollust; sie dehnt sich aus und wird hart, wenn sie gekitzelt wird.

7 Hier sind kleine Schamlippen, auch Nymphen genannt, gemeint, die bei jungen Mädchen oft unter den großen verborgen sind.

„Die Zudringliche" – Das ist eine Vulva, die niemals müde wird, einen Mann zu empfangen. Käme er auch hundert Nächte lang und besuchte sie in jeder Nacht hundertmal, sie hätte ihn noch immer nicht satt – nein, sie würde nur noch mehr wollen und würde das Glied nie mehr herauslassen, wenn sie es könnte. Bei einer solchen Vulva sind die Rollen vertauscht: Die Vulva ist die Verfolgerin, das Glied der Verfolgte.[8] Glücklicherweise ist sie eine Seltenheit, die nur einige wenige Frauen, wild vor Leidenschaft und feurigem Verlangen, ihr eigen nennen.

„Die Gießkanne" – Eine Vulva, mit der einige Frauen beschenkt sind und die beim Wasserlassen aus ihrer Öffnung ein volltönendes Geräusch hören läßt.

„Der Horror" – Eine Vulva von so entsetzlichem und abstoßendem Äußeren, daß der bloße Anblick genügt, um ein steifes Glied schlaff zu machen. Möge uns Gott vor Frauen mit einer solchen Vulva bewahren!

„Die Sehnsüchtige" – Auch diese Vagina ist selten. Bei manchen ist sie natürlicherweise so, bei anderen wird sie es durch lange Enthaltsamkeit. Sie brennt vor Verlangen nach einem männlichen Glied, und hat sie es umarmt, wird sie es nicht mehr loslassen, bis ihr Begehren nicht restlos gestillt ist.

„Die Schöne" – Diese Vulva ist weiß, prall, ihre Form gleicht einer Kuppel, ihr Fleisch ist fest und sie weist keine Verformungen auf. Du kannst deinen Blick nicht von ihr abwenden, und sie nur anzuschauen, verwandelt eine schwache Erektion in eine starke.

„Die Anschwellende" – Wenn sich ihr ein schlaffes Glied nähert und einige Male seinen Kopf an ihr reibt, schwillt

8 *Anmerkung in der Autographie-Ausgabe:* Der Autor benutzt zwei Ausdrücke, die dem Gesetzeswesen angehören: *el mentoub* und *el taleb*, der Angeklagte und der Kläger.

es gleich an und wird hart. Frauen, die eine solche Vulva haben, sind sehr wollüstig; im Augenblick ihres Höhepunktes öffnet und schließt sich diese Vulva wie die Vulva einer Stute.

„Die Vorstehende" – Diese Art Vulva ist sehr groß mit einem großen Schambein.

„Die Unermeßliche" – Diese Vulva umgibt ein sehr breites Schambein. Von Frauen mit einem solchen sagt man, sie hätten eine breite Vagina, weil – mag sie uneinnehmbar und verschlossen scheinen, daß nicht einmal ein *meroud*[9] hindurchpaßt – sie sich mit einem Mal ganz öffnet, sobald sie das Reiben der Eichel an ihrer Pforte spürt.

„Die Breite" – Diese Vulva ist so breit wie lang; sie ist voll ausgebildet, überall abgerundet, von Seite zu Seite und vom Schambein bis zum Damm. Sie ist die schönste von allen. Wie der Dichter sagt:

Sie besitzt die blendende Weiße einer Stirn,
ihre Maße gleichen jenen des Mondes,
und das Feuer, das in ihr kreist,
ist sonnengleich und heiß
und scheint dich zu verbrennen;
Ist sie nicht vom eigenen Speichel naß,
kommst du nie in sie hinein.
O, und ihr Geruch ist voller Liebreiz.

Es heißt, daß dieser Name auch auf Vaginas von Frauen paßt, die mollig oder fett sind. Überkreuzt solch eine Frau ihre Schenkel, einen über den anderen, steht die Vulva vor wie der Kopf eines Kalbes; liegt ihre Vulva bloß, gleicht sie

9 *Anmerkung in der Autographie-Ausgabe:* Der *meroud* ist ein kleiner Stab oder Stift, den die arabischen Frauen dazu benützen, die Augenlider zu schwärzen oder Augensalbe aufzutragen.

einem *Sā'*[10] Getreide, das zwischen ihren Schenkeln plaziert ist. Möge Gott, in seiner Güte und Großzügigkeit, uns einmal erlauben, eine solche Vulva zu genießen! Von allen ist sie die lustvollste, die berühmteste und am meisten begehrte!

„Die Unersättliche" – Diese Vulva erstaunt vor allem durch ihr Aufnahmevermögen. Hatte sie längere Zeit keinen Verkehr, verschlingt sie das Glied nahezu, stürzt sich darauf wie ein Mann, der am Verhungern ist, sich auf das Essen stürzt, das man ihm anbietet, und es hinunterschlingt, ohne es vorher zu kauen.

„Die Bodenlose" – Eine Vulva von unauslotbarer Länge, deren Gebärmutter deshalb ganz weit hinten liegt. Um ihre Leidenschaften zu wecken, braucht es ein Glied von enormen Ausmaßen.

„Die Zweilippige" – Diesen Namen gibt man einer Vagina, meist von sehr dicken Frauen, die sehr gut ausgebildet ist; aber auch einer Vulva, deren Lippen schlaff, lang und schaukelnd sind wie manche Hundeohren.

„Die Bucklige" – Bei dieser Vulva ist der Venushügel hervorgehoben und hart; er steht vor wie der Höcker auf dem Rücken eines Kamels und reicht bis zwischen die Schenkel gleich dem Kopf eines Kalbes. Möge Gott es uns ermöglichen, uns an einer solchen Vulva zu erfreuen!

„Das Sieb" – Wenn diese Vulva ein Glied empfangen hat, bewegt sie sich wie ein Sieb, schüttelt es nach rechts und nach links, vor und zurück, bis der Höhepunkt erreicht ist.

---

10 *Anmerkung in der Autographie-Ausgabe:* Das *Sā'* ist ein Maß für Halmfrüchte, das je nach Gegend, in der es benutzt wird, unterschiedliche Mengen, zwischen drei und acht Deziliter, umfaßt. Man kann davon ausgehen, daß der Autor bei diesem Vergleich die runde Form des Sackes, der das Getreide enthält, im Blick hatte und nicht das Volumen des *Sā'*.

„Die Ruhelose" – Hat diese Vulva ein Glied empfangen, beginnt sie sich wie wild und ohne Unterbrechung zu bewegen, bis das Glied die Gebärmutter berührt und der Höhepunkt erreicht wird.

„Die Vereinigerin" bezeichnet eine Vagina, welche das Glied, sobald es eingedrungen ist, umklammert und sich daran hochzieht, mit solcher Kraft, daß, wäre es möglich, sie sich auch noch über die Hoden stülpen würde.

„Die Entgegenkommende" – So nennt man die Vagina einer Frau, die schon seit langer Zeit ein brennendes Verlangen nach Beischlaf hat. Entzückt über das Glied, das sie erkennt, hilft sie ihm bei all seinen Bewegungen, bei seinem Kommen und Gehen; sie bietet ihm ihre Gebärmutter an, indem sie sie nach vorne, in seine Reichweite, preßt, und dies ist das größte Geschenk, das sie ihm anzubieten hat. Welchen Ort in ihr das Glied auch erkunden will, sie kommt ihm dabei entgegen, heißt es willkommen und ist bemüht, ihm all seine Wünsche zu erfüllen.

„Die Gehilfin" – Diese Vagina wird so genannt, weil sie dem Glied bei allem behilflich ist, bei jeder Bewegung und selbst dann, wenn es sich zurückziehen will. Sie reagiert auf jeden seiner Wünsche, erleichtert ihm dadurch den Erguß und erhöht das Vergnügen.

„Die Gewölbte" – Eine Vulva von großem Umfang, von einem Vorsprung überragt, sehnig und trocken, anzusehen wie ein Gewölbe, eine kompakte Masse aus hartem Fleisch und Knochen. Gott bewahre uns vor einer solchen!

„Die Lange" – Es gibt nur wenige von ihrer Art. Sie erstreckt sich vom Schambein bis zum Anus. Liegt die Frau oder steht sie, streckt sie sich; wenn sie sitzt, zieht sie sich, anders als eine Vulva von runder Form, zusammen. Sie sieht aus wie eine glänzende Gurke,[11] die zwischen den Schenkeln der Frau liegt. Bei manchen Frauen steht sie vor und ist von außen sichtbar, wenn sie leichte oder enge Kleider tragen.

„Die Duellantin“ – So wird eine Vulva genannt, die nach dem Eindringen selbst die Bewegung des Gehens und Kommens ausführt und sich über das Glied schiebt, aus Furcht, es könnte sie wieder verlassen, ehe sie den Höhepunkt erreicht hat. Sie kennt keine andere Lust als die Erschütterung, die von der Berührung der Gebärmutter durch das Glied ausgelöst wird; sie streckt die Gebärmutter vor, um die Eichel zu umfassen und an ihr, im Moment des Ergusses, zu saugen. Manche Vulven, wild vor Begehren, sei es auf natürliche Weise oder durch lange Enthaltsamkeit, stürzen sich auf das sich nähernde Glied und öffnen ihren Mund wie ein hungriger Säugling, dem die Mutter die Brust anbietet. Auf dieselbe Weise zieht sich die Vulva um das Glied zusammen und entspannt sich wieder, um es an die Gebärmutter zu bringen, besorgt, es könnte ohne ihren Beistand den Weg nicht finden.

So gleichen die Vulva und das männliche Glied zwei fintenreichen Duellanten; jedesmal wenn der eine angreift, hebt der andere den Arm mit dem Schild, um den Schlag abzufangen. Das Glied stellt das Schwert dar und die Gebärmutter den Schild. Wer zuerst den Höhepunkt erreicht, hat den Kampf verloren; der langsamere gewinnt. – O, es ist ein guter Kampf! So würde ich gerne ohne Unterlaß bis zum Tage meines Todes kämpfen.

Wie der Dichter sagt:

---

11 *Anmerkung in der Autographie-Ausgabe:* Der Vergleich der Vulva mit einer Gurke ist lächerlich, trotzdem wird er von den Arabern oft gebraucht. Er dient dazu, eine Vulva mit begehrenswerten Eigenschaften zu bezeichnen.

Ich, unermüdlich spinnend,
wie eine Spinne,
habe ihnen die Wirkung eines feinen Schattens gezeigt,
und sie fragten mich: „Wie lange noch?"
Und ich antwortete ihnen: „Ich werde
arbeiten, bis ich tot bin."

„Die Stetsbereite" – Die Scheide einer Frau, die immer vor heißem Verlangen nach dem Penis brennt. Vor einem steifen, harten Penis hat sie keine Angst, im Gegenteil, sie blickt ihn voll Verachtung an und verlangt nach einem noch steiferen.

So eine Vulva geniert sich nie; sie errötet auch nicht, wie ihre Schwestern es tun, wenn die Kleider hochgehoben werden, die sie verbergen. Im Gegenteil, sie heißt den Penis herzlich willkommen, läßt ihn sich auf ihrem Venushügel ausstrecken und nimmt ihn in ihr Inneres auf, wie wenn sie ihn ganz und gar verschlucken wollte. So tief verschwindet er in ihr, daß die Hoden klagend rufen: „Oh, was für ein Unglück! Unser Bruder ist verschwunden! Wir sind in großer Sorge um ihn, denn er hat sich kühn in den Abgrund gestürzt. Er muß wahnwitzig sein, daß er wie ein Drache in solch eine Höhle hineinschlüpft!" Die Scheide hört dieses Jammern; sie möchte ihre Sorgen verscheuchen und sagt: „Habt keine Sorge! Er lebt, und seine Ohren hören eure Worte." Hierauf erwidern jene: „Wenn deine Worte wahr sind, o schöne Herrin, so laß ihn herauskommen, damit wir ihn sehen können." Sie aber spricht: „Lebend werde ich ihn nicht herauslassen; er verläßt mich nicht eher, als bis der Tod ihn ereilt hat." Da flehen die beiden Hoden sie an: „Welche Sünde hat er denn begangen, daß er mit seinem Leben dafür büßen müßte? Gefängnis und Schläge sollten doch hinlängliche Strafe dafür sein." Die Scheide: „Beim Dasein dessen, der die Himmel erschaffen hat: Er kommt nicht eher aus mir zum Vorschein, als bis er tot ist!" Bald darauf sagt sie zum Penis: „Hörst du die Klagen deiner beiden Brüder? Schnell! Zeige dich ihnen, denn deine Abwesenheit hat sie in große Betrübnis versetzt!" Nachdem er ejakuliert hat, kehrt der Penis zu ihnen zurück. Er ist zu einem Nichts zusammengeschrumpft und gleicht einem Schatten seiner selbst; sie erkennen ihn nicht und fragen: „Wer bist du, du Dünnster der Dünnen?" – „Ich bin euer Bruder und bin krank gewesen", antwortet der Penis, „saht ihr nicht, in welchem Zustand ich war, als ich hineinging? Bei allen Ärzten habe ich an die Tür geklopft und um Rat gefragt. Aber was für einen Arzt ersten Ranges habe ich hier gefunden! Er hat mein Leiden behandelt und hat mich geheilt, ohne meine Brust abzuklopfen und ohne mich zu untersuchen!" Die Zwillinge erwidern: „Liebes Brüderlein, wir leiden an derselben Krankheit wie du, denn wir sind eins mit dir. Warum hat Gott nicht auch uns mit derselben Kur bedacht?" In diesem Augenblick ergießt sich neuer Same in sie und ihr Umfang schwillt an und voller Angst rufen sie aus: „O bring uns schnell zu einem Arzt, damit er unser Leiden heile; denn er kennt alle Krankheiten!"

Hier endete das Gespräch der beiden Hoden mit dem Penis, nachdem dieser verschwunden gewesen war und sie befürchtet hatten, er wäre in einen Silo oder in eine Grube gefallen.

„Die Fliehende" – eine Vagina, die sehr eng und kurz ist und durch ein sehr großes, aber weiches Glied verletzt wird und dann nach rechts und links zu entkommen versucht. So, sagen die Leute, seien auch die Vulven der meisten Jungfrauen, die, unerfahren und sich vor dem Glied, das sich ihnen nähert, ängstigend, versuchen, ihm zu entkommen.

„Die Ergebene" – eine Vulva, die sich jedem Begehr und allen Wünschen des männlichen Gliedes, sobald es in sie eingedrungen ist, unterwirft. Es wird auch behauptet, daß diese Vulva ergeben den kraftvollsten und ausgedehntesten Koitus über sich ergehen läßt. Selbst wenn sie hundertmal genommen wird, verschließt sie sich nicht oder ist beleidigt, und statt den Besucher beim hundertundersten Mal zurückzuweisen, dankt sie noch Gott für seine Heimsuchung. Sie wird auch dieselbe Geduld zeigen, wenn sie von verschiedenen Männern nacheinander genommen wird.

Diese Art Vagina findet sich bei Frauen mit einem glühenden Temperament. Wenn sie nur wüßten, wie sie es anstellen könnten, würden sie es dem Mann nie erlauben, ihrer Umarmung zu entfliehen, noch seinem Glied, auch nur für einen Moment zu ermüden.

„Die Saftige" – Diese Vagina hat einen der vier schlimmsten Defekte, den eine Scheide haben kann; ja, sie hat den widerwärtigsten von allen Defekten, denn allzu reichliche Schleimabsonderung beeinträchtigt die Freuden der Liebe in der schlimmsten Weise. Diese Untugend wird noch schlimmer, wenn der Mann durch seine dem Beischlaf vorausgehenden Liebkosungen die Absonderungen erhöht. Gott bewahre uns vor ihr! Amen.

„Die Verschlossene" – Das ist eine Vulva, die sehr selten ist. Der Verschluß hat manchmal natürliche Ursachen, manchmal ist er aber auch das Ergebnis einer unsachgemäß durchgeführten Beschneidung. Dabei kann es geschehen, daß der Operateur eine falsche Bewegung mit seinem Messer macht und die Schamlippen verletzt, oder auch nur eine von ihnen. Während des Heilungsprozesses bildet sich eine dicke Narbe, die den Durchgang versperrt. Um die Vagina wieder für das Glied zugänglich zu machen, ist eine erneute Operation notwendig.

„Die Tiefe“ – eine Vulva, die stets den Mund offen hat, und die so tief ist, daß nur ein Glied von außergewöhnlicher Länge sie am Grund berühren kann.

„Die Beißende“ – eine Vulva, die, wenn das Glied eingedrungen und sie voller Lust ist, sich über dem Glied öffnet und schließt. Meistens geschieht es beim Erguß, daß der Mann plötzlich fühlt, daß der Kopf seines Penis vom Gebärmuttermund „gebissen“ wird; dabei umfaßt sie seine Eichel, als wollte sie den Samen herauspressen, und öffnet sich ganz, um es noch tiefer in sich aufzunehmen. Wenn Gott in seiner Macht bestimmt hat, daß die Frau schwanger werden soll, sammelt sich der Samen in der Gebärmutter; ist es nicht sein Wille, daß sie schwanger wird, weist die Gebärmutter den Samen ab, und er rinnt zurück in die Vagina.

„Die Saugende“ bezeichnet eine Vagina, die in Leidenschaft, sei es durch lange Enthaltsamkeit oder durch wollüstiges Vorspiel, an dem Glied zu saugen beginnt wie ein Säugling an der Brust seiner Mutter.

Ein Dichter hat es in folgenden Versen ausgedrückt:

Sie hebt ihre Kleider und zeigt ihr Geschlecht,
prall und rund wie eine umgestürzte Schale.
Legst du deine Hand auf sie, ist es,
als berührtest du einen schön geformten Busen,
weich, fest und prall.
Dringst du in sie ein, küßt sie deine Eichel,
beißt dich und beginnt, an dir zu saugen
wie ein Kind am Busen seiner Mutter.

Und bist du fertig und willst es
noch einmal versuchen,
findest du sie bereit
und heiß wie einen Ofen.

Ein anderer Dichter (möge Gott ihm alle seine Wünsche im Paradies erfüllen!) hat zu demselben Thema folgende Verse komponiert:

Gleich dem Oberkörper eines Mannes,
der ausgestreckt auf seinem Rücken liegt,
füllt die Vulva deine Hand;
gleich einer ungeöffneten Knospe
in den Blüten eines Pflaumenbaums,
steht sie vor,
erhöht,
sanft und weich die Haut
gleich dem bartlosen Kinn eines Jünglings;
der Weg zu ihr ist schmal, der Durchgang eng,
das Eindringen nicht einfach;
wer es versucht, fühlt sich,
als würde er, wie im Kampf,
gegen ein Panzerhemd anrennen;
seinen Eintritt begleitet ein Geräusch, das
an das Zerreißen gewebter Stoffe erinnert,
und hat er die Höhle ausgefüllt,
bekommt er als Willkommensgruß einen Biß,
wie ihn die Brustwarzen der Ammen empfangen,
wenn sie zwischen die Lippen des Säuglings gelegt werden.
O, ihre Lippen brennen wie ein Feuer!
Und wie süß ist dieses Feuer!
Wie köstlich für mich.

„Die Wespe“ bezeichnet eine Vulva, die bekannt ist wegen ihres drahtigen, stacheligen Schamhaares. Das Glied wird von dem Haar gestochen wie von dem Stachel einer Wespe.

„Die Heiße“ – Das ist die verehrungswürdigste aller Vulven. Die Wärme einer Scheide gehört zu den geschätztesten Eigenschaften, und es ist unzweifelhaft, daß die Lust in direktem Verhältnis zu der Hitze steht, die sie entwickeln kann. Dichter haben das in den folgenden Versen besungen:

Jede Vulva birgt innere Wärme;
fest verschlossen in ihrem Herzen,
eingepfercht in ihrer engen Brust,
ergießt sie ihr Feuer über den, der eintritt.
Ein Feuer, heiß wie das Feuer der Liebe.
O, sie ist eng und paßt
wie ein gut sitzender Schuh
und ist kleiner als der Kreis um den Apfel deiner Augen.

„Die Köstliche“ – Diese Vulva ist in der Lage, unbeschreibliche Lust zu wecken, vergleichbar nur der Lust von Tieren in der Brunft, von der getrieben sie untereinander blutige Kämpfe austragen. Und wenn diese Lust solch eine Wirkung auf Tiere ausübt, was läßt sie dann uns Menschen tun? Wisse: Alle Kriege und Kämpfe entspringen nur einer einzigen Quelle: dem Suchen und Streben nach Befriedigung jener tiefen sinnlichen Lust, die durch den Unterschied der Geschlechter entfacht wird und die den größten Schatz in dieser Welt darstellt. Sie ist ein Teil der Freuden, die uns im Paradies erwarten und uns von Gott als Morgengabe mitgegeben wurden; wo uns Freuden erwarten, die tausendmal größer sind und die nur noch von der Verzückung übertroffen werden, das Antlitz des Wohltäters und allmächtigen Gottes zu schauen.

Es gibt sicherlich noch mehr Namen, die für die weiblichen Geschlechtsorgane gefunden werden können, aber die getroffene Auswahl scheint mir ausreichend. Das vorrangige Ziel dieses Werks ist es ja, alle wichtigen und interessanten Aspekte des Koitus zu sammeln, sodaß einer, der in Schwierigkeiten ist, hierin Rat finden kann, und einer, der Probleme hat, eine Erektion zu bekommen, hier vielleicht ein Heilmittel für seine Schwäche finden kann. Weise Gelehrte haben geschrieben, daß Männer, deren Glied kraftlos ist und die mit Zeugungsunfähigkeit geschlagen sind, Bücher über den Beischlaf lesen und die verschiedenen Formen seiner Ausübung studieren sollten, um ihre frühere Zeugungskraft wieder zu wecken. Eine sichere Methode, eine Erektion zu erwirken, ist es, Tieren beim Koitus zuzusehen. Weil dies aber nicht immer und überall möglich ist, sind Bücher über den Zeugungsakt unentbehrlich. In jedem Land, ob groß oder klein, haben Reiche wie Arme eine Neigung zu diesen Büchern, die vielleicht mit dem Stein der Weisen verglichen werden können, der die Macht besitzt, gewöhnliches Metall in Gold zu verwandeln.

Die Geschichte von Fadehat el Djemal

Es ist überliefert (Gott ist weise und sein Wille unergründlich!), daß vor langer Zeit, noch vor der Regentschaft des großen Kalifen Haroun er Rachid, ein Narr mit Namen

Djoâdi[12] auf Erden lebte, der der König aller Narren war. Alle erfreuten sich an ihm; Frauen gewährten ihm ihre Gunst, Kinder und Greise liebten ihn, und die Prinzen, Wesire und Kadis des Reiches behandelten ihn mit großem Wohlwollen. Mit einem Wort: Er wurde von allen verehrt, und wegen ihm wurde jeder Mann, der ein Narr war, in der damaligen Zeit geschätzt; darum sagt der Dichter:

O Zeit! Von allen Bewohnern hier unten
erhöhst du nur Narren und Possenreißer
oder den, dessen Mutter eine Hure war,
und den, dessen Anus als Tintenfaß dient,[13]
oder jenen, der seit seiner Jugend ein Kuppler war;
der niemals eine andre Arbeit tat,
als Frauen dem Mann
und Männer den Frauen zuzuführen.

Von Djoâdi stammt auch die Geschichte von Fadehat el Djemal. Er hat sie selbst erzählt. Und sie beginnt mit den Worten:

Ich verliebte mich in eine Frau von erlesener Schönheit, anmutig, von vollendeter Gestalt und unendlichem Liebreiz. Ihre Wangen waren Rosen, ihre Stirn lilienweiß, ihre Lippen Korallen; sie besaß Zähne wie Perlen und Brüste wie Granatäpfel. Ihr geöffneter Mund glich einem Ring. Ihre Zunge schien durchsetzt mit kostbaren Edelsteinen; ihre Augen, schwarz und fein geschnitten, waren erfüllt von matter Schläfrigkeit. Ihre Stimme war süß wie Honig,

---

12 *Djoâdi* bezeichnet einen Mann aus dem Volk. Die Wurzel *djaa* verweist auf gekräuseltes, lockiges Haar.

13 *Anmerkung in der Autographie-Ausgabe:* Paraphrase für einen Strichjungen, entspricht dem bei den Arabern weitverbreiteten Vergleich von Schreibfeder und Tintenfaß mit Penis und Vulva.

ihr Fleisch weich wie frische Butter und ihre Haut makellos wie ein Diamant; die Vulva weiß, vorstehend und gerundet wie ein Bogen; ihre rote Mitte atmete Feuer; trotz der Trockenheit war sie angenehm anzugreifen. Ging sie, stand ihre Vulva hervor wie eine Kuppel oder eine umgekehrte Schale. Lehnte sie sich zurück, konnte man ihre Vulva zwischen ihren Schenkeln sehen, wie ein Kind, das auf einem kleinen Hügel lag.

Diese Frau war meine Nachbarin. Alle anderen Frauen spielten und lachten mit mir und waren in jeder Hinsicht sehr entgegenkommend. Ich schwelgte in ihren Küssen, Umarmungen und Zärtlichkeiten, saugte an ihren Lippen, Brüsten und an ihren Hälsen. Ich schlief mit jeder von ihnen, ausgenommen meiner Nachbarin, die ich mehr als jede andere begehrte und all den anderen Frauen vorzog. Doch statt mir zugetan zu sein, ging sie mir aus dem Weg. Als ich eines Tages versuchte, sie zur Seite zu nehmen, um mit ihr zärtlich zu sein, ihr von meiner Lust erzählte, um die ihre zu wecken, antwortete sie mir mit folgenden Versen, deren Sinn für mich ein Rätsel war:

Unter den Berggipfeln sah ich ein fest gebautes Zelt,
für alle Augen sichtbar, hoch in der Luft gebaut.
Aber, o! Der Pfosten, der es in der Mitte hielt, ist umgefallen.
Und wie eine Vase ohne Henkel bleibt es stehen,
all seine Stricke unvertäut, sinkt es in der Mitte ein
und formt eine Höhlung wie ein Kessel.

Jedesmal wenn ich danach versuchte, ihr wieder von meiner Leidenschaft zu erzählen, antwortete sie mir mit diesen Versen, die für mich überhaupt keinen Sinn ergaben und auf die ich nicht antworten konnte, die aber mein

Begehren noch mehr aufstachelten. Deshalb fragte ich jeden, den ich kannte – darunter Philosophen, Gelehrte und weise Männer –, nach ihrer Bedeutung, aber keiner von ihnen konnte das Rätsel für mich lösen. Schließlich hörte ich von einem Gelehrten namens Abou Nouass,[14] der in einem fernen Land lebte und der, wie man mir versicherte, der einzige sei, der dieses Rätsel lösen könne. Ich reiste zu ihm, trug ihm mein Problem vor und sagte die rätselhaften Verse auf.

„Diese Frau liebt dich mehr als jeden anderen Mann“, sagte Abou Nouass. Dann schilderte er mir ihr Aussehen, und als er geendet hatte, erwiderte ich staunend: „Alles ist so, wie du sagst; du hast ihr Aussehen geschildert, als stünde sie hier vor dir, aber was ihre Liebe zu mir betrifft, so hat sie mir nie auch nur den kleinsten Beweis dafür gegeben.“

„Sie hat keinen Ehemann?“, fragte er mich.

„So ist es.“

Dann fügte er hinzu: „Ich habe Gründe, zu glauben, daß dein Glied nicht sehr groß ist und ihr deshalb nicht die Befriedigung verschaffen kann, nach der ihr verlangt. Denn was sie braucht, ist ein Geliebter mit einem Glied von der Größe eines Esels. Vielleicht verhält es sich auch anders, aber sag mir jetzt darüber die Wahrheit!“

Als ich ihn in diesem Punkt vom Gegenteil überzeugt hatte – denn mein Glied begann, seinen Kopf zu heben, als er seine Zweifel darüber aussprach – und er gesehen hatte, daß es von ausreichender Größe war, sagte er, daß in diesem Fall alle Probleme bald gelöst sein werden, und erklärte mir den Sinn der Verse wie folgt:

14 Der wirkliche Name von Abou Nouass war Abou Hali Hacene. Er hatte auch den Beinamen d'el Hakemi. Die Eltern unbekannt, wurde er im Jahr 135 oder 136 nach der Hedschra geboren und erlangte große Berühmtheit als Dichter und Philosoph.

„Das Zelt, fest gebaut, steht für eine Vulva von großen Ausmaßen, die, ‚für alle sichtbar', erhöht ist; die Gipfel, zwischen denen es sich erhebt, sind die Schenkel der Frau. Der Stab, der das Zelt in die Höhe hält und der umgefallen ist, bedeutet, daß sie keinen Ehemann hat; dieser Stab oder Pfosten, der das Zelt in der Mitte in die Höhe hält, versinnbildlicht das männliche Glied, das die Schamlippen offenhält. ‚Sie ist wie eine Vase ohne Henkel' bedeutet, daß sie, wie ein Eimer ohne Griff, zu nichts nütze ist; die Vase steht für die Vulva, der Henkel oder Griff für das männliche Glied. Die Stricke sind lose, und das Zelt sinkt in der Mitte ein – das will heißen, daß ein Zelt ohne einen Stützpfeiler in der Mitte einsinkt, anders als das Himmelsgewölbe, das keine Stützpfeiler braucht. So kann eine Frau, die keinen Mann hat, nie ganz glücklich sein. Aus den Worten ‚es formt eine Höhlung wie ein Kessel' kannst du erkennen, wie verführerisch Gott diese Frau in ihrer Kunst, Vergleiche zu finden, erschaffen hat; sie vergleicht ihre Vulva mit einem Kessel, der gebraucht wird, um das *tserid* (ein arabisches Gericht) zuzubereiten. Höre: Wird das *tserid* in den Kessel gelegt, muß es, um gut zu geraten, mit einem *medeleuk* (großer Kochlöffel) umgerührt werden, während der Kessel mit Händen und Füßen festgehalten wird. Nur so kann es gut zubereitet werden. Diese Arbeit kann nicht mit einem kleinen Löffel verrichtet werden; die Köchin würde sich, wegen der Kürze des Instrumentes, die Finger verbrennen, und das Essen wäre nicht gut zubereitet. Das zeigt dir die Natur dieser Frau, o Djoâdi! Wenn dein Glied nicht die Ausmaße eines richtigen *medeleuks* hat, brauchbar für die Zubereitung eines guten *tserid*, wird es ihr nicht die nötige Befriedigung verschaffen, und wenn du sie dabei nicht fest an deine Brust drükken kannst und sie mit Armen und Beinen umschlingst, ist es nutzlos, daß du ihr Begehren weckst; sie würde sich in ihrem eigenen Feuer verzehren, wie am Boden des Kessels das *tserid* verbrennt, wenn der *medeleuk* zu kurz ist, um es auch ganz unten umzurühren. – Verstehst du jetzt, warum sie deinen Wünschen nicht gleich nachgegeben hat? Sie hatte Angst, daß du ihr Feuer nicht würdest löschen können, nachdem du es entfacht hast. Aber nun sag mir: Wie heißt diese Frau?"

„Fadehat el Djemal (Sonnenaufgang der Schönheit)", antwortete ich.

„Geh zu ihr zurück! Bring ihr diese Verse, die ich dir mitgeben werde, und dein Abenteuer wird, so Gott will!, ein gutes Ende finden. Danach kommst du zu mir zurück und berichtest mir, wie es euch ergangen ist."

Ich versprach es ihm, und Abou Nouass gab mir die folgenden Verse mit auf den Weg:

Sei nun geduldig, o Fadehat el Djemal,
ich verstehe deine Worte, und alle werden sehen,
daß ich ihnen gehorche.
O du! Geliebt und bewundert von allen,
könnte ich nur in deinem Liebreiz schwelgen!
O Apfel meines Auges! Du dachtest, ich sei verärgert
über die Antwort, die ich dir geben muß,
denn die Liebe, die ich für dich empfinde,
ließ mich in den Augen aller, die du kennst,
dumm aussehen, sodaß sie dachten,
ich wäre von einem bösen Geist besessen.
Die einen nannten mich einen Hanswurst,
die andern einen Narren.
Und bei Gott! Wie närrisch ich bin!

Kann es sein, daß kein anderes Glied
wie das meine ist?
Hier, schau! Nimm mit deinen Augen Maß!
Jede Frau, die mein Zepter kennt,
verfällt in Liebe zu mir.
Wenn du es von weitem siehst, gleicht es einer Säule.
Hebt es den Kopf, beschämt es mich und hebt mir die Kleider.
Nimm es nun vorsichtig in deine Hand
und lege es in dein Zelt,
das zwischen den Berggipfeln steht.
Dort wird es sich zu Hause fühlen,
solange es dort ist, wird es nicht erschlaffen.
Nimm es als Henkel für deine Vase!
Komm, untersuche es und bemerke wohl
die Kraft und Größe seiner Lust!
Wenn du einen geeigneten „medeleuk" suchst,
einen „medeleuk", den du auch zwischen
deinen Schenkeln brauchen kannst,
dann nimm diesen,
um den „tserid" in deinem Kessel
bis zum Boden umzurühren.
Er wird dir guttun. O Geliebte! Er wird genügen!
Und dein Kessel,
sei er auch vergoldet, wird zufrieden sein!

Nachdem ich diese Verse auswendig gelernt hatte, verabschiedete ich mich von Abou Nouass und kehrte zu Fadehat el Djemal zurück. Sie war, wie die meiste Zeit über, allein. Ich klopfte leicht an die Tür, und sie erschien sogleich, schön wie die aufgehende Sonne. Auf mich zugehend, sagte sie: „O Feind Gottes! Was führt dich um diese Stunde zu mir?"

Ich antwortete: „O, meine Geliebte! Angelegenheiten von großer Dringlichkeit!"

„Erkläre dich und ich will sehen, was ich für dich tun kann!"

„Ich werde nicht durch die Tür zu euch sprechen!"

„Deine Kühnheit scheint heute besonders groß."

„Diese Kühnheit ist einer meiner Vorzüge."

Darauf rief sie: „O du Feind deiner selbst! Du Elendster deines Geschlechts! Sollte ich die Tür aufschließen, und du hast nichts dabei, um meine Wünsche zu befriedigen, was soll ich dann mit dir tun, du Judengesicht?"

„Du teilst dein Bett mit mir und gewährst mir deine Gunst."

Da begann sie zu lachen, und nachdem sie mich hereingelassen hatte, befahl sie einem Sklaven, alle Türen zu versperren und uns allein zu lassen. Wie jedesmal versuchte ich auch diesmal, sie zu überreden, meinem Verlangen nachzugeben, doch als Antwort rezitierte sie nur wieder die schon bekannten Verse. Als sie damit fertig war, begann ich nun meinerseits die Verse, die mich Abou Nouass gelehrt hatte, aufzusagen.

Während ich sprach, sah ich, wie sie die Worte mehr und mehr bewegten; sie begann zu gähnen, sich zu strekken und zu seufzen. Nun wußte ich, daß ich heute mein Ziel erreichen würde. Als ich geendet hatte, befand sich mein Glied in einem solchen Zustand der Erregung, daß es von mir abstand wie ein Pfeiler und immer noch wuchs. Als Fadehat el Djemal dies bemerkte, stürzte sie sich auf mich, nahm mein Glied in ihre Hände und wollte es zwischen ihre Schenkel legen. Ich aber sagte: „O Apfel meiner Augen! Das sollte nicht hier getan werden. Laß uns in dein Zimmer gehen!"

Sie antwortete: „Laß mich in Ruhe, du Sohn einer bösen Frau! Bei Gott! Der Anblick deines Gliedes, wie es länger und länger wird und immer noch wächst, raubt mir die Sinne. O, was für ein Glied! Ich habe nie ein besseres gesehen! Laß es in diese köstlich reife Vulva eindringen, die alle verrückt macht, denen sie nur beschrieben wird; für die so viele aus Liebe und Verlangen gestorben sind und die nicht einmal Eure Oberen und Herren besitzen durften."

Ich antwortete: „Ich werde es an keinem anderen Ort als in Eurem Zimmer tun."

„Wenn du mich nicht in diesem Augenblick nimmst, werde ich sterben!"

Als ich weiter darauf bestand, in ihr Zimmer zu gehen, rief sie aus: „Nein, das ist unmöglich; ich kann nicht so lange warten!"

Jetzt sah ich, daß ihre Lippen zitterten und ihre Augen sich mit Tränen füllten. Ein Schauer erfaßte ihren ganzen Körper, sie wurde bleich, legte sich mit dem Rücken auf den Boden und entblößte ihre Schenkel, deren Weiß ihr Fleisch fast durchsichtig erscheinen ließ wie einen karmesinrot schimmernden Kristall.

Ich kniete mich hin und untersuchte ihre Vulva – eine weiße Kuppel mit purpurnem Mittelpunkt, weich und voller Liebreiz. Sie öffnete sich wie die Scheide einer Stute, wenn sich ihr der Hengst nähert. In diesem Moment griff sie nach meinem Glied, küßte es und sagte: „Bei der Religion meines Vaters! Ich muß dich in mir haben!" und indem sie sich näher zu mir heranschob, drängte sie es zu ihrer Vulva.

Nun zögerte ich nicht länger, ihr zu helfen, und legte mein Glied an die Pforte ihrer Vulva. In dem Augenblick, da die Eichel ihre Schamlippen berührte, begann Fadehat el Djemal am ganzen Körper vor Aufregung zu zittern. Seufzend und stöhnend drückte sie mich an ihren Busen.

Diesen Moment nützte ich, um noch einmal die Schönheit ihrer Vulva zu bewundern. Sie war großartig, ihr purpurner Mittelpunkt betonte die Weiße nur noch mehr. Rund und ohne jeden Makel erhob er sich wie eine prächtige Kuppel über ihren Bauch. Mit einem Wort: Es war ein Prunkstück der Schöpfung, eine Kostbarkeit, so fein und selten, wie man sie nur finden kann. Gottes, des höchsten Schöpfers, Segen lag auf ihr.

Und eine Frau, die diese Kostbarkeit besaß, übertraf alle Frauen ihrer Zeit.

Sie in solchen Zuständen sehend, zitternd wie ein Vogel, dem die Kehle durchgeschnitten wird, stieß ich meinen Speer ins Ziel. Vorsichtig drang ich in sie ein, weil ich dachte, mein Glied könnte zu groß für sie sein und sie verletzen, aber sie bewegte ihre Hinterbacken wie wild und rief: „Das ist nicht genug, das reicht nicht für mich!" Also drang ich mit einem einzigen Stoß ganz in sie ein. Sie schrie laut auf, doch schon im nächsten Moment bewegte sie sich mit noch größerem Furor als zuvor. Sie rief: „Versäum das Kommende nicht, weder zu hoch noch zu tief sollst du sein, aber vor allem: Vergiß die Mitte nicht, die Mitte!", wiederholte sie. „Wenn du fühlst, daß du kommst, überschwemm mit deinem Samen meine Gebärmutter, um mein Feuer zu löschen."

Wir bewegten uns jetzt abwechselnd. Unsere Beine verschränkt, die Muskeln locker, fuhren wir fort, uns zu küssen und zu umarmen, bis der Höhepunkt gleichzeitig über uns kam. Dann rasteten wir und versuchten, zu Atem zu kommen.

Ich wollte mein Glied aus ihr herausziehen, aber sie hinderte mich daran und bat mich, es nicht zu tun. Ich ließ ihr den Willen, und schon im nächsten Augenblick nahm sie es selbst heraus, trocknete es ab und führte es wieder in ihre Vulva ein. Wir spielten unser Spiel aufs neue, küssend, umarmend und uns im Rhythmus bewegend. Dann unterbrachen wir es, erhoben uns und gingen in ihr Zimmer. Sie reichte mir ein Stück einer aromatischen Wurzel und empfahl mir, es im Mund zu lassen, wobei sie mir versicherte, daß, solange ich es im Mund behielt, mein Glied nicht erschlaffen würde. Dann bedeutete sie mir, mich hinzulegen, was ich sogleich tat. Sie setzte sich auf mich, nahm mein Glied in ihre Hände und führte es zur Gänze in ihre Vulva ein. Ich war erstaunt über die Kraft ihrer Vulva und die Hitze, die von ihr ausströmte. Das Öffnen ihrer Gebärmutter erhöhte meine Bewunderung für sie noch mehr. Noch nie hatte ich eine Erfahrung wie diese gemacht: Sie umfaßte mein Glied ganz eng und drückte dabei gegen meine Eichel.

Ich muß hier anmerken, daß bis zu diesem Tag keine Frau mein Glied in seiner ganzen Größe hatte in sich aufnehmen können. Fadehat el Djemal konnte es, weil ihre Vulva sehr breit und tief war.

Auf mir sitzend, begann sie, sich auf und ab zu bewegen; dabei stöhnte sie, schrie auf, weinte, wurde langsamer, bewegte sich wieder schneller oder hielt plötzlich inne und bewegte sich überhaupt nicht. Als ein wenig von meinem Glied aus ihrer Vulva herausschaute, sah sie es an, nahm es ganz heraus, begann, es zu untersuchen und führte es sich dann wieder in seiner ganzen Länge ein. So fuhr sie fort, bis sie das Verlangen erneut überwältigte. Schließlich erhob sie sich aus ihrem Sattel, legte sich auf den Rücken und forderte mich auf, mich auf sie zu legen. Ich tat es, und sie führte mein Glied erneut zur Gänze in ihre Vulva ein.

So fuhren wir fort, uns zu lieben, zu streicheln und die Stellungen zu wechseln, bis die Nacht kam. Ich dachte, dies wäre ein günstiger Zeitpunkt, um zu gehen, und wollte mich zurückziehen, aber sie schlug es mir ab, und ich mußte ihr versprechen, noch zu bleiben. Ich sagte mir: „Diese Frau will mich um keinen Preis gehen lassen, aber wenn der Tag anbricht, wird Gott mir einen Weg zeigen, dieses Haus zu verlassen."

Ich blieb die ganze Nacht bei ihr, und wir fuhren ohne Unterbrechung fort, uns zu lieben. Ich habe nachgezählt: Siebenundzwanzig Mal habe ich während dieses Tages und in dieser Nacht den Beischlaf mit ihr ausgeführt; und ich hatte Angst, daß es mir niemals gelingen würde, das Haus dieser Frau zu verlassen.

Schließlich gelang mir doch die Flucht, und ich machte mich gleich auf den Weg zu Abou Nouass, um ihm alles zu berichten. Er war überrascht, als er mich sah, und seine ersten Worte, nachdem ich meinen Bericht beendet hatte, waren: „O Djoâdi, du kannst weder Macht noch Autorität über eine solche Frau haben, und sie wird dich all die Lust, die du mit anderen Frauen geteilt hast, büßen lassen!"

Kurze Zeit später bat mich Fadehat el Djemal, ihr rechtmäßiger Ehemann zu werden, schon wegen der Gerüchte, die mittlerweile über uns kursierten. Mich aber hatte nie die Ehe, sondern immer nur der Ehebruch interessiert. Also fragte ich Abou Nouass um Rat. Er sagte: „Wenn du Fadehat el Djemal heiratest, wirst du deine Gesundheit ruinieren und Gott wird seine schützende Hand von dir nehmen; das Schlimmste aber wird sein, daß sie aus dir einen Hahnrei machen wird, denn sie ist unersättlich und wird dir nur Schande bereiten."

Ich antwortete ihm: „So ist die Natur der Frauen; sie sind unersättlich in ihrem Begehren; solange ihre Lust befriedigt wird, kümmert es sie nicht, ob der Mann ein Narr, ein Neger, ein Diener oder ein Verbrecher ist."

Daraufhin beschrieb Abou Nouass den Charakter der Frauen mit den folgenden Versen:

Frauen sind Teufel und wurden als solche geboren;
keiner kann ihnen trauen.
Lieben sie einen Mann, ist es nur eine Laune,
und der sie am meisten liebt,
zu dem sind sie am grausamsten.
Wesen sind es voller Arg und Tücke,
voller Täuschung und Hinterlist.
Ein Mann, der wahrhaft liebt, ist ein verlorener Mann.
Wer mir nicht glaubt, kann mein Wort auf die Probe stellen
und sich der Liebe einer Frau ergeben.
Großzügig wirst du ihr Jahr für Jahr alles geben,
und ist es vorbei,
schwört sie bei Gott, daß du ihr nie etwas gabst.
Hast du dich erst für sie ruiniert,
wird ihr täglicher Ruf nie mehr verstummen,
ihr „Gib! Gib, Mann. Steh auf und kauf und borge!"
Frauen! – Bist du kein Gewinn für sie,
so wenden sie sich gegen dich.
Sie werden Lügen über dich erzählen und dich verleumden;
sie werden den Diener nicht zurückweisen,
wenn der Herr nicht zu Hause ist.
Ist ihr Verlangen einmal geweckt, kennen sie kein Halten

und denken, trickreich wie sie sind,
nur an die Befriedigung ihrer Lust.
Bewahre uns, Gott!, vor den Täuschungen der Frauen;
und im besonderen vor alten Weibern! So sei es.

ZEHNTES KAPITEL

Über die Zeugungsorgane der Tiere

WISSE, o Wesir (Gottes Segen sei mit dir!), daß die Zeugungsorgane der verschiedenen männlichen Tiere nicht gleichzusetzen sind mit den Namen für die unterschiedlichen Arten des männlichen Gliedes, wie ich sie aufgezählt habe.

Die männlichen Zeugungsorgane der Tiere sind nach der Spezies unterteilt, der sie angehören, und davon gibt es vier:

1. Die männlichen Zeugungsorgane von Tieren mit Hufen wie Pferde, Maultiere, Esel, deren Zeugungsorgane sehr groß[1] sind: *El rermoul* (Der Koloß) – *El kass* (Die-eingerollte-Schlange) – *El fellag* (Der Keil) – *El zellate* (Die Keule) – *El heurmark* (Der Unbezähmbare) – *El meunefoukh* (Der Geschwollene) – *Abou dommar* (Der-mit-dem-Kopf) – *Abou beurnita* (Der-mit-dem-Hut) – *El keurkite* (Der-zugespitzte-Stab) – *El keuntra* (Die Brücke) – *El rezama* (Der Schlegel) – *Abou sella* (Der Kämpfer).
2. Die männlichen Zeugungsorgane von Tieren, deren Füße im Arabischen *akhefaf*[2] genannt werden, zum Beispiel das Kamel: *El mâloum* (Der Wohlbekannte) – *El tonil* (Der Lange) – *Ech cherita* (Der Strick) – *El mostakime* (Der Starke) – *El heurkal* (Der Schwingende) – *El mokheubbi* (Der Verborgene) – *Ech châaf* (Der Behaarte) – *Tsequil el ifaha* (Der Lahme).

---

1 *Anmerkung in der Autographie-Ausgabe:* Wörtlich übersetzt „großartige Schöpfung".

2 *Anmerkung in der Autographie-Ausgabe: Akhefaf* hat kein Äquivalent im Französischen. Der Fuß zeigt rudimentäre Hufe und Zehen, und die Sohle ist dick und schwielig wie beim Kamel [die Kamele fallen unter die Ordnung der Paarhufer und werden der Unterordnung der Schwielensohler *(Tylopoda)* zugezählt].

3. Die männlichen Zeugungsorgane von Tieren mit gespaltenen Hufen wie das Rind, das Schaf u.ä.: *El aceub* (Der Nerv) – *El heurbadj* (Der Ziemer) – *El sonte* (Die Rute) – *Requig er ras* (Der Kleinköpfige) – *El tonil* (Der Lange) und das Glied des Widders im besonderen heißt *El aïçoup* (Der Nervöse).
4. Und zuletzt die männlichen Zeugungsorgane von Tieren mit Krallen wie der Löwe, der Fuchs und andere dieser Spezies: *El kedib* (Die Rute) – *El kibouss* (Der Großeichelige) – *El metemerole* (Der Immer-länger-Werdende).

Es heißt, daß von allen Tieren aus Gottes Schöpfung der Löwe die größte Kenntnis beim Koitus besitzt. Trifft er die Löwin, untersucht er sie genau, ehe er mit ihr kopuliert. Wurde sie schon von einem anderen Löwen gedeckt, wird es ihm nicht entgehen. Wenn sie zu ihm kommt, beriecht er sie, und hat sie einem anderen Löwen erlaubt, sie zu decken, wird er seinen Geruch an ihr bemerken. Dann beriecht er ihren Urin, und wenn das Ergebnis der Untersuchung nicht zu seiner Zufriedenheit ausfällt, wird er wütend und beginnt, mit dem Schwanz um sich zu schlagen. Wehe dem Geschöpf, das ihm in diesem Augenblick zu nahe kommt – es würde von ihm in Stücke gerissen! Jetzt kehrt er wieder zur Löwin zurück, die, da sie weiß, daß ihm nichts verborgen blieb, vor Angst zittert. Er beriecht sie noch einmal, läßt ein Gebrüll los, daß die Berge ringsum erzittern, stürzt sich auf sie und zerfleischt ihr mit seinen Krallen den Rücken. Manchmal geht er soweit, sie zu töten und ihren Kadaver mit seinem Urin zu besudeln.

Es wird behauptet, daß der Löwe das eifersüchtigste und klügste aller Tiere ist. Er soll auch großzügig sein und jene verschonen, die ihm mit freundlichen Worten begegnen.

Ein Mensch, der, wenn er einem Löwen begegnet, vor ihm seine Geschlechtsteile entblößt, zwingt ihn zur Flucht.

Wer immer den Namen Daniel (Gelobt sei er!) in Gegenwart eines Löwen ausspricht, schlägt ihn auch damit in die Flucht, weil ihm der Prophet (Gott segne ihn!) dies auferlegt hat. Zahlreiche Fälle, die dies beweisen, sind belegt.

ELFTES KAPITEL

Über die Schliche und Listen der Frauen

WISSE, o Wesir (zu dem Gott gut sei!): Zahlreich und kunstvoll sind die Ränke der Frauen. Ja, ihre Betrügereien würden selbst den Teufel täuschen, denn Gott, der Höchste, hat im Koran gesagt (Kapitel XII, Vers 28), daß das Vermögen der Frau, zu betrügen, groß sei, und er hat auch gesagt (Kapitel VI, Vers 38), daß die Listen des Satans klein seien. Schon aus diesen zwei Versen läßt sich schließen, wie groß ihre Talente in diesem Bereich sind.

Geschichte vom betrogenen Ehemann, der sich selbst von der Untreue seiner Frau überzeugte

Ein Mann hatte sich in eine Frau von großer Schönheit verliebt. Er machte ihr zahlreiche Anträge, die alle zurückgewiesen wurden; er versuchte, sie durch reiche Geschenke zu verführen, die sie nicht annahm; er jammerte, beklagte sich und warf mit Geld nur so um sich, um sie zu erobern, aber all seine Bemühungen waren vergebens. Der Kummer darüber griff seine Gesundheit an, und er wurde mager wie ein Gespenst.

Das ging eine Weile so, bis er eines Tages die Bekanntschaft einer alten Frau machte, der er sein Vertrauen schenkte und bei der er sich bitterlich über sein Schicksal beklagte. Die alte Frau hatte Mitleid mit ihm und sagte: „Lobe Gott! Ich werde dir helfen!“

Unverzüglich machte sie sich auf den Weg zu dem Haus der Frau, um mit ihr zu sprechen, aber als sie dort ankam, erzählten ihr die Nachbarn, daß sie nicht in das Haus hineingehen könne, weil es von einer riesigen Bestie von Hund bewacht werde, die niemanden in das Haus hinein- oder aus dem Haus herausließ und in ihrer Bösartigkeit den Leuten gleich an die Kehle ging.

Als sie das hörte, überlegte es sich die Frau anders, ging nach Hause, füllte einen Korb mit Fleischstücken und kehrte dann zu dem Haus der Frau zurück. Diesmal trat sie ein. Der Hund, als er sie sah, wollte sich sogleich auf sie stürzen, sie aber blieb ruhig, deckte den Korb ab und zeigte ihm die Fleischstücke. Der Hund hielt inne und begann, mit dem Schwanz zu wedeln. Sie stellte den Korb vor ihn hin und sagte: „Iß, o meine Schwester. Deine lange Abwesenheit hat mir viel Kummer verursacht; ich wußte nicht, was aus dir geworden war und habe dich lange gesucht. Still nun deinen Hunger!"

Während das Tier fraß und die alte Frau ihm den Rükken streichelte, erschien die Frau des Hauses, um nachzusehen, wer gekommen sei. Sie war nicht wenig überrascht, als sie den Hund, der nie jemanden in seine Nähe ließ, so zutraulich mit der fremden Frau sah. Sie sagte: „O, alte Frau, wie kommt es, daß du unseren Hund kennst?"

Die alte Frau gab keine Antwort, sondern fuhr fort, zu wehklagen und den Hund zu streicheln.

Schließlich sagte die Frau des Hauses: „Es tut mir im Herzen weh, dich so leiden zu sehen. Erzähl mir den Grund deiner Trauer!"

„Dieser Hund", sagte die alte Frau, „war früher eine Frau und meine beste Freundin. Eines Tages war sie mit mir zu einer Hochzeit eingeladen; sie zog ihre schönsten Kleider und legte ihren kostbarsten Schmuck an. Dann machten wir uns gemeinsam auf den Weg. Unterwegs wurden wir von einem Mann angesprochen, der bei ihrem Anblick sogleich von großer Liebe zu ihr erfaßt wurde; aber sie wollte nichts von ihm wissen, ja, sie wollte ihn nicht einmal anhören. Er bot ihr Edelsteine und wertvolle Schmuckstücke an, die sie zurückwies. Dieser Mann, als er sie ein paar Tage später traf, sagte zu ihr: ‚Erhöre mich oder ich werde dich verfluchen und Gott beschwören, dich in einen Hund zu verwandeln.' Sie aber lachte ihn aus und sagte: ‚Verwandle nur, soviel du willst.' Daraufhin rief der Mann alle Verwünschungen des Himmels auf sie herab, und sie wurde in den Hund verwandelt, den du jetzt vor dir siehst."

Bei diesen Worten begann die Frau des Hauses zu weinen und rief: „O, meine Mutter! Ich fürchte, ich bin dazu verdammt, das Schicksal dieses Hundes zu teilen!"

„Warum? Was hast du getan?", fragte die alte Frau scheinheilig.

„Es gibt einen Mann, der mich seit langer Zeit liebt, aber ich habe mich bisher seinen Wünschen verweigert; ich habe ihn nicht angehört, obwohl ihm vor lauter Erklärungen der Speichel im Mund trocken wurde und trotz der großen Anstrengungen und Ausgaben, die er gemacht hat, um meine Gunst zu erlangen. Und nun, o meine Schwester, habe ich Angst, daß er mich deswegen verfluchen wird, wie es deiner Freundin geschehen ist."

„Dann sag mir, wie ich diesen Mann erkennen kann, wenn du nicht dasselbe Schicksal erleiden willst wie dieser Hund!"

„Aber wie willst du ihn finden, und wen könnte ich zu ihm schicken?"

„Mich, meine Tochter", antwortete die alte Frau. „Ich werde dir diesen Dienst erweisen und den Mann für dich finden."

„Dann tue es bald, o meine Mutter, und finde ihn, ehe er Gottes Fluch auf mich herabbeschwört."

„Ich werde ihn heute noch finden", antwortete die alte Frau, „und, so Gott will, wirst du ihn morgen treffen."

Mit diesen Worten verabschiedete sie sich von der Frau, ging noch am selben Tag zu dem Mann, der ihr sein Vertrauen geschenkt hatte, und berichtete ihm von dem Treffen, das sie mit der Frau vereinbart hatte.

Am nächsten Tag ging die Frau des Hauses zu der Alten, denn sie hatten vereinbart, daß das Rendezvous dort stattfinden sollte. Sie wartete einige Zeit auf ihn, bis sie nicht mehr glaubte, daß er noch kommen würde. Zweifellos hatten ihn wichtige Geschäfte von dem Treffen abgehalten.

Auch die alte Frau wunderte sich über das Fernbleiben des Mannes und konnte es sich nicht erklären. „Alle Kraft und Macht liegt bei Gott, dem Allmächtigen!", sagte sie sich. Sie bemerkte auch, daß die junge Frau sehr aufgeregt war. Es war offensichtlich, daß sie großes Verlangen nach einem Mann hatte, denn sie wurde immer unruhiger und fragte die alte Frau alle Augenblicke: „Warum kommt er nicht?"

Die alte Frau versuchte, sie zu trösten, und sagte schließlich: „O meine Tochter! Sicherlich halten ihn wichtige Geschäfte von hier fern, vielleicht eine unaufschiebbare Reise. Aber ich werde dich in dieser Situation nicht alleinlassen und dir helfen." Sie zog ihren *melahfa*[1] über und ging auf die Straße, um den Mann zu suchen. Aber ihre Suche blieb vergebens. Da dachte sie bei sich: „Diese Frau will jetzt einen Mann. Warum es heute nicht mit einem anderen Mann versuchen, der vielleicht ihre Lust stillen wird? Morgen werde ich dann den richtigen finden." Bald

1 *Melahfa* bezeichnet einen großen Schleier, meist aus weißer Baumwolle, in den sich die Frauen hüllen, Kopf und Körper, wenn sie auf die Straße gehen.

erblickte sie einen jungen Mann von sehr anziehendem Äußeren. Sie sah gleich, daß er ein guter Liebhaber war und dazu geeignet, ihr aus der mißlichen Lage zu helfen. Sie sagte zu ihm: „O mein Sohn, wenn ich dich zu einer Frau bringen würde, schön, anmutig und makellos, würdest du mit ihr schlafen?“

„Wenn deine Worte wahr sind, werde ich dir diesen goldenen Dinar geben“, antwortete der Mann. Die alte Frau war von dieser Antwort entzückt, nahm das Geld und führte ihn zu ihrem Haus.

Nun war aber dieser Mann kein anderer als der rechtmäßige Ehemann der Frau, was die alte Frau nicht wußte. Sie ging vor ihm in das Haus und sagte zu der Frau: „Es war mir nicht möglich, auch nur die kleinste Spur von dem Mann zu finden; und da ich ihn nicht finden konnte, habe ich einen anderen mitgebracht, der deine Lust für heute stillen kann. Den anderen heben wir uns für morgen auf. Gott hat es mir eingegeben, so zu handeln!“

Die Frau ging an das Fenster, um sich den Mann anzusehen und erkannte in ihm ihren Ehemann, der gerade dabei war, das Haus zu betreten. Sie zögerte keinen Augenblick, streifte sich schnell ihren *melahfa* über und ging ihm entgegen. Sie schlug ihm ins Gesicht und rief: „O! Feind Gottes und deiner selbst, was hast du hier zu suchen? Gewiß bist du mit der Absicht gekommen, Ehebruch zu begehen und mich zu betrügen. Ich habe dich schon lange in Verdacht und warte hier jeden Tag, während die alte Frau dich sucht, um dich zu überreden, hierherzukommen. Heute habe ich dich ertappt, und jedes Leugnen ist sinnlos! – Und du wolltest mir immer weißmachen, du seist ein treuer Mann! Nun kenne ich dein wahres Gesicht, und heute noch werde ich die Scheidung von dir beantragen!“

Der Ehemann, der dachte, daß seine Frau die Wahrheit sprach, sagte kein Wort und schämte sich.

Lerne daraus, wie verlogen Frauen sein können und wozu sie fähig sind.

Geschichte des Liebhabers wider Willen

Eine Frau hatte sich einmal leidenschaftlich in einen ihrer Nachbarn verliebt, der für seine Tugend und Frömmigkeit weithin bekannt war. Als sie ihm ihre Liebe erklärte, wurde sie von ihm zurückgewiesen, und all ihre Annäherungsversuche und Verführungskünste blieben fruchtlos. Da beschloß sie, auf andere Weise an ihr Ziel zu gelangen.

Eines Abends eröffnete sie ihrer Dienerin, daß sie jenem Nachbarn eine Falle stellen wollte, und zu diesem Zweck sollte sie die Haustür unversperrt lassen. Später, mitten in der Nacht, rief sie die Dienerin zu sich und gab ihr folgende Anweisungen: „Geh und schlag mit einem großen Stein so fest du kannst gegen unsere Haustür, ohne dich um meine Schreie oder den Lärm, den ich mache, zu kümmern. Sobald du hörst, daß der Nachbar seine Tür aufsperrt, kommst du herein und schlägst auf dieselbe Weise gegen die Innentür. Achte aber darauf, daß er dich nicht sieht, und komm sofort herein, wenn du jemand anderen kommen siehst." Die Dienerin führte alle Anweisungen genau so aus, wie es ihr die Frau befohlen hatte.

Nun war der Nachbar schon von Natur aus ein sehr mitfühlender Mann, immer bereit, Menschen zu helfen, und wenn man ihn um Hilfe bat, tat man es nie vergebens. Als er den Lärm, die Schreie der Nachbarin und die Schläge gegen die Tür hörte, fragte er seine Frau, was da vor sich ging, und sie antwortete ihm: „Das ist unsere Nachbarin; sie wird von Dieben überfallen." Sofort sprang er auf, um ihr zu Hilfe zu eilen. Er hatte gerade das Haus betreten, als die Dienerin hinter ihm die Tür verschloß und die Frau ihn packte, ohne dabei aufzuhören, zu schreien. Er protestierte, aber die Frau erklärte ihm ohne viel Umschweife, was sie von ihm wollte: „Wenn du nicht tust, was ich von dir verlange, werde ich den Leuten erzählen, daß du in mein Haus gekommen bist, um mich mit Gewalt zu nehmen, und daß dies die Ursache für den ganzen Lärm ist."

„Der Wille Gottes geschehe!", murmelte der Mann ungläubig. Er versuchte, ihr mit Ausflüchten und Versprechungen zu entkommen, aber sie war unerbittlich, hörte nicht auf, zu schreien, und machte einen solchen Lärm, daß alle Nachbarn um das Haus zusammenliefen. Da erkannte er, daß sein Ruf und seine Ehre verloren wären, wenn er ihr nicht nachgab. Er sagte: „Rette mich, und ich werde alles tun, was du von mir verlangst."

„Wenn du dieses Haus ehrenvoll verlassen willst, geh in das Zimmer und schließ die Tür hinter dir, und wenn du nicht willst, daß diese Leute erfahren, daß du der Urheber dieses Aufruhrs bist, versuche, nicht zu fliehen."

Als er sah, wie entschlossen sie war, tat er, was sie von ihm verlangte.

Sie, ihrerseits, ging hinaus zu den Nachbarn, die gekommen waren, um ihr zu helfen, und gab ihnen eine Erklärung, die sie beruhigte. Zurück im Haus verschloß sie die Türen und ging zu ihrem unwilligen Liebhaber. Sie behielt ihn eine ganze Woche bei sich und ließ ihn erst wieder frei, nachdem er ihr alles gegeben hatte und ihr Verlangen restlos gestillt war.

Lerne daraus, wie verlogen Frauen sein können und wozu sie fähig sind.

Der Liebesraub

Diese Geschichte erzählt von zwei Frauen, die in demselben Haus wohnten. Der Ehemann der einen hatte ein großes, breites und hartes Glied, während der Ehemann der anderen ein sehr kleines, weiches Glied besaß. Die Frau des ersteren stand jeden Morgen gutgelaunt und lächelnd auf, die Frau des letzteren übelgelaunt und voller Verdruß.

Eines Tages, als die zwei Frauen im Gespräch zusammensaßen, unterhielten sie sich auch über ihre Männer. Die erste sagte: „Mein Leben ist voller Glück. Mein Bett ist eine Couch der höchsten Freuden. Wenn mein Mann und ich zusammen sind, ist es Zeuge unseres großen Vergnügens, unserer Küsse und Umarmungen, unserer Spiele und verliebten Zärtlichkeiten. Ist das Glied meines Mannes in mir, füllt es mich ganz aus. Es streckt sich, bis es den Grund meiner Vagina berührt, und geht nicht, ehe es nicht jeden Winkel besucht hat – Schatzkammer, Vorzimmer, Decke und Zentrum. Kommt der Höhepunkt, nimmt es seinen Platz genau in der Mitte meiner Vagina ein, die es mit seinen Tränen überschwemmt. So löschen wir unser Feuer und kühlen unsere Leidenschaft.“

Die zweite antwortete: „Mein Leben ist eine einzige Kümmernis. Unser Bett ist ein Bett des Elends und unser Beischlaf eine Mischung aus Ärger und Müdigkeit, aus Haß und Verwünschung. Wenn das Glied meines Mannes in mir ist, bleibt noch Platz genug für ein zweites, und es ist so kurz, daß es den Grund meiner Vulva nicht berühren kann. Wenn es erregt ist, verirrt es sich am Weg und kann keine Lust in mir wecken. Schwächlich und dünn, kann es kaum einen Tropfen Samen herauspressen und ist in jeder Hinsicht unfähig, irgendeiner Frau Befriedigung zu verschaffen."

Solcherart verliefen die Gespräche der Frauen fast täglich.

Kein Wunder, daß in dem Herzen der Frau, die soviel Ursache hatte, sich zu beklagen, der Wunsch wuchs, mit dem Mann der anderen zu schlafen. Sie dachte sich: „Es muß geschehen, auch wenn es nur ein einziges Mal ist." Dann wartete sie auf eine Gelegenheit. Die bot sich, als bald darauf ihr Mann eine Nacht auswärts verbringen mußte.

Am Abend begann sie, sich auf ihr Abenteuer vorzubereiten, badete und parfümierte sich mit Wohlgerüchen und duftenden Essenzen. Nachdem etwa ein Drittel der Nacht vergangen war, schlich sie sich leise in das Schlafzimmer der Nachbarn, tastete sich bis zum Bett vor, und als sie sah, daß zwischen den beiden noch Platz war, schlüpfte sie hinein. Es war nicht viel Platz, aber jeder der beiden Eheleute dachte, es wäre der andere, der sich bewegt, und so rückten sie jeder ein wenig zur Seite. Still wartete die Frau, bis ihre Nachbarin in tiefen Schlaf gefallen war, dann entblößte sie sich und rückte näher an den Ehemann heran, sodaß sich ihre nackten Körper berührten. Er erwachte davon und hatte augenblicklich, durch die starken

Parfüms, die er einatmete, eine Erektion. Er zog sie näher an sich, aber sie sagte mit tiefer Stimme: „Laß mich schlafen!“ Er antwortete: „Sei still und laß mich nur machen! Die Kinder werden nichts hören!“ Sie preßte sich noch enger an ihn, auch um weiter von seiner Frau abzurücken, und sagte: „Tu, was du willst, aber weck die Kinder nicht auf, sie liegen neben mir.“ Sie ergriff diese Vorsichtsmaßnahme aus Furcht, seine Frau könnte erwachen.

Der Mann, angeregt durch den Duft der Parfüms, zog sie voller Verlangen an sich. Sie war reif und weich, und ihre Vulva stand vor. Er setzte sich auf sie und sagte: „Nimm ihn in deine Hand wie sonst auch!“ Sie nahm sein Glied in die Hand und war erstaunt über seine Größe und Wohlgeformtheit; dann führte sie es in ihre Vulva ein.

Der Mann bemerkte mit Erstaunen, daß sein Glied zur Gänze in ihrer Vulva Platz fand, was bei seiner Frau noch nie der Fall gewesen war. Die Frau ihrerseits fand, daß sie von ihrem Mann noch nie eine solche Wohltat empfangen hatte.

Der Mann tat seinen Willen an ihr, und seine Überraschung wurde nicht weniger. Er nahm sie noch ein zweites- und ein drittesmal, dann stieg er von ihr herunter und streckte sich neben ihr aus. Die Frau wartete, bis er eingeschlafen war, dann schlüpfte sie aus dem Bett, verließ das Zimmer und ging in ihr eigenes.

Am Morgen danach sagte der Mann beim Aufstehen zu seiner Frau: „Niemals schienen mir deine Umarmungen so süß wie letzte Nacht, und niemals zuvor habe ich so betörende Parfüms an dir gerochen.“

„Von welchen Umarmungen und von welchen Parfüms sprichst du“, entgegnete die Frau. „Ich habe keinen Tropfen Parfüm im Haus.“

Sie nannte ihn einen Geschichtenerzähler und versicherte ihm, daß er nur geträumt habe. Bald war er sich selbst nicht mehr sicher, was er glauben sollte, und schließlich stimmte er seiner Frau zu, daß alles nur ein Traum gewesen sein mußte.

Lerne daraus, wie verlogen Frauen sein können und wozu sie fähig sind.

Die Geschichte von der Frau mit den zwei Ehemännern

Ein Mann, der lange in einem fernen Land gelebt hatte und in die Heimat zurückgekehrt war, wurde plötzlich von dem heftigen Wunsch erfaßt, sich zu verheiraten. Er ging deshalb zu einer alten Frau, die in solchen Dingen erfahren war, und fragte sie, ob sie ihm eine Frau finden könnte. Sie antwortete: „Ich kenne ein Mädchen, das für dich geeignet wäre. Sie ist von großer Schönheit und vollendeter Gestalt; und außerdem tugendhaft und rein. Ihr einziger Makel ist, daß ihre Geschäfte sie den ganzen Tag über in Anspruch nehmen, aber während der Nacht wird sie nur dir gehören. Und weil sie glaubt, daß ein solches Leben einem Ehemann nicht zumutbar ist, hat sie sich bisher nicht verheiratet."

Der Mann antwortete: „Das Mädchen muß keine Furcht haben. Auch ich habe tagsüber keine Zeit und will sie nur für die Nacht."

Dann bat er sie um die Heirat. Die alte Frau brachte ihn zu dem Mädchen, und er mochte sie. Von diesem Tag an lebten sie zusammen, unter den Bedingungen, die sie vereinbart hatten.

Nun hatte dieser Mann einen guten Freund, der auch heiraten wollte. Auf seinen Wunsch stellte er ihn der alten Frau vor, und nachdem er sie um ihre Dienste gebeten hatte, sagte sie: „Das ist sehr leicht zu bewerkstelligen. Ich kenne ein Mädchen von großer Schönheit, die deine größten Sorgen vertreiben kann. Nur nimmt sie die Arbeit, der sie nachgeht, die ganze Nacht in Anspruch, aber den ganzen Tag über würde sie nur dir gehören."

„Das soll kein Hindernis sein", antwortete der Freund. Die Alte brachte das Mädchen zu ihm. Sie gefiel ihm sehr, und er heiratete sie unter den Bedingungen, die sie vereinbart hatten.

Es dauerte aber nicht lang, bis die Freunde herausfanden, daß die zwei Frauen, die ihnen die alte Hexe gefunden hatte, eine einzige waren.

Lerne daraus, wie verlogen Frauen sein können und wozu sie fähig sind.

Die Geschichte von Bahia

Eine verheiratete Frau mit dem Namen Bahia hatte einmal einen Geliebten, den sie verlassen mußte, weil ihre Beziehung bekannt zu werden drohte. Das setzte dem Liebhaber so sehr zu, daß er vor lauter Verlangen, sie zu sehen, krank wurde. Eines Tages traf er sich mit einem Freund und sagte zu ihm: „O, mein Bruder! Ein unstillbares Verlangen hat mich ergriffen, und ich kann nicht länger warten, es zu erfüllen. Würdest du mich zu einem Besuch bei Bahia begleiten, der Geliebten meines Herzens?" Ohne zu zögern, stimmte der Freund zu.

Am nächsten Morgen sattelten sie ihre Pferde, und nach einer Reise von zwei Tagen erreichten sie den Ort, an dem Bahia wohnte. Der Liebhaber sagte zu seinem Freund: „Geh und sieh dir die Leute an, die hier leben, und bitte sie um ihre Gastfreundschaft, aber achte darauf, uns nicht zu verraten, und versuche, Bahias Magd ausfindig zu machen. Ihr kannst du sagen, daß ich da bin, und sag ihr, sie soll ihrer Herrin die Botschaft überbringen, daß ich sie gerne sehen würde."

Der Freund machte sich auf den Weg, traf die Dienerin und sagte ihr, was ihm aufgetragen war. Sie ging sogleich zu Bahia und richtete ihr alles getreulich aus. Bahia nannte ihr einen Ort und die Stunde, zu der sie sich treffen sollten, und die Dienerin überbrachte die Nachricht dem Freund.

Zur vereinbarten Stunde brachen die Freunde auf, fanden den beschriebenen Ort und mußten auch nicht lange auf Bahia warten. Als ihr Liebhaber sie erblickte, stürzte er ihr entgegen, umarmte und küsste sie und drückte sie an sein Herz. Er sagte: „O, Bahia, gibt es keine Möglichkeit, daß wir heute die Nacht zusammen verbringen, ohne das Mißtrauen deines Ehemanns zu wecken?"

Sie antwortete: „O, bei Gott! Wenn es dir Freude machen würde, so kann es vollbracht werden."

„Zögere nicht und sag mir, wie es getan werden kann."

„Dein Freund hier", sagte sie, „ist er klug, und ist er dir ergeben?"

„Ja."

Sie stand auf, zog ihre Kleider aus und gab sie dem Freund, der ihr seine gab. Als sie die Kleider getauscht hatten, fragte sie der Liebhaber voller Neugierde: „Was hast du vor?"

„Sei still", antwortete sie und wandte sich dann mit den folgenden Worten an seinen Freund: „Geh in mein Haus, und leg dich in mein Bett. Nach dem ersten Drittel der Nacht wird mein Ehemann ins Zimmer kommen und dich nach dem Krug für die Kamelmilch fragen. Dann nimmst du den Krug, aber du mußt ihn in deinen Händen halten, bis er ihn dir abnimmt. So machen wir es immer. Später wird er wiederkommen und sagen: „Hier ist der Krug!", aber du darfst ihn nicht entgegennehmen, ehe er die Worte wiederholt hat. Dann nimm ihn aus seinen Händen oder laß ihn den Krug auf den Boden stellen. Danach wirst du ihn bis zum Morgen nicht wiedersehen. Wenn der Krug auf dem Boden steht und mein Ehemann gegangen ist, trink ein Drittel von der Milch und stell den Krug wieder auf den Boden."

Der Freund machte sich auf den Weg, beachtete alle ihre Anweisungen, und als der Ehemann mit dem vollen Krug zurückkam, nahm er ihn nicht aus seinen Händen, ehe er zweimal „Hier ist der Krug!" gesagt hatte. Unglücklicherweise zog er die Hände genau in dem Augenblick zurück, als der Mann ihm den Krug geben wollte. Der Krug fiel auf den Boden und zerbrach. Der Mann, in dem Glauben, er spräche mit seiner Frau, rief: „Wo hast du deinen Kopf?" und begann, ihn mit einem Stock zu schlagen, bis der Stock zerbrach; dann nahm er einen neuen Stock und versetzte ihm Schlag um Schlag, als wollte er ihm das Rückgrat brechen. Bahias Mutter und ihre Schwester kamen, um ihn den Händen des wütenden Ehemanns zu entreißen. Er war schon schwach vor lauter Prügeln, und so gelang es ihnen, ihn zu vertreiben.

Nach kurzer Zeit kam Bahias Mutter wieder zurück und sprach so lange auf ihn ein, daß er es kaum mehr ertrug; aber er konnte nichts tun, als zu schweigen und zu weinen. Schließlich kam sie zu einem Ende und sagte: „Hab Vertrauen in Gott und gehorch deinem Ehemann. Zwar kann jetzt dein Geliebter nicht bei dir sein, um dich zu trösten, aber ich werde dir deine Schwester schicken." Dann ging sie, um die Schwester zu holen.

Auch die Schwester begann, ihn zu trösten und den Mann, der das getan hatte, zu verfluchen. Er merkte, wie sich bei ihren Worten sein Herz für sie erwärmte. Sie war eine große Schönheit, ausgestattet mit allen Vorzügen und gleich dem Vollmond bei Nacht. Er legte ihr die Hand auf den Mund, als wollte er sie am Sprechen hindern, und sagte: „O, Frau! Ich bin nicht, was du denkst. In diesem Augenblick ist deine Schwester Bahia bei ihrem Geliebten, und ich habe mich in diese Gefahr begeben, um ihr einen Gefallen zu tun. Nimm mich nun in deinen Schutz! Wenn du mich verrätst, wird deine Schwester mit Schande überhäuft. Und was mich betrifft, so habe ich meinen Teil bekommen, aber dein Verrat wird auf dich zurückfallen."

An die Folgen denkend, die die Tat ihrer Schwester haben konnte, begann das junge Mädchen, bei diesen Worten zu zittern wie ein Blatt, dann aber begann sie zu lachen und gab sich ihm, der sich als wahrer Freund ihrer Schwester erwiesen hatte, hin. Sie verbrachten den Rest der Nacht damit, sich zu vergnügen, zu küssen und zu umarmen, und er fand sie die Beste der Besten. In ihren Armen vergaß er die Schläge, und sie hörten nicht auf, sich zu lieben, bis der Tag anbrach und er zu seinem Kameraden zurückkehrte.

Bahia fragte, wie es ihm ergangen sei, und er sagte zu ihr: „Frag deine Schwester. Bei meinem Glauben! Sie weiß alles! Wisse nur soviel, daß wir die ganze Nacht damit verbracht haben, uns zu vergnügen, zu küssen und miteinander zärtlich zu sein."

Dann tauschten sie wieder ihre Kleider, und der Freund erzählte Bahia in allen Einzelheiten, was in der Nacht geschehen war.

Lerne daraus, wie verlogen Frauen sein können und wozu sie fähig sind.

Die Geschichte von dem Mann, der ein Experte für die List der Frauen war und von einer Frau übertölpelt wurde

Ein Mann hatte all die Listen und Schliche, die Frauen anwenden, um Männer zu täuschen, studiert und brüstete sich damit, daß er auf keine ihrer Listen hereinfallen würde.

Eine Frau von großer Schönheit und voller Liebreiz hörte von seinem Dünkel. Um ihn davon zu heilen, bereitete sie für ihn eine Mahlzeit, bei der nichts fehlte, was an Lebensmitteln gut und selten war. Dann ließ sie ihn rufen und lud ihn ein, sie zu besuchen. Da sie für ihre Schönheit berühmt war, hatte sie auch sein Verlangen geweckt, und er beeilte sich, ihrer Einladung nachzukommen.

Sie hatte ihre besten Kleider angezogen und sich mit den erlesensten Düften parfümiert. Ihr Anblick hätte jeden Mann verwirrt. Und so auch ihn: Als er in ihrer Gegenwart war, verfiel er ihrem Liebreiz und war voller Bewunderung für ihre wunderbare Schönheit.

Sie aber schien wegen ihres Ehemannes besorgt zu sein und ließ ihn merken, daß sie Angst hatte, er könnte jeden Augenblick nach Hause kommen. Hier sollte erwähnt werden, daß ihr Ehemann sehr stolz war, hochmütig und zur Gewalt neigte und daß er keine Sekunde gezögert hätte, das Blut jedes Mannes zu vergießen, der es gewagt hätte, nachts um sein Haus herumzuschleichen. Was aber würde er dann erst mit einem Mann tun, den er in seinem Haus vorfand!

Während sich die Frau und der Mann, der sich schon einbildete, er würde sie heute Nacht besitzen, amüsierten, klopfte es plötzlich an der Haustür. Eine böse Vorahnung erfüllte das Herz des Mannes mit Furcht, und sie wurde noch größer, als die Frau rief: „Das ist mein Ehemann, der heimkommt!“ Am ganzen Körper zitternd versteckte sie ihn in einer Truhe in ihrem Zimmer, schloß den Deckel über ihm und versteckte die Schlüssel. Dann öffnete sie die Haustür.

Ihr Ehemann, denn er war es tatsächlich, sah, als er eintrat, den Wein und all die anderen Vorbereitungen, die sie getroffen hatte. Überrascht fragte er, was das zu bedeuten habe.

„Es bedeutet, was du siehst“, antwortete sie.

„Aber für wen ist das alles?“

„Es ist für meinen Geliebten, den ich hier habe.“

„Und wo ist er?“

„In dieser Truhe“, sagte sie und zeigte zu dem Ort, wo der Leidende gefangen war.

Der Mann stutzte, dann ging er zu der Truhe, fand sie aber verschlossen. „Wo ist der Schlüssel?“, sagte er.

„Hier!“ Sie warf ihm den Schlüssel zu. Als er ihn gerade ins Schloß steckte, brach sie in unbändiges Gelächter aus. Er drehte sich zu ihr um und fragte sie, was es da zu lachen gebe.

„Ich lache“, antwortete sie, „über deine Leichtgläubigkeit. O, du Mann ohne jedes Gefühl: Glaubst du wirklich, wenn ich einen Geliebten hätte, und er wäre in diesem Raum, daß ich dir gesagt hätte, daß er hier und wo er zu finden sei? Das wäre doch ungewöhnlich, nicht? Nein, ich hatte keinen anderen Wunsch, als dir eine kleine Mahlzeit anzubieten, wenn du heimkommst, und mir mit dir einen Scherz zu erlauben, wie ich es getan habe. Hätte ich wirklich einen Geliebten, würde ich dich gewiß nicht zu meinem Vertrauten machen."

Der Ehemann ließ den Schlüssel im Schloß der Truhe, ging an den Tisch zurück und sagte: „Wie wahr! Ich bin auf deinen Scherz hereingefallen; aber ich habe nicht den leisesten Zweifel an der Wahrheit deiner Worte." Dann aßen und tranken sie zusammen und liebten sich.

Der Mann in der Kiste mußte ausharren, bis der Ehemann gegangen war. Dann erlöste ihn die Frau aus seiner Lage; er war erschöpft und in keinem guten Zustand. Als er herauskam, der ständigen Lebensgefahr entronnen, sagte die Frau zu ihm: „Nun, du Besserwisser, wer kennt alle Listen der Frau, und nennt mir eine, die der hier gleicht?"

Er antwortete: „Ihr habt mich davon überzeugt, daß die Listen der Frauen zahllos sind."

Lerne daraus, wie verlogen Frauen sein können und wozu sie fähig sind.

Die Geschichte von dem Mann, den sein Esel zum Hahnrei machte

Man erzählt sich die Geschichte, daß ein Lastträger, der verheiratet war, einen Esel besaß, den er für seine Geschäfte verwendete. Seine Frau war sehr fett und korpulent und hatte eine fleischige, tiefe und außerordentlich weite Vulva. Ihr Mann hingegen war mit einem sehr kleinen und schlaffen Glied ausgestattet. Sie verachtete ihn, hauptsächlich wegen seines kümmerlichen Gliedes, aber auch, weil er nur selten seiner ehelichen Pflicht nachkam. Tatsächlich fehlte es ihm an Kraft dafür; sie jedoch verzehrte sich vor Verlangen danach und hätte niemals genug bekommen können, selbst wenn sie Tag und Nacht in den Genuß gekommen wäre. Kein einzelner Mann hätte sie befriedigen können, sie hätte es mit dem ganzen Männergeschlecht aufgenommen und hätte sie sich einen Mann aus Eisen beschaffen können, sie würde ihn nicht einen Augenblick seinen Penis aus ihrer Scheide ziehen lassen – wahrlich nicht einen einzigen kleinen Augenblick!

Diese Frau brachte jeden Abend dem Esel sein Futter. Da sie oftmals lange ausblieb, pflegte ihr Mann sie bei ihrer Rückkehr zu fragen: „Warum bleibst du denn so lange aus?" Dann antwortete sie: „Ich hatte mich neben den Esel gesetzt und sah ihm beim Fressen zu; er schien mir so müde zu sein, daß er mir wirklich leid tat."

So ging es eine Zeitlang, und der Mann hegte keinen Verdacht, daß irgend etwas nicht in Ordnung sei. Außerdem war er abends, wenn er nach Hause kam, von seinem Tagewerk müde, legte sich sofort ins Bett und überließ es seiner Frau, sich um den Esel zu kümmern. Diese war jedoch in der Zwischenzeit sehr vertraut mit dem Tier geworden, und zwar hatte sich das folgendermaßen zugetragen – was für ein böses Weib sie doch war!: Kam sie mit dem Futter zu ihm, nahm sie ihm seinen Saumsattel ab und legte sich diesen auf den eigenen Rücken, indem sie sich die Gurte um den Leib schnürte. Dann nahm sie eine kleine Menge von seinem Dung und seinem Harn, machte eine Mischung daraus und rieb sich damit den Eingang ihrer Scheide ein. Hierauf ließ sie sich auf ihre Hände und Füße nieder, der

Esel näherte sich ihr, beroch ihre Scheide und bestieg sie in dem Glauben, eine Eselin vor sich zu haben. Sobald er in der geeigneten Stellung war, griff sie mit der einen Hand nach seinem Glied und führte es sich in die Scheide ein. Diese erweiterte sich allmählich, und der Penis drang nach und nach immer tiefer ein, bis er sie schließlich ganz und gar ausfüllte und der Esel seinen Samen in sie entlud.

So hatte die Frau lange Zeit hindurch mit dem Esel ihr Pläsier. Eines Nachts jedoch erwachte ihr Mann aus dem Schlaf und verspürte den Wunsch, sein Weib zu liebkosen. Da er sie nicht an seiner Seite fand, stand er ganz leise auf und ging in den Stall. Wie erstaunt war er, als er sie unter dem Esel erblickte, der auf ihrem Hinterteil hin und her rutschte. – „Was soll denn das bedeuten, du verruchtes Frauenzimmer?“, schrie er. Die Frau aber kam schnell unter dem Esel hervor und sagte: „Möge Gott dich verdammen wegen deiner Unbarmherzigkeit gegen den Esel!“ – „Ja, was bedeutet denn dies alles?“, fragte der Mann von neuem. – „Die Sache ist ganz einfach!“, erwiderte sie. „Als ich ihm sein Futter brachte, wollte er nicht fressen; daran sah ich, wie müde er war. Ich streichelte ihm mit meiner Hand den Rücken, und da brachen beinahe seine Beine unter ihm zusammen. Ich dachte mir nun, sein Packsattel würde wohl zu schwer sein; um mich davon zu überzeugen, schnallte ich ihn mir auf meinen Rücken und fand wirklich, daß er außerordentlich schwer ist. Nun weiß ich auch, warum der Esel immer so fürchterlich müde ist. Glaube mir: Wenn du deinen Esel am Leben behalten willst, laß ihn nicht so hart arbeiten!“

Erkenne hieraus, o Wesir, wie hinterlistig die Frau ist und wozu sie in der Lage ist.

Über die Zwecklosigkeit aller Vorsichtsmaßregeln

Ein Mann hatte eine Frau, die mit allen Schönheiten und Vollkommenheiten gesegnet war; sie glich dem Vollmond in seiner Pracht. Der Mann war sehr eifersüchtig, denn er kannte alle Ränke und Schliche der Frauen. Darum verließ er auch niemals das Haus, ohne auf das Sorgfältigste die Straßentür und den Zugang zur Terrasse zu verschließen.

Eines Tages fragte ihn seine Frau: „Warum machst du das?" – „Weil ich über eure Ränke und Schliche Bescheid weiß." – „Auf diese Weise wirst du aber auch nicht sicher sein", rief sie, „denn glaube mir, wenn eine Frau sich einmal etwas in den Kopf gesetzt hat, sind alle Vorsichtsmaßnahmen zwecklos." – „Hm, hm! Na, es ist doch immer gut, die Türen verschlossen zu halten." – „Ganz und gar nicht! Das Schließen der Türen hat gar keinen Zweck, wenn eine Frau einmal an jene Sache denkt, die du im Sinn hast." – „So? Nun, wenn du es kannst, so magst du's tun!"

Sobald der Mann ausgegangen war, stieg die Frau auf den Dachboden, machte eine Öffnung in die Mauer und sah auf die Straße hinaus. In diesem Augenblick ging ein junger Mann vorbei; er blickte auf, sah sie und wurde sofort von dem Wunsch ergriffen, sie zu besitzen. „Wie kann ich zu dir kommen?", rief er zu ihr hinauf. Sie sagte ihm, es sei unmöglich, denn alle Türen seien verschlossen. – „Wie könnten wir denn wohl zusammenkommen?", fragte er noch einmal. Sie erwiderte: „Ich werde ein Loch in die Haustür machen. Warte heute Abend die Rückkehr meines Mannes ab; sobald er im Hause ist, stecke deinen Penis durch das Loch; er wird auf der anderen Seite der Tür meine Vulva finden, und du kannst mich dann besitzen; auf andere Weise ist es unmöglich."

Der junge Mann wartete, bis er den Ehemann vom Abendgebet zurückkommen sah; nachdem dieser das Haus betreten hatte, suchte der Jüngling das Loch, das die Frau in die Tür gemacht hatte; er fand es und steckte seinen Penis hindurch. Die Frau war ebenfalls auf dem Posten. Kaum hatte ihr Mann das Haus betreten – er befand sich noch auf dem Hof –, so lief sie an die Tür, als wenn sie nachsehen wollte, ob sie auch fest verschlossen wäre. Sie ergriff den Penis, der aus dem Loch ragte und führte ihn in ihre Vagina ein. Dann löschte sie ihre Lampe und rief ihrem Mann zu, er möge ihr Licht bringen. „Warum?“, fragte er. – „Ich habe ein Schmuckstück fallen lassen und kann es nicht wiederfinden“, antwortete sie. Der Gatte kam mit einer Lampe herbei. Der Penis des jungen Mannes befand sich immer noch in ihrem Körper und ejakulierte gerade in diesem Augenblick.

„Wo hast du denn dein Schmuckstück fallen lassen?“, fragte ihr Mann. – „Hier ist es!“, rief sie. Im selben Augenblick sprang sie zur Seite und entblößte den mit Samen bedeckten Penis ihres Liebhabers.

Bei diesem Anblick fiel der Ehemann vor Wut auf den Rükken. Als er wieder aufgestanden war, sagte seine Frau zu ihm: „Na? Und deine Vorsichtsmaßnahmen?“ – „Möge Gott mir meine Dummheit vergeben!“, antwortete der Mann.

Erkenne hieraus, o Wesir, wie hinterlistig die Frau ist und worauf man bei ihr gefaßt sein muß!

Die Frauen haben so viele Schliche zu ihrer Verfügung, daß deren Zahl sich nicht feststellen läßt. Sie würden es fertigbringen, einen Elefanten zum Koitus auf den Rücken einer Ameise steigen zu lassen. Wie verabscheuenswert hat doch Gott manche von ihnen erschaffen!

Die Geschichte von dem Liebhaber, der von der unerwarteten Heimkehr des Ehemanns überrascht wurde

Eine Frau, die mit einem sehr gewalttätigen und brutalen Mann verheiratet war, wurde einmal, als sie ihren Geliebten bei sich hatte, von seiner unerwarteten Heimkehr überrascht und hatte gerade noch Zeit, ihn unter dem Bett zu verstecken. Weil sie keine Möglichkeit sah, ihm die Flucht aus dem Haus zu ermöglichen, war sie gezwungen, ihn in dieser gefährlichen und unbequemen Lage zu lassen. In ihrer Ruhelosigkeit ging sie auf und ab, und als sie an die Straßentür kam, sah sie eine Nachbarin, die sofort bemerkte, daß sie in Schwierigkeiten war, und sie nach der Ursache fragte. Sie erzählte der Nachbarin, was geschehen war, und diese sagte: „Geh wieder in das Haus. Ich verbürge mich für die Sicherheit deines Liebhabers und verspreche dir, daß er das Haus unversehrt verlassen wird."

Und die Frau ging wieder in das Haus.

Kurze Zeit später kam die Nachbarin, und gemeinsam bereiteten sie das Essen zu. Als sich alle an den Tisch setzten, um zu essen, begann die Nachbarin, Geschichten und Anekdoten von den Betrügereien der Frauen zu erzählen. Der Liebhaber unter dem Bett konnte alles hören, was um ihn vor sich ging. Dann erzählte die Nachbarin folgende Geschichte: „Eine verheiratete Frau hatte einen Geliebten, den sie zärtlich liebte und von dem sie gleichermaßen geliebt wurde. Eines Tages kam der Geliebte in Abwesenheit des Ehemannes zu ihr. Mitten in der Nacht kehrte aber der Ehemann unerwartet zurück, und die Frau wußte keinen besseren Platz, als ihren Geliebten unter dem Bett zu verstecken. Dann setzte sie sich mit ihrem Ehemann hin, reichte ihm Erfrischungen und lachte und scherzte mit ihm. Bei einem der Spiele verband sie ihrem Mann mit einer Serviette die Augen, und der Geliebte nahm die Gelegenheit wahr, um unter dem Bett hervorzukommen und unbeobachtet zu entfliehen."

Die Frau wußte sogleich, wie sie diese Geschichte nützen sollte. Sie nahm eine Serviette, bedeckte die Augen des Mannes damit und sagte: „So hat die Frau ihm die Serviette vor die Augen gehalten, damit der Geliebte entkommen konnte." Und ihr Liebhaber, die Gelegenheit nutzend, schaffte es, vom Ehemann unentdeckt, das Haus zu verlassen. Letzterer, ahnungslos wie er war, lachte über die Geschichte der Nachbarin, und seine Heiterkeit wurde durch die letzten Worte der Frau und ihre Tat noch erhöht.

Lerne daraus, wie verlogen Frauen sein können und wozu sie fähig sind.

ZWÖLFTES KAPITEL

Verschiedene nützliche Beobachtungen über Männer und Frauen

WISSE, o Wesir (zu dem Gott gut sei!), daß das Wissen, welches in diesem Kapitel enthalten ist, von großer Nützlichkeit ist und daß es nur in diesem Buch gefunden werden kann. Gewiß ist es besser, über verschiedene Dinge Bescheid zu wissen, als sie zu ignorieren. Wissen kann vielleicht schaden, Ignoranz aber schadet noch viel mehr.

Das Wissen, von dem hier die Rede ist, betrifft Dinge, die dir unbekannt sind, und bezieht sich auf Frauen.

Es lebte einmal eine Frau, ihr Name war Moârbeda. Sie galt als weise, als die klügste und gebildetste Person ihrer Zeit. Eines Tages wurden ihr verschiedene Fragen unterbreitet, darunter auch jene, die ich hier mit den Antworten wiedergebe.

„In welchem Teil des Körpers der Frau wohnt der Geist?"

„Zwischen ihren Schenkeln."

„Und wo ihr Vergnügen?"

„An demselben Platz."

„Und wo die Liebe und der Haß auf Männer?"

„In der Vulva." Und sie fügte hinzu: „Dem Mann, den wir lieben, schenken wir unsere Vulva, und dem Mann, den wir hassen, verweigern wir sie. Wir teilen unser Eigentum mit dem Mann, den wir lieben, und sind zufrieden mit allem, was er dazu beiträgt, wie wenig es auch sei; hat er kein Vermögen, nehmen wir ihn, wie er ist. Den Mann aber, den wir hassen, versuchen wir, von uns fernzuhalten, egal, ob er uns Wohlstand und Reichtum verspricht."

„Wo im Körper einer Frau befinden sich Wissen, Liebe und Geschmack?“

„Im Auge, im Herzen und in der Vulva.“

Als sie um eine Erklärung dazu gebeten wurde, sagte Moârbeda: „Wissen wohnt im Auge, denn es ist das Auge der Frau, das die Schönheit der Form und der Erscheinung schätzt. Das Auge ist das Medium, durch das die Liebe in das Herz gelangt, um zu verweilen, und es so gefangen nimmt.

Eine Frau, die liebt, verfolgt das Geliebte und legt Fallen für es aus. Hat sie Erfolg, wird es zu einer Begegnung zwischen dem Geliebten und ihrer Vulva kommen. Die Vulva schmeckt ihn und kennt dann seinen süßen oder bitteren Geschmack. Eigentlich ist es die Vulva, die durch Schmekken zwischen Gut und Böse unterscheiden kann.“

„Welche Art männliches Glied wird von den Frauen bevorzugt? Welche Frauen sind begierig nach dem Koitus und welche hassen ihn? Welche Männer werden von Frauen bevorzugt und welche von ihnen verachtet?“

Ihre Antwort lautete: „Nicht alle Frauen haben dieselbe Art von Vulva, sondern sie sind von unterschiedlicher Gestalt und unterscheiden sich auch in ihrer Art, Liebe zu machen, und in ihrer Liebe oder Abneigung zu verschiedenen Dingen. Dieselben Unterschiede gibt es bei Männern, beides gesehen in Beziehung zu ihren Geschlechtsorganen und ihrem Geschmack.

Eine mollige Frau mit einer flachen Gebärmutter wird sich nach einem Glied sehnen, das sowohl kurz als auch dick ist und ihre Vagina vollständig ausfüllt, ohne ihren Grund zu berühren.

Eine Frau mit einer tiefliegenden Gebärmutter und einer darum notwendigerweise langen Vagina sehnt sich nur nach einem Glied, das lang, dick und gut proportioniert ist und ihre Vagina in ihrer ganzen Weite ausfüllt. Sie wird einen Mann mit einem kleinen und schlaffen Glied verachten, weil er sie niemals befriedigen kann.

Folgende Unterschiede gibt es bei den Temperamenten der Frauen: cholerische, melancholische, sanguinische, phlegmatische und die Mischformen. Frauen mit einem cholerischen oder melancholischen Temperament sind dem Verlangen nach Beischlaf nicht sehr ergeben und mögen es nur mit einem Mann von demselben Temperament. Sanguinische und phlegmatische Frauen lieben den Koitus bis zum Exzeß, und wenn sie einem männlichen Glied begegnen, würden sie es am liebsten nie mehr wieder aus ihrer Vulva entlassen. Aber auch sie können jeweils nur von einem Mann ihres Temperaments befriedigt werden; und wäre eine solche Frau mit einem Choleriker oder einem Melancholiker verheiratet, würde sie ein trauriges Leben fristen. Was die Mischtypen betrifft, so zeigen sie weder eine ausgeprägte Vorliebe für den Koitus noch eine Abscheu davor.

Es wurde beobachtet, daß kleine Frauen, egal unter welchen Umständen, den Koitus mehr lieben und dem männlichen Glied mehr zugetan sind als große Frauen. Nur ein langes und kraftvolles Glied erfüllt ihr Verlangen.

Es gibt auch Frauen, die den Koitus nur am Eingang ihrer Vulva lieben, und wenn ein Mann in sie eindringen will, nehmen sie sein Glied in die Hand und plazieren die Eichel zwischen den Schamlippen. Aber ich habe Gründe, zu glauben, daß dies nur bei jungen Mädchen oder bei Frauen, die wenig Erfahrung im Umgang mit Männern haben, der Fall ist. Ich bitte Gott, Er wolle uns vor solchen bewahren, desgleichen auch vor Frauen, die es nicht über sich bringen können, sich ganz dem Mann hinzugeben.

Andere Frauen tun alles auf Geheiß ihres Mannes, befriedigen ihn und bereiten ihm die höchste Lust beim Beischlaf, wenn sie geschlagen und schlecht behandelt werden. Manche schreiben dieses Verhalten der Abneigung der Frau gegen den Mann oder den Beischlaf zu; aber das stimmt nicht: Es ist nur eine Frage des Temperaments und des Charakters.

Auch gibt es Frauen, die der Beischlaf nicht interessiert, weil all ihre Vorstellungen um Ansehen, persönliche Ehren, ehrgeizige Hoffnungen oder weltliche Geschäfte kreisen. Bei anderen entspringt diese Gleichgültigkeit der Reinheit des Herzens oder der Eifersucht; der Sehnsucht ihrer Seele nach einer anderen Welt oder großem, durchlittenem Kummer.

Die Lust, die Frauen beim Koitus empfinden, ist nicht allein von der Größe des männlichen Gliedes abhängig, sondern auch von der Form und Gestalt ihrer eigenen Vulva. Unter ihnen ist jene, die man wegen ihrer Form *el mortebâ*, die Rechteckige, und *el mortafâ*, die Vorstehende, nennt, die berühmteste. Diese Vulva hat die Eigenschaft, vorzustehen, wenn die Frau aufsteht und ihre Schenkel geschlossen hält. Sie brennt vor Verlangen nach Beischlaf, ihr Schlitz ist eng, und man nennt sie auch *el keulihimi*, die Zusammengepreßte. Eine Frau mit solch einer Vulva mag nur Männer mit einem großen, breiten Glied, und man darf sie nicht zu lange auf den Höhepunkt warten lassen. Aber das gilt für Frauen allgemein.

Was das Verlangen der Männer betrifft, so hängt es, ähnlich wie bei den Frauen, auch mehr oder weniger davon ab, welches Temperament sie haben – es gibt deren fünf[1] –,

1 *Anmerkung in der Autographie-Ausgabe:* Im Text steht vier, doch vergißt der Autor zweifellos auf das gemischte Temperament. Es schien deshalb angemessen, diese kleine Änderung in der Übersetzung vorzunehmen.

mit dem Unterschied, daß das Verlangen der Frau nach dem männlichen Glied stärker ist als das Verlangen des Mannes nach einer Vulva."

„Was sind die größten Fehler der Frauen?"

Moârbeda antwortete auf diese Frage so: „Am schlimmsten sind jene Frauen, die sofort laut aufschreien, wenn ihr Ehemann auch nur ein wenig von ihrem Eigentum für seine eigenen Bedürfnisse brauchen will. Auf derselben Stufe befinden sich Frauen, die Dinge ausplaudern, die ihr Mann geheimhalten will."

„Gibt es noch andere Fehler?", wurde sie gefragt, und antwortete: „Frauen mit eifersüchtiger Veranlagung und Frauen, die ihre Stimme erheben, um die des Mannes zu übertönen; Frauen, die bösartigen Klatsch verbreiten, Frauen mit finsterem Gemüt und jene, die nur darauf brennen, von Männern ihre Schönheit bewundern zu lassen und es zu Hause nicht lange aushalten; mit Hinblick auf letztere möchte ich noch jene Frauen anführen, die viel lachen und oft an der Haustür gesehen werden, sodaß man sie für Huren halten könnte.

Schlimm sind auch Frauen, die sich um die Angelegenheiten anderer Leute kümmern; auch jene, die Dinge stehlen, die ihrem Ehemann gehören; jene mit einem unangenehmen, hochfahrenden Temperament; jene, die sich für eine erwiesene Liebenswürdigkeit nicht bedanken können; jene, die das gemeinsame Bett nicht teilen wollen oder darin Stellungen einnehmen, die für ihren Mann unbequem sind; und schließlich jene Frauen, die verleumderisch, geschwätzig, verlogen und falsch sind.

Des weiteren Frauen, denen nichts, was sie unternehmen, gelingt; Frauen, die immer zu Vorwürfen und Tadel neigen; Frauen, die dem Ehemann nur erlauben, seinen ehelichen Pflichten nachzukommen, wenn es ihnen paßt; Frauen, die im Bett nur Lärm machen, und letztlich Frauen, die schamlos sind, unklug und neugierig."

Soweit die Beispiele für die schlimmsten Arten von Frauen.

DREIZEHNTES KAPITEL

Über die Ursachen der Lust beim Koitus

WISSE, o Wesir (zu dem Gott gut sei!), daß es sechs Ursachen gibt, welche die Lust für den Beischlaf befördern: das Feuer einer heißen Liebe; ein Überschuß an Samen; die Nähe einer geliebten Person, die zu besitzen man sich schon lange sehnt; die Schönheit eines Gesichtes; anregende Speisen und Berührung.

Wisse auch, daß die Ursachen und Bedingungen für die Lust beim Beischlaf selbst unzählig sind, aber die wichtigsten und hauptsächlichen sind: die Hitze der Vulva, die Enge, Trockenheit und der süße Duft derselben. Wenn eine dieser Bedingungen fehlt, ist auch die Lust unvollkommen. Aber wenn die Vulva diese Bedingungen erfüllt, ist das Vergnügen vollkommen. Eine feuchte Vulva beruhigt die Nerven, eine kalte Vulva raubt dem Glied all seine Kraft und Stärke, und schlechter Geruch aus der Vagina ist genauso lusthemmend wie eine sehr weite Vulva.

Der Gipfel der Lust, der durch die Fülle und den plötzlichen Erguß des Samens erreicht wird, hängt von einem Umstand ab, nämlich daß die Vulva mit einer Saugpumpe (dem Muttermund) ausgestattet ist, die das männliche Glied packt und mit unwiderstehlicher Kraft den Samen aus ihm heraussaugt. Hat die Gebärmutter das Glied einmal gepackt, ist es dem Liebhaber nicht möglich, den Samen zurückzuhalten, denn der Muttermund wird seinen Griff nicht lockern, ehe er den letzten Tropfen Samen aus ihm herausgepreßt hat. Wird nun der Höhepunkt erreicht, ehe der Muttermund die Eichel gepackt hat, wird das Vergnügen nicht vollkommen sein.

Wisse, daß es acht Dinge sind, die dem Erguß förderlich sind und dafür Kraft geben: körperliche Gesundheit, die Abwesenheit von Kummer und Sorgen, ein freier Kopf, natürliche Fröhlichkeit des Geistes, gute Ernährung, Wohlstand, die unterschiedlichen Gesichter der Frauen und ihr unterschiedliches Aussehen.

Wünschst du Kraft für den Koitus, nimm eine Frucht des Mastixstrauches[1], zerstoße sie und vermisch sie mit Öl und Honig; davon trinke als erstes in der Früh, und du wirst Kraft für den Koitus bekommen und einen Überfluß an Samen produzieren.

Dasselbe Ergebnis wird erreicht, wenn man das männliche Glied und die Vulva mit der Galle eines Schakals einreibt.

Ein Gelehrter mit Namen Djelinouss[2] hat gesagt: „Wer sich zu schwach für den Koitus fühlt, sollte, bevor er zu Bett geht, ein Glas sehr dickflüssigen Honig trinken, zwanzig Mandeln und hundert Pinienkerne essen. Diese Kur muß er drei Tage lang einhalten. Er kann auch Zwiebelsamen zerkleinern, sie durchsieben, mit Honig mischen, und diese Mixtur, während er fastet, zu sich nehmen."

Eine andere Methode besteht darin, Fett aus dem Höcker des Kamels zu schmelzen und sich damit kurz vor dem Beischlaf das Glied einzureiben; es wird dann Wunder vollbringen, und die Frau wird seine Arbeit über alle Maßen loben.

Willst du das Vergnügen noch wollüstiger gestalten, kau ein wenig Kubebenpfeffer oder große Kardamomsamen und

1 *Derou*, der Mastixbaum (oder -strauch), hat viele Zweige, deren Früchte kleine rote Beeren sind, die, sind sie reif, schwarz werden. Aus ihnen wird ein Öl gewonnen, dem nachgesagt wird, daß es die Eigenschaft hat, das Fleisch zu kräftigen und zu festigen.

2 Sein wirklicher Name war Galien [dt.: Galen aus Pergamon], auch Galenos genannt, was auf Altgriechisch „süß" bedeutet. Diesen Namen erhielt er, weil er in seiner Jugend äußerst liebenswürdig war; davon leitet sich der arabische Name *djelinouss* ab.

gib ein wenig davon auf deine Eichel, ehe du den Beischlaf beginnst. Das wird sowohl dir als auch der Frau ein unübertreffliches Vergnügen bereiten. Einreibungen mit Judea- oder Mekka-Balsam[3] bringen gleiche Wirkungen hervor.

Wenn du dich für den Beischlaf kräftigen willst, zerstoß sehr vorsichtig Pyrethrum[4] (wird aus den Blütenköpfen verschiedener Chrysanthemenarten gewonnen) zusammen mit Ingwer[5] und mische beides, während du es zerstößt, mit einer Salbe aus spanischem Flieder[6]; dann reib damit deinen Unterleib, deine Hoden und dein Glied ein, und du wirst sogleich ein brennendes Verlangen nach Beischlaf verspüren.

Wenn du einen Chrysocolla[7] (malachitfarbenen Kristall) von der Größe eines Senfkorns zu dir nimmst, wirst du dein

---

3 *Anmerkung in der Autographie-Ausgabe: Amyris gileadensis* oder Kanadische Kiefer. [Mekka-Balsam *(Balsamum de Mecca, Opobalsamum verum)*, natürlicher Balsam, welcher theils aus den Blättern od. dem eingeschnittenen Stamme von *Balsamodendron (Amyris) gileadensis* od. *Opobalsamum* ausschwitzt, theils durch Auskochen der Blätter od. Zweige gewonnen wird. Die erste freiwillig aus dem Stamme ausfließende, hellgelbe, dünnflüssige, angenehm, der Salbey u. dem Citronenöl ähnlich riechende Sorte wird von den Türken so hoch geschätzt, daß sie nur etwa als Geschenk des Sultans an Höfe nach Europa kommt. Die zweite Sorte, dickflüssiger als Copaivabalsam, wird, in der Hand gerieben, weiß u. seifenartig, breitet sich, auf Wasser getröpft, auf dessen Oberfläche zu einem Häutchen aus, ist gelblich od. röthlich, von angenehm starkem, gewürzhaftem Geruch, bitterlich, gewürzhaft scharfem Geschmack, in Weingeist nicht völlig auflöslich; war schon im Alterthume berühmt u. sonst gegen Lungensucht, Steinschmerzen u. Blennorrhöe in Gebrauch. – Aus: Pierer's Universal-Lexikon, Band 11. Altenburg 1860, S. 98–99.]

4 *Anmerkung in der Autographie-Ausgabe: Anthemis pyrethrum* [Bertram].

5 *Zeundjebil*, das *Amomum zigiber* [Ingwer].

6 Die Salbe, die hier beschrieben wird, besteht aus Fett oder Öl und Fliederblättern, die vermischt und zerstoßen werden. Von diesen Blättern heißt es, daß sie kräftigend und gut für die Haut sind. Ein Extrakt aus den Kapseln des Strauches wird als fiebersenkendes Mittel verabreicht.

7 *Chrysocolla* ist eine Substanz, die beim Löten von Metall, besonders von Gold, verwendet wird und bei welcher es sich vermutlich um Borax handelt. Das Wort *tinkal*, wie der rohe Borax in Indien genannt wird, kommt wahrscheinlich vom arabischen *teunkar*. Die Bezeichnung *chrysocolla* stammt von den griechischen Worten für „Gold" und „kleben" ab, also „Gold-Leim". [Borax bzw. Tinkal wurde schon in der Antike in China für Glasuren benutzt. Es findet u.a. als Flußmittel beim Löten und in der Keramikindustrie Verwendung. Chrysokoll ist ein Mineral, das auch unter den Namen *Kieselkupfer*, *Kieselmalachit*, *Kupferkiesel*, *Kupfergrün* oder *Berggrün* bekannt ist. Es wird heute als Schmuckstein verkauft oder als Zusatz für Unterwasseranstriche vor allem im Schiffbau verwendet.]

Begehren steigern, das Volumen deines Spermas wird merklich zunehmen, du wirst erhöhte Kraft für den Akt gewinnen und dir eine außergewöhnliche Erektion verschaffen. Die Erregung, die durch den Genuß dieses Geheimmittels verursacht wird, ist unvergleichlich und verstärkt all deine Talente für den Beischlaf.

Wenn du willst, daß die Frau von dem Verlangen, mit dir zu schlafen, erfaßt wird, nimm ein wenig Kubebe, Pyrethrum, Ingwer und Zimt; kau alles gut durch, ehe du dich zu ihr legst; dann befeuchte dein Glied mit dem Speichel und mach, was sie sonst mit dir macht, mit ihr. Von diesem Moment an wird sie eine so große Zuneigung zu dir empfinden, daß sie kaum mehr einen Augenblick ohne dich verbringen will.

Das männliche Glied, mit Eselsmilch eingerieben, wird ungewöhnlich stark und kräftig.

Der Genuß grüner Erbsen, vorsichtig mit Zwiebeln gekocht, gewürzt mit Zimt, Ingwer und Kardamom, gut durchmischt und zerstoßen, steigert die Leidenschaft und Stärke beim Koitus.

VIERZEHNTES KAPITEL

Beschreibung der Gebärmutter von unfruchtbaren Frauen und der Behandlung derselben

WISSE, o Wesir (zu dem Gott gut sei!), daß viele weise Gelehrte sich in dieses Meer von Schwierigkeiten gestürzt haben, aber mit wenig Erfolg. Jeder hat dieses Thema von seinem eigenen Standpunkt her betrachtet, und am Ende blieben alle Fragen ungelöst und alles im Dunkeln.

Unter den vielen Ursachen, die Unfruchtbarkeit bei Frauen hervorrufen können, seien genannt: die Verstopfung durch Blutgerinnsel; die Ansammlung von Wasser[1]; aus Mangel an oder durch mit Mangel behafteten Samen des Mannes; Mißbildung; innere Gebrechen der Gebärmutter; Ausbleiben der Periode oder Verdorbenheit der menstruellen Ausflüsse; oder wenn die Gebärmutter häufig zugigen Winden ausgesetzt ist. Andere Gelehrte schreiben die Unfruchtbarkeit bei Frauen den Umtrieben von Geistern und Dämonen sowie Verwünschungen zu. Unfruchtbarkeit ist bei sehr beleibten Frauen häufig, weil ihre Gebärmutter zusammengepreßt wird und nicht in der Lage ist, den Samen zu empfangen. Vor allem dann, wenn das Glied ihres Ehemannes klein ist und seine Hoden sehr groß sind; in solch einem Fall kann der Beischlaf nur sehr unvollständig ausgeführt werden.

Eines der Heilmittel gegen Unfruchtbarkeit besteht aus dem Mark des Kamelhöckers, das die Frau auf ein Tuch aus Leinen gibt, um sich damit, nach der Periode, die Ge-

1 Es gibt guten Grund, anzunehmen, daß der Autor hier vom sogenannten „Weißfluß" spricht, der gelegentlich aus den Geschlechtsorganen der Frau austritt. [„Weißfluß" ist ein Ausfluß, der bei jungen Mädchen ein oder zwei Jahre vor ihrer ersten Periode auftritt. Er gilt als Vorbote der Geschlechtsreife.]

schlechtsteile einzureiben. Um die Kur zu vervollständigen, nimmt sie die Früchte einer Pflanze, welche „Schakal-Traube“[2] genannt wird, preßt sie aus und mischt ihren Saft mit ein wenig Essig. Diese Medizin nimmt sie ein, wobei sie sieben Tage lang fastet und ihr Mann darauf achten muß, ihr jeden Tag beizuwohnen.

Die Frau kann auch einige Sesamkörner zerstoßen und den so gewonnenen Saft mit etwas Sandarach-Pulver[3] vermischen. Diese Mixtur nimmt sie drei Tage lang ein, unmittelbar nach der Periode; dann ist sie soweit, ihren Mann zu empfangen. Das erste Getränk muß sie alleine zu sich nehmen und noch vor allem anderen; danach das zweite, welches eine heilende Wirkung hat, so es Gott, dem Allmächtigen, gefällt!

Es gibt auch noch ein anderes Mittel: Die Frau mache eine Mischung von Salpeter, Schafs- oder Kuhgalle und einigen Blättern und Körnern der Pflanze, die *el meusk*[4] genannt wird. Mit dieser Mischung tränke sie ein Knäuel weicher Wolle und reibe nach der Menstruation ihre Scheide damit ein; dann empfängt sie die Liebkosungen ihres Gatten und wird schwanger werden, wenn es der Wille Gottes, des Allerhöchsten, ist.

---

2 Die Schakal-Traube, auch Fuchs-Traube genannt oder *meukina*, heißt bei uns „Schwarzer Nachtschatten“ (solanum nigrum). Dieser Name wurde fälschlicherweise als Bären-Traube (uva ursi) übersetzt, was nichts anderes als ein Heidekrautgewächs ist, aus dem ein schmerzstillendes Mittel hergestellt wird.

3 *Anmerkung in der Autographie-Ausgabe: Sandarach* oder *zemik el ahmeur*, rotes Arsenik. [Ein Mineral, auch als Realgar, Rubinschwefel und als Pigment als Rauschrot bekannt, es ist extrem giftig.]

4 Das vom Autor benutzte Wort *meusk* bezeichnet eine Pflanze und bedeutet auch Moschus. Die Pflanze ist mit Sicherheit die Tuberose (Agave polianthes), die auf Arabisch *meusk el roumi* heißt, „der Moschus des Christen“.

FÜNFZEHNTES KAPITEL

Über Abtreibungen

WISSE, o Wesir (Möge dir Gott barmherzig sein!), daß es viele Wege gibt, eine Schwangerschaft zu unterbrechen oder zu verhindern, aber ich werde nur jene anführen, von denen ich weiß, daß sie erfolgreich sind, sodaß alle die nützlichen von den gefährlichen unterscheiden können.

Als erstes werde ich von der Krappwurzel sprechen. Schon eine kleine Menge davon, frisch geerntet oder getrocknet (in diesem Fall sollte sie zerstoßen und angefeuchtet werden, bevor man sie anwendet), verdirbt, wenn sie in die Vagina der Frau eingeführt wird, das Sperma oder tötet den Fötus, befördert die Abtreibung und ruft die Menstruation hervor. Dasselbe Ergebnis kann erzielt werden, wenn die Frau einen Extrakt der Pflanze auf nüchternen Magen trinkt und damit gleichzeitig ihre Vagina befeuchtet.

Ein Schwangerschaftsabbruch kann auch erzielt werden, indem man die Vulva mit dem Dampf von verbranntem Kohl räuchert – dabei muß ein Rohr oder ein Stück Schlauch benutzt werden.

Nun werde ich die Verwendung von Alaun behandeln. Diese Substanz, als Pulver in die Vulva eingeführt oder auf das Glied gestäubt, ist empfängnisverhütend. Es bewirkt eine Austrocknung und Verengung der Vulva. Von häufigem Gebrauch sollte jedoch Abstand genommen werden, da die Frau davon unfruchtbar werden kann.

Holzteer[1], auf den Penis geschmiert, macht den Samen zeugungsunfähig. Wenn eine Frau, die schwanger ist, ein wenig davon in ihre Vulva einführt, wird sie unfruchtbar und ihr Kind wird tot geboren.

Trinkt eine Frau lauwarmes Wasser, in das ein wenig Pfeffer gegeben wurde, wird ihre Periode wiederkehren und ihre Gebärmutter von allen Blutgerinnseln befreit. Benützt sie dieses Mittel, wenn sie schwanger ist, wird das Kind abgehen; und wenn sie gerade geboren hat, wird es das Ausscheiden der Nachgeburt erleichtern.

Eine Frau, die einen Sirup aus Zimt[2] und roter Myrrhe trinkt und einen damit getränkten Wattebausch in ihre Vulva einführt, wird das Ungeborene töten, so es Gottes Wille ist.

Ist das Ungeborene in der Gebärmutter gestorben, sollte man einen Absud aus gelben Gartennelken trinken; mit Gottes Hilfe wird das helfen.

All diese Heilmittel sind in ihrer Wirkung erprobt.

---

1 Den Arabern war der pflanzliche Teer, *guetrane*, seit langer Zeit bekannt und tatsächlich ist das französische Wort davon entlehnt. Es wird durch Verkohlung (trockene Destillation) in primitiven Öfen aus den harzreichen Bäumen des Landes, Kiefern und Zedern, gewonnen.

2 *Anmerkung in der Autographie-Ausgabe:* Die gängige Bezeichnung für Zimt ist *keurfa; dar sini* ist Zimt von geringerer Qualität.

SECHZEHNTES KAPITEL

Über die Ursachen der Unfruchtbarkeit bei Männern

WISSE, o Wesir (Gott sei dir wohlgesonnen!), daß es Männer gibt, deren Samen durch eine Kälte verdorben sind, die sie von Natur aus oder durch eine Krankheit der Organe, durch eitrige Absonderungen und durch Fieber haben.

Des weiteren gibt es Männer, deren Harnleiter zu einer nach unten weisenden Kurve verbogen ist, mit dem Resultat, daß die Samenflüssigkeit nicht in gerader Richtung ausströmt, sondern nach unten rinnt.[1]

Andere Männer wiederum haben ein Glied, das zu klein oder zu schmal ist, um den Hals der Gebärmutter zu erreichen, oder ihre Blase ist schwach oder sie leiden an anderen Problemen, die ihnen den Koitus unmöglich machen.

Schließlich gibt es Männer, die schneller zum Höhepunkt kommen als Frauen, weshalb die Ausscheidungen nicht gleichzeitig geschehen. In diesem Fall kommt es nicht zur Empfängnis.

Alle diese Umstände helfen, zu erklären, warum es bei Frauen zu keiner Empfängnis kommt. Aber die Hauptursache ist die Kürze des männlichen Gliedes.

Eine andere Ursache für Zeugungsunfähigkeit kann der rasche Wechsel von heiß zu kalt sein und umgekehrt sowie eine große Anzahl von ähnlichen Gründen.

Männer, deren Zeugungsunfähigkeit daher rührt, daß ihr Samen durch Kälte verdorben ist oder durch organische Krankheiten, eitrige Absonderungen, Fieber und ähnliche Leiden, oder weil sie zu schnell ejakulieren, kön-

---

1 Diese Abnormität nennt man Hypospadie. Wenn dagegen die Öffnung der Harnröhre nach oben gebogen ist, heißt sie Epispadie [obere Harnröhrenspaltung].

nen geheilt werden. Sie sollten anregende Pasteten mit Honig, Ingwer, Pyrethrum, Essigsirup, Nieswurz, Knoblauch, Zimt, Muskatnuß, Kardamom[2], Spatzenzunge[3], chinesischem Zimt, Pfefferschoten und anderen Gewürzen zu sich nehmen. Das wird sie wieder gesund machen.

Was die anderen Ursachen – Krümmung der Harnröhre, ein kleines Glied, Blasenschwäche und andere Gebrechen, die den Vollzug des Beischlafs verunmöglichen – anbelangt, so kann nur Gott sie heilen.

---

2 Kardamom, bereits erwähnt, ist ein sehr aromatischer Same, der aus Italien kommt. Er wird aus verschiedenen Ingwergewächsen gewonnen.

3 Spatzenzunge, Sperlingskraut (thymelaea passerina). – Anmerkung zur Autographie-Ausgabe: Wir sind nicht dieser Auffassung. Bei der oben erwähnten Spatzenzunge scheint es sich um den Samen der Esche zu handeln (siehe die Wörterbücher von Kazimirski und Beaussier sowie das Arzneibuch von Abd er Rezeug).

SIEBZEHNTES KAPITEL

Über die Heilung temporärer Zeugungsunfähigkeit

WISSE, o Wesir (Gott sei dir wohlgesonnen!), daß es drei Arten von Zeugungsunfähigkeit gibt:

Erstens: temporäre Impotenz (durch verknotete Aiguillettes[1]).

Zweitens: eine zu schlaffe, schwache Konstitution.

Drittens: zu früher Samenerguß.

Um temporäre Zeugungsunfähigkeit zu heilen, braucht man: Galgant[2], Zimt aus Mekka, Gewürznelken, Muskatnuß, Sperlingswurz, Zimt, persischen Pfeffer, indische Katechu[3], Kardamom, Pyrethrum, Lorbeersamen und Gartennelken. All diese Zutaten müssen vorsichtig zerkleinert und gemischt werden, und davon trinkt man, Tag und Nacht, so viel man kann, als Brühe – am besten als Taubenbrühe, aber es kann auch Hühnerbrühe sein. Davor und danach soll reichlich Wasser getrunken werden. Man kann die Mischung auch mit Honig zu sich nehmen, um ein besseres Ergebnis zu erzielen.

Ein Mann, dessen Erguß zu früh kommt, muß Muskatnuß und Weihrauch vermischt mit Honig zu sich nehmen.

---

1 Manchmal kann es bei einer Begegnung zwischen Mann und Frau vorkommen, daß ersterer, obgleich er vor Verlangen brennt, den Beischlaf nicht ausführen kann, weil er in einem Zustand der Unbeweglichkeit ist, die jeder Aufregung widersteht, auf die sein Glied reduziert ist. Es heißt dann, daß seine Aguillette verknotet ist. [*Aguillette*, franz. urspr. „Nadel", bedeutet u.a. „Kordel, Knoten, Band" und bezeichnet auch das Ende von Schuhbändern und Kordeln, die auf Deutsch „Nadel" genannt werden.]

2 Galgant oder auch Galangal gehört zur Familie der Ingwergewächse (Zingiberaceae). Es wird zum Würzen, aber auch als Heilpflanze verwendet. *Anm. d. Übers.*

3 Das Katechu, vom indischen *catche* oder dem brasilianischen *cajou*, ist eine pflanzliche Substanz, die zu uns aus Indien kommt.

Rührt die Zeugungsunfähigkeit von einer schwachen Konstitution her, muß man folgende Mittel in Honig getaucht einnehmen: Pyrethrum, Nessel-Samen[4], ein wenig Wolfsmilch, Ingwer, Zimt aus Mekka und Kardamom. Das wird die Schwäche vertreiben und die Zeugungsunfähigkeit heilen, wenn es Gott erlaubt!

Ich kann die Effizienz dieser Rezepte garantieren, ihre Wirksamkeit ist erprobt.

Die Unmöglichkeit, den Beischlaf zu vollziehen, weil man ein zu schlaffes Glied hat, kann auch andere Gründe haben. Es kann zum Beispiel vorkommen, daß das Glied eines Mannes hart ist, aber genau im Moment des Eindringens schlaff wird. Er mag denken, dies sei Impotenz, während es vielleicht nur das Resultat einer übertriebenen Hochachtung für die Frau ist, einer Schüchternheit und Schamhaftigkeit am falschen Ort, zur falschen Stunde: Oder er hat etwas Unangenehmes beobachtet oder auch wegen eines unangenehmen Geruchs; schließlich aus Gründen der Eifersucht, angefacht durch den Gedanken, daß die Frau keine Jungfrau ist und sich bereits der Lust anderer Männer hingegeben hat.

4 Nessel-Samen wird von den Arabern als Heilmittel gegen Entzündungen der Harnröhre angewandt.

ACHTZEHNTES KAPITEL

Rezepte, um ein kleines Glied zu vergrößern

WISSE, o Wesir (Gott sei gut zu dir!), daß dieses Kapitel, welches die Größe des männlichen Gliedes behandelt, von großer Wichtigkeit ist – für Männer wie für Frauen.

Für Männer, weil ein großes und kräftiges Glied ihnen die Zuneigung und Liebe der Frauen garantiert, und für Frauen, weil sie durch solch ein Glied ihre Leidenschaft verstärken und das höchste Vergnügen erfahren können. Daß dem so ist, beweist die Tatsache, daß viele Männer nur wegen ihres unbedeutenden Gliedes, soweit es den Beischlaf betrifft, Ziel der Abneigung und Abscheu von Frauen werden, die ähnliche Gefühle für Männer hegen, deren Glied weich, schlaff und schwach ist. Ihr ganzes Glück besteht im Verkehr mit einem robusten und starken Glied.

Deshalb muß ein Mann mit einem kleinen Glied, der es vergrößern oder für den Koitus stark machen will, es davor mit lauwarmem Wasser abreiben, bis es – wegen des Blutandranges als Folge der entstandenen Hitze – rot wird und anschwillt. Danach muß er es mit einer Mischung aus Honig und Ingwer einreiben. Jetzt kann er der Frau beiwohnen – er wird ihr solche Lust bereiten, daß sie ihn nicht mehr gehen lassen will.

Ein anderes Heilmittel besteht aus einer Mischung von einer kleinen Menge Pfeffer, Lavendel, Galgant und Moschus, zu Pulver zermahlen, gesiebt, mit Honig und getrocknetem Ingwer verrührt. Zuerst wird das Glied mit warmem Wasser gewaschen und dann mit dieser Mixtur kräftig eingerieben; dadurch wird es groß und stämmig werden und der Frau ein wunderbares Gefühl der Wollust verschaffen.

Ein drittes Heilmittel ist das folgende: Wasche dein Glied in Wasser, bis es ganz rot wird und eine Erektion beginnt. Dann nimm ein Stück weiches Leder, auf welches du heißes Pech schmierst, und mach daraus einen Umschlag für dein Glied. Es wird nicht lange dauern und das Glied wird, zitternd vor Erregung, seinen Kopf heben. Der Lederwickel muß so lange oben bleiben, bis das Pech zu erkalten beginnt und das Glied wieder erschlafft. Diese Prozedur, mehrere Male wiederholt, wird das Glied breit und stark machen.

Ein viertes Heilmittel basiert auf dem Gebrauch von Blutegeln, aber nur jenen, die im Wasser leben. Du gibst so viele wie möglich in eine Flasche und füllst sie dann mit Öl auf. Dann stellst du die Flasche in die Sonne, bis durch die Hitze eine vollständige Durchmischung stattgefunden hat. Mit der so gewonnenen Flüssigkeit muß das Glied über mehrere aufeinanderfolgende Tage eingerieben werden, dann wird es, durch diese Behandlung, von ausreichender Größe und Form sein.

Eine andere Behandlungsmethode möchte ich hier noch anführen, für die man das Glied eines Esels benötigt. Erwirb ein solches und koch es zusammen mit Zwiebeln und viel Mais. Damit füttere Federvieh, das du dann verzehrst. Man kann das Glied des Esels auch in Öl einweichen und die Flüssigkeit dazu benutzen, sich das Glied einzuschmieren und davon zu trinken.

Eine weitere Möglichkeit besteht darin, Blutegel mit Öl zu zerstoßen und das Glied damit einzureiben; oder, wenn man es vorzieht, gibt man die Blutegel in eine Flasche und vergräbt sie in einem warmen Misthaufen, bis sie sich aufgelöst haben und eine einheitliche Masse bilden, mit der man sich das Glied einige Male einschmieren sollte.

Oder man nehme Harz und Wachs und mische es mit Orgelkoralle[1], Asphodelus[2] und Schusterpech[3]; mit dieser Mischung reibe man den Penis ein, und man wird sehen, daß er an Größe und Dicke zunimmt.

Die Wirksamkeit all dieser Heilmittel ist bekannt, und ich habe sie selbst ausprobiert.

1 Die Orgelkoralle (Tubipora) besteht aus zylindrischen Kalkröhren, die achtarmige Polypen beherbergen; sie bildet große Kolonien bis zu einem Meter Umfang im Meer. Ihre Eigenschaften als Heilmittel sind sehr umstritten. – Anmerkung zur Autographie-Ausgabe: Diese Substanz wird in manchen Texten *deum el akhouine* genannt und ist, laut dem Buch des Arztes Abd er Rezeug, der Saft einer Pflanze namens *chiane* alias *hei el aleum;* der Saft heißt auch *deum et tsabane.* Wir konnten uns versichern, daß *hei el aleum* zudem die Bezeichnung für „Sempervivum" (Hauswurz) ist, und die wörtliche Übersetzung von *deum et tsabane* ist „Drachenblut". Diese Informationen konnten wir sammeln.

2 Asphodelus (Affodil) ist eine Pflanze mit lilafarbenen Blüten [aus der Familie der Grasbaumgewächse], die aus Italien kommt. Es gibt eine gelbe und eine weiße Art.

3 Der Leim, den die muselmanischen Schuster für das Leder benützen, wird aus einer einzigen Substanz hergestellt, der Milz von Vieh oder Schafen, die sie *tihal* nennen. – *Anmerkung in der Autographie-Ausgabe:* Der einzige Text, in dem diese Passage vorkommt, nennt diese Substanz *annezeronte* oder *annzeronte*, das Harz des Sarcocollus [?], dem die Eigenschaft nachgesagt wird, das Fleisch zu festigen und Wunden zu heilen.

NEUNZEHNTES KAPITEL

Von Mitteln gegen schlechten Geruch in den Achselhöhlen und Geschlechtsorganen der Frauen und wie man letztere verengt

WISSE, o Wesir (Gott sei gut zu dir!), daß schlechter Geruch in den Achselhöhlen und der Vulva wie eine zu weite Vagina zu den größten Übeln zählen.

Wenn eine Frau diesen Geruch loswerden will, muß sie rote Myrrhe zerkleinern, durchsieben und mit Myrthenwasser[1] durchkneten, um sich damit die Geschlechtsorgane einzureiben, und jeder unangenehme Geruch wird aus ihrer Vulva verschwinden.

Ein anderes Heilmittel erhält man, wenn man Lavendel zerkleinert und dann mit Moschus-Rosenwasser durchknetet. Tränke ein Stück wollenen Stoffes darin und reib die Vulva damit ein, bis sie heiß wird. Dadurch wird der schlechte Geruch vertrieben.

Wenn eine Frau ihre Vulva verengen will, muß sie nur Alaun in Wasser auflösen und damit ihre Geschlechtsorgane waschen; das Ergebnis kann noch verbessert werden, wenn ein kleines Stück Walnußbaumrinde beigegeben wird.

Ein anderes Heilmittel, das noch erwähnt werden sollte, weil es wegen seiner Wirksamkeit sehr bekannt ist, wird folgendermaßen zubereitet: Die Früchte des Johannisbrot-

1 Der Autor beschreibt hier die *myrtus communis* des Linnaeus [Carl von Linné]; verbreiteter ist *reund*, das auch den Lorbeer-Baum bezeichnet.

Baumes[2] werden entkernt und zusammen mit der Rinde eines Granatapfel-Baumes gekocht. Die Frau nimmt in dem ausgekochten Sud ein Sitzbad, das so heiß sein soll, wie sie es ertragen kann; wird der Sud kalt, muß er noch einmal erwärmt und verwendet werden; diese Prozedur ist mehrere Male zu wiederholen. Ein ähnliches Resultat kann durch das Räuchern der Vulva mit Kuhmist erzielt werden.

Um den schlechten Geruch in den Achseln zu vertreiben, nimmt man Antimonium und Mastix, zerkleinert beides und legt es in einen mit Wasser gefüllten irdenen Krug. Die Mixtur wird dann auf die Innenwände des Kruges gerieben, bis sie rot wird; ist das Mittel fertig, trägt man es in den Achselhöhlen auf, und der schlechte Geruch wird verschwinden. Man muß es öfter anwenden, ehe ein befriedigendes Ergebnis erzielt wird.

Dasselbe kann auch erreicht werden, wenn man Antimonium und Mastix zerkleinert, die Mixtur in einem Topf auf einem kleinen Feuer erhitzt, bis sie die Festigkeit von Brot hat. Den Rest zerreibt man mit einem Stein, bis die Haut, die sich gebildet hat, verschwunden ist. Dann reibe man es in die Achselhöhlen und der schlechte Geruch wird vergehen.

2 *Caroub* ist die Frucht des Johannisbrot-Baumes [Bockshörndl-Baum], dessen Blüten einen penetranten Geruch ähnlich dem männlichen Samen verströmen. Die Frucht soll abführende Eigenschaften haben und wird zum Einreiben der Brust verwendet; die Blätter sind adstringierend.

ZWANZIGSTES KAPITEL

Anmerkungen, die Schwangerschaft betreffend, und wie man das Geschlecht eines Kindes voraussagen kann

WISSE, o Wesir (Gott sei gut zu dir!), daß die sicheren Anzeichen für eine Schwangerschaft folgende sind: Trokkenheit der Vulva unmittelbar nach dem Beischlaf, der Zwang, sich ständig zu strecken, Anfälle von Schlafsucht, tiefer und schwerer Schlaf, die zeitweilige Verengung der Öffnung der Vulva in solchem Ausmaß, daß nicht einmal eine Nadel in sie eindringen könnte, das Dunklerwerden der Brustwarzen und, letztlich, das sicherste aller Anzeichen: das Ausbleiben der Periode.

Wenn die Frau immer bei guter Gesundheit bleibt, von dem Zeitpunkt an, da ihre Schwangerschaft gewiß ist, wenn sie das gesunde Aussehen ihres Gesichtes bewahrt und eine gesunde Gesichtsfarbe hat, wenn sie keine Sommersprossen bekommt, kann das als ein Anzeichen dafür gedeutet werden, daß das Kind ein Knabe wird.

Auch die rote Farbe der Brustwarzen, starkes Anschwellen der Brüste und häufiges Nasenbluten, vor allem aus dem rechten Nasenloch[1], sind ein Hinweis darauf, daß das Kind ein Knabe wird. Wenn viel Milch produziert wird und die Brüste anschwellen, ist das ebenfalls ein Zeichen dafür, daß es männlichen Geschlechtes ist.

Die Zeichen, die auf die Geburt eines Mädchens hinweisen, sind zahllos. Ich nenne nur die folgenden: gelegentliches Unwohlsein während der Schwangerschaft, blasse Gesichtsfarbe, Muttermale und Sommersprossen, Schmerzen in der Gebärmutter, Alpträume, schwarze Brustwar-

1 Die rechte Seite ist bei den Muselmanen die Seite für gute Omen. Siehe Koran, Sure 56, Vers 26.

zen, ein schweres Gefühl in der linken Seite und Nasenbluten aus dem linken Nasenloch.

Wenn es zweifelhaft ist, ob die Frau schwanger ist, laß sie vor dem Zubettgehen Honigwasser trinken; bekommt sie dann ein Gefühl der Schwere in ihrem Unterleib, ist es ein Beweis, daß sie ein Kind erwartet. Fühlt sich die rechte Seite schwerer an als die linke, wird es ein Junge.

Ich habe diese Beobachtungen von Gelehrten erhalten, und alle erwähnten Anzeichen sind erprobt und bewiesen.

EINUNDZWANZIGSTES KAPITEL

Bildet den Abschluß dieser Arbeit und behandelt die wohltuende Wirkung von Eiern für den Koitus

WISSE, o Wesir (Gott sei gut zu dir!), daß dieses Kapitel äußerst nützliche Anleitungen zur Steigerung der Intensität beim Koitus enthält und daß die Lektüre sowohl für alte Männer als auch für Männer in den besten Jahren sowie für junge Männer lehrreich ist.

Der Sheikh, der den Geschöpfen des allmächtigen Gottes gute Ratschläge gibt, er, der Weise, der Gelehrte, der Erste unter den Menschen seiner Zeit, spricht wie folgt zu dem Thema, höre, was er sagt: Wer es sich angewöhnt, jeden Tag Eidotter zu essen, wird bemerken, daß es ein kräftigendes Stimulans für den Koitus ist. Genauso verhält es sich, wenn man über drei Tage die Dotter gemischt mit Zwiebeln ißt.

Wer Spargel kocht und ihn dann in Fett anbrät, darauf Eidotter schlägt, das Ganze gut würzt und diese Speise jeden Tag zu sich nimmt, wird viel Kraft für den Koitus gewinnen und darin ein Stimulans für seine Lust entdecken.

Wer Zwiebeln schält, sie mit Gewürzen einlegt und diese Mischung mit Öl und Eidottern brät, wird unbezähmbare Stärke und Kraft für den Beischlaf gewinnen, wenn er diese Speise über mehrere Tage zu sich nimmt.

Kamelmilch, gemischt mit Honig, regelmäßig eingenommen, verursacht einen Hunger nach Beischlaf, der ohnegleichen ist und das männliche Glied Tag und Nacht in Bereitschaft hält.

Wer für sich an mehreren Tagen hintereinander sein Essen aus gekochten Eiern mit Myrrhe, grobem Zimt und

Pfeffer zubereitet, wird finden, daß seine Kraft für den Beischlaf und die Erektion erheblich gesteigert wird. Er wird sich fühlen, als wollte sein Glied nie mehr zur Ruhe kommen.

Will ein Mann eine ganze Nacht bei einer Frau sein, und sein Verlangen kam plötzlich, sodaß er nicht in der Lage ist, sich in der oben erwähnten Weise darauf vorzubereiten, kann er auf dieses Rezept zurückgreifen: Er muß sich eine große Menge Eier besorgen, so viele, daß er sich daran überessen könnte, und sie in frischem Fett und mit Butter braten. Dann taucht er sie in Honig und mischt das Ganze gut durch. Mit ein wenig Brot ißt er davon, soviel er vermag, und er kann gewiß sein, daß sein Glied ihn die ganze Nacht über nicht im Stich lassen wird.

Zu diesem Thema wurden folgende Verse komponiert:

Das Glied von Abou el Heïloukh blieb steif,
dreißig Tage lang, ohne Unterbrechung,
weil er Zwiebel gegessen hatte.
Abou el Heidja hat in einer Nacht
achtzig Frauen entjungfert,[1] *und er*
hat dabei nicht einmal gegessen oder getrunken,
weil er vorher schon ausgiebig
Kamelmilch mit Honig trank
und sich mit Kichererbsen vollgefressen hat.
Mimoun, der Neger, wollte gar nicht mehr aufhören,
seinen Samen zu verschwenden,
fünfzig Tage dauerte dieses Spiel,
ohne Pause.

1 Im Originaltext steht, Abou el Heidja hätte achtzig Jungfrauen „straight" entjungfert, das will besagen, von vorne, auf natürlichem Weg. – Anmerkung zur Autographie-Ausgabe: In den Texten, die wir konsultiert haben, steht „vollkommen".

O, wie stolz war er, daß er diesen Kampf bestand!
So machte er gleich sechzig Tage draus
und hatte noch immer nicht genug.
Und aß
in all der Zeit
nur Eidotter
und Brot.

Die Heldentaten von Abou Heïloukh, Abou el Heidja und Mimoun sind wahrhaft groß und außergewöhnlich. Ich will sie daher – wenn es Gott, dem Allerhöchsten, recht ist – dem Leser erzählen und dadurch die großen Dienste, die dieses Buch der Menschheit zu erweisen bestimmt ist, krönen.

Die Geschichte von Zohra

Der Sheikh, der Beschützer der Gläubigen (Gott, der Höchste sei gut zu ihm!), erzählt, daß einmal, in der guten alten Zeit, ein berühmter König lebte, der zahlreiche Armeen befehligte und unermeßliche Reichtümer besaß.

Dieser König hatte sieben Töchter, deren Schönheit weithin gerühmt wurde. Viele Könige jener Zeit hielten um ihre Hand an, aber keine von ihnen wollte sich verheiraten. Sie trugen Männerkleidung, ritten auf großartigen Pferden mit goldbestickten Geschirren, wußten, ein Schwert zu führen, konnten mit einem Speer umgehen und besiegten Männer im Zweikampf. Jede von ihnen besaß einen prunkvollen Palast mit zahlreichen Bediensteten, die sich um alles Notwendige kümmerten.

Wann immer ein Heiratsangebot den König erreichte, versäumte er nicht, sich mit seinen Töchtern darüber zu beraten, aber sie antworteten immer: „Das soll niemals geschehen!“

Viele zogen ihre Schlüsse aus diesem Verhalten der Königstöchter, manche waren gut gemeint, andere unterstellten Böses, aber eigentlich kannte keiner die Gründe dafür. Bis zum Tod ihres Vaters änderten die Töchter ihr Verhalten nicht, dann wurde die älteste von ihnen auf den Thron berufen, um ihrem Vater nachzufolgen, und ihre Untertanen schworen den Treueeid auf sie. Ihre Thronbesteigung erregte in allen Ländern Aufsehen.

Der Name der ältesten Schwester war Fouzel Djemal (Blume der Schönheit); der Name der zweiten Soltana el Agmar (Königin der Monde); der dritten Bediaat el Djemal (Unvergleichliche Schönheit), die vierte hieß Ouarda (die Rose); die fünfte Mahmouda (Die-zu-Preisende); die sechste Kamela (die Vollendete) und die siebte Zohra (die Schöne).

Zohra, die jüngste, war auch zugleich die klügste und gerechteste von ihnen. Sie liebte die Jagd, und eines Tages, als sie durch die Felder ritt, begegnete ihr ein Reiter, der sie grüßte, und sie erwiderte seinen Gruß. Ihr Gefolge bestand aus etwa zwanzig Männern. Der Reiter dachte zuerst, die Stimme einer Frau gehört zu haben, aber da Zohras Gesicht von einem Teil ihres *haiks*[2] verdeckt war, war er sich nicht sicher und sagte sich: „Ich würde gern wissen, ob dies ein Mann oder eine Frau ist.“ Er fragte einen der Begleiter, der seine Zweifel zerstreute. Er näherte sich Zohra und unterhielt sich mit ihr, bis sie eine Rast einlegten, um das Frühstück zu sich zu nehmen. Er suchte einen Platz neben ihr und setzte sich.

2 Der *haik* ist ein langes, weißes Stück Stoff aus einem leichten Material, meist Wolle oder Seide, über dem der *burnous* getragen wird.

Leider erfüllten sich seine Hoffnungen, ihr Gesicht zu sehen, nicht, denn die Prinzessin gab vor, zu fasten, aß nicht und ließ ihr Gesicht verhüllt. Aber er konnte nicht aufhören, im Stillen ihre Hand zu bewundern, die Anmut ihrer Taille und den liebenswerten Ausdruck ihrer Augen. Sein Herz wurde von großer Liebe ergriffen.

Dann kam es zu folgender Unterhaltung:

„Ist euer Herz für Freundschaft unempfänglich?", fragte der Reiter.

„Es gehört sich nicht für einen Mann, Freundschaft für eine Frau zu empfinden; denn wenn ihre Herzen füreinander schlagen, werden sie bald von lustvollem Verlangen erfüllt und mithilfe des Satans, der sie darin bestärkt, das Falsche zu tun, wird ihr Fehltritt bald allen bekannt werden."

„Aber verhält es sich nicht so, daß, wenn ihre Gefühle füreinander ehrlich sind, ihr Koitus auch rein ist, ohne Untreue und Falschheit?"

Die Prinzessin antwortete: „Wenn sich eine Frau der Anziehung, die sie für einen Mann empfindet, hingibt, wird sie für die ganze Welt zum Gegenstand übler Nachrede und allgemeiner Verachtung, sodaß nichts dabei herauskommt als Ärger und Reue."

„Aber unsere Liebe wird geheim bleiben, und an diesem abgelegenen Platz, der uns als Treffpunkt dienen kann, können wir miteinander schlafen, ohne daß es jemand erfährt."

„Das kann nicht sein", sagte die Prinzessin. „Abgesehen davon, daß dies nicht so einfach bewerkstelligt werden kann, würden wir bald Verdacht erregen, und die ganze Welt würde uns beobachten."

„Aber Liebe, Liebe ist die Quelle des Lebens. Das Glück, das sie schenkt, die Zusammenkünfte, die Umarmungen, die Zärtlichkeiten der Liebenden. Das Opfer meines Vermögens, ja selbst meines Lebens für Eure Liebe!"

Und Zohra: „Diese Worte sind voller Liebe, und dein Lächeln ist verführerisch; aber du solltest jetzt besser von dieser Art Unterhaltung Abstand nehmen."

„Deine Worte sind Smaragde und deine Ratschläge ernsthaft gemeint", sagte der Reiter. „Aber die Liebe hat nun Wurzeln in meinem Herzen geschlagen, und niemand kann sie ausreißen. Wenn du mich von dir wegstößt, werde ich gewiß sterben."

„Vor allem mußt du jetzt an deinen Platz zurückkehren und ich an den meinen. Wenn es Gott gefällt, werden wir uns wiedersehen."

Dann trennten sie sich, sagten sich Adieu und kehrten jeder an seinen Wohnort zurück.

Der Name des Reiters war Abou el Heidja. Sein Vater, Kheiroun, war ein großer Kaufmann und unvorstellbar reich. Sein Wohnhaus befand sich ganz abgeschieden, einen Tagesritt von den Besitztümern der Prinzessin entfernt. Abou el Heidja kehrte nach Hause zurück, fand aber keine Ruhe, und als es Nacht wurde, zog er sich wieder seinen *temeur*[3] an, nahm einen schwarzen Turban und versteckte sein Schwert unter dem *temeur*. Dann bestieg er sein Pferd und ritt, begleitet von seinem bevorzugten Neger, Mimoun, heimlich im Schutz der Dunkelheit davon.

Sie ritten ohne Aufenthalt die ganze Nacht, bis sie in der Dämmerung, im ersten Tageslicht, Zohras Palast vor sich sahen. Sie rasteten zwischen den Hügeln und betraten mit ihren Pferden eine Höhle, die sie dort entdeckten.

---

3 Der *temeur* ist ein Gewand aus Wolle, das die Orientalen bei ihren Reisen gegen die Kälte tragen.

Abou el Heidja ließ den Neger zur Aufsicht der Pferde in der Höhle zurück und ging zu dem Palast; er fand ihn von einer hohen Mauer umgeben. Da er nicht hineinkonnte, zog er sich zurück, um zu beobachten, ob wer herauskäme. Aber der Tag verging, ohne daß sich jemand zeigte.

Nach Sonnenuntergang setzte er sich an den Eingang der Höhle und beobachtete den Palast bis Mitternacht; dann übermannte ihn der Schlaf.

Er schlief mit seinem Kopf auf Mimouns Knien, als der ihn plötzlich weckte. „Was ist los?", fragte er.

„O, mein Herr", sagte Mimoun, „ich habe Geräusche in der Höhle gehört und einen Lichtschein gesehen."

Sogleich erhob er sich und als er genau hinsah, bemerkte er tatsächlich einen Lichtschein in der Höhle. Er ging darauf zu und folgte ihm bis zu einer Nische. Dann kehrte er zurück, befahl Mimoun, auf ihn zu warten, während er herausfinden wollte, wo dieses Licht herkam. Er nahm sein Schwert und drang tiefer in die Höhle ein. Er entdeckte ein unterirdisches Gewölbe, in das er hinunterstieg. Der Abstieg war beinahe ungangbar, wegen der vielen Steine, die den Weg versperrten. Nach vielen Mühen gelangte er zu einer Felsspalte, durch die das Licht schimmerte, das er gesehen hatte. Als er hindurchschaute, erblickte er Prinzessin Zohra, umgeben von hundert Jungfrauen. Sie befanden sich in einem wunderbaren Palast, der in das Herz des Berges gegraben war, prächtig ausgestattet und überall glänzend vor Gold. Die Mädchen aßen und tranken und gaben sich ganz den Freuden eines Festmahls hin.

Abou el Heidja sagte zu sich: „Bei Gott! Ich habe keinen Kameraden, der mir jetzt beistehen kann." Also kehrte er zu seinem Diener zurück und sagte zu ihm: „Geh zu meinem Bruder vor Gott, Abou el Heïloukh, und richte ihm aus, er solle so schnell herkommen, als es ihm möglich ist.“ Mimoun sattelte sofort sein Pferd und ritt den Rest der Nacht durch.

Von all seinen Freunden war Abou el Heïloukh derjenige, den Abou el Heidja am meisten mochte. Er war der Sohn des Wesirs. Dieser junge Mann, Abou el Heidja und Mimoun galten als die drei stärksten und furchtlosesten Männer ihrer Zeit, und niemand konnte sie im Kampf besiegen.

Als Mimoun bei dem Freund seines Herrn angekommen und ihm erzählt hatte, was passiert war, sagte dieser: „Gewiß, wir gehören zu Gott und werden eines Tages zu ihm zurückkehren!“ Dann nahm er sein Schwert, bestieg sein Pferd, rief seinen bevorzugten Diener und machte sich mit Mimoun auf den Weg zur Höhle.

Abou el Heidja kam ihm entgegen und hieß ihn willkommen. Nachdem er ihm seine Liebe zu Zohra gestanden hatte, eröffnete er ihm seinen Entschluß, gewaltsam in den Palast einzudringen, berichtete von den Umständen, weshalb er sich in der Höhle verborgen hatte und von den wundersamen Ereignissen, deren Zeuge er gewesen war. Abou el Heïloukh war stumm vor Erstaunen.

Bei Anbruch der Nacht hörten sie Gesang, Gelächter und lautes Reden. Abou el Heidja sagte zu seinem Freund: „Geh bis ans Ende des unterirdischen Durchgangs und schau. Du wirst dann die Liebe deines Bruders entschuldigen.“ Abou el Heïloukh schlich sich leise ans andere Ende der Grotte, schaute das Innere des Palastes und war bezaubert von dem Anblick der Jungfrauen. „O, Bruder“, fragte er, „welche von diesen ist Zohra?“

Abou el Heidja antwortete: „Jene mit der makellosen Gestalt, dem unwiderstehlichen Lächeln, deren Wangen Rosen sind und deren Stirn blendend weiß ist; ihren Kopf schmückt eine Krone aus Perlen, und ihre Kleider glitzern golden. Sie sitzt auf dem Thron, der mit seltenen Edelsteinen überzogen ist, mit Nägeln aus Silber, und stützt ihren Kopf auf ihre Hand."

„Ich sehe sie unter all den anderen", sagte Abou el Heïloukh, „als wäre sie eine Standarte oder ein blendendes Licht. Aber, o mein Bruder, laß mich deine Aufmerksamkeit auf einen Umstand lenken, der dir bisher scheinbar entgangen ist."

„Und was soll das sein?", fragte Abou el Heidja.

Sein Freund antwortete: „Es ist ziemlich sicher, o mein Bruder, daß dies ein Ort der Ausschweifungen ist. Beachte, daß diese Mädchen nur nachts herkommen, und wie gut verborgen dieser Ort ist. Es gibt jeden Grund, anzunehmen, daß er nur Feierlichkeiten, Trinken und Völlerei vorbehalten ist. Und wenn du gedacht hast, daß du auf irgendeinem anderen Weg, als dem, den wir gekommen sind, zu ihr, die du liebst, gelangen könntest, dann hast du dich getäuscht, selbst wenn du eine Möglichkeit gefunden hättest, mit ihr über andere in Kontakt zu treten."

„Und warum das?"

„Weil Zohra, soviel ich sehen kann, eine Neigung für junge Mädchen hat, was ein Beweis dafür ist, daß sie keine Beziehung zu Männern pflegen, noch ihre Liebe erwidern kann."

„O, Abou el Heïloukh", sagte Abou el Heidja, „ich kann den Wert deines Urteils schätzen, deshalb habe ich nach dir geschickt. Du weißt, daß ich nie gezögert habe, deinem Rat zu folgen!"

„O, mein Bruder!“, antwortete der Sohn des Wesirs, „hätte Gott dich nicht zu diesem Eingang geführt, hättest du dich Zohra nie nähern können. Aber von hier, gelobt sei Gott, können wir unseren Weg finden.“

Am nächsten Morgen, bei Sonnenaufgang, befahlen sie ihren Dienern, eine Bresche in den Spalt zu schlagen und alles aus dem Weg zu räumen, was den Durchgang versperren könnte. Nachdem dies ausgeführt war, versteckten sie ihre Pferde in einer anderen Höhle, wo sie sicher vor wilden Tieren und Dieben waren. Danach gingen alle vier, die zwei Herren und die zwei Diener, wieder zurück in die Höhle und drangen in den Palast ein, jeder von ihnen mit Schild und Schwert bewaffnet, verschlossen die Bresche und stellten den früheren Zustand wieder her.

Sie befanden sich in völliger Dunkelheit, doch Abou el Heïloukh hatte Streichhölzer und zündete eine der Kerzen an, und dann machten sie sich auf, den Palast zu erkunden. Er erschien ihnen wie ein einziges Wunder. Die Ausstattung war erlesen. Überall waren Betten und Liegen aller Art, große goldene Kandelaber, glänzende Luster, prachtvolle Teppiche und Tische, übervoll mit Speisen, Früchten und Süßigkeiten.

Nachdem sie all diese Kostbarkeiten bewundert hatten, begannen sie, die einzelnen Zimmer zu zählen und auszukundschaften. Es waren sehr viele, und in dem letzten stießen sie auf eine Geheimtür. Abou el Heïloukh sagte: „Das ist wahrscheinlich die Tür, durch die man in den Palast gelangt. Komm, o mein Bruder, wir werden in einem der Zimmer der Dinge harren, die da kommen!“ Sie begaben sich in ein Kabinett, das schwierig zu erreichen war, erhöht, und von dem aus man alles sehen konnte, ohne selbst gesehen zu werden.

Sie warteten dort, bis es Nacht wurde. Als es soweit war, öffnete sich die Geheimtür und eine Negerin mit einer Fackel trat ein, die alle Luster und Kerzen in den Kandelabern anzündete, die Betten machte, den Tisch deckte, alle Arten Fleisch auftrug, Gläser und Flaschen brachte und den Raum mit den süßesten Düften parfümierte.

Bald darauf erschienen die jungen Mädchen. Ihre Haltung drückte gleichzeitig Gleichgültigkeit und Verlangen aus. Sie setzten sich auf die Diwane, und die Negerin bot ihnen Fleisch und Getränke an. Sie aßen, tranken und sangen.

Als die vier Männer sahen, daß die Mädchen vom Wein betrunken waren, kamen sie aus ihrem Versteck hervor und schwangen ihre Säbel über den Köpfen der Mädchen, die zuerst ihr Gesicht mit dem unteren Teil ihres *haik* bedeckten.

„Wer sind diese Männer?", rief Zohra. „Wer überfällt unser Zuhause im Schutze der Schatten der Nacht? Seid ihr aus der Erde gekommen oder vom Himmel herabgestiegen? Was wollt ihr?"

„Beischlaf", antworteten sie.

„Mit wem?", fragte Zohra.

„Mit dir, o Apfel meiner Augen!", sagte Abou el Heidja und näherte sich ihr.

„Wer bist du?"

„Ich bin Abou el Heidja."

„Aber wie kommt es, daß du mich kennst?"

„Ich war der Reiter, dem du vor einigen Tagen bei der Jagd begegnet bist."

„Aber wie bist du hierhergekommen?"

„Durch den Willen Gottes, des Allmächtigen!"

Bei diesen Worten verstummte Zohra und setzte sich,

um über Mittel und Wege nachzudenken, wie sie die Eindringlinge wieder loswerden könnte.

Nun gab es unter den anwesenden Jungfrauen einige, deren Vulven wie mit Eisen verschlossen waren, und die niemand bisher entjungfern konnte; auch eine Frau namens Mouna war anwesend, die beim Beischlaf unersättlich war. Zohra sagte sich: „Nur durch eine List werde ich diese Eindringlinge wieder los. Mithilfe dieser Frauen werde ich ihnen Aufgaben stellen, die sie unmöglich erfüllen können." Dann wandte sie sich Abou el Heidja zu und sagte: „Du wirst mich nicht bekommen, ehe du die Bedingungen erfüllst, die ich dir nennen werde." Die vier Freunde stimmten dem sofort zu, ohne die Bedingungen zu kennen.

Sie fuhr fort: „Aber wenn du sie nicht erfüllst, darauf gib mir dein Wort!, werdet ihr meine Gefangenen sein und euch ganz in meine Gewalt begeben."

„Wir schwören es!", antworteten sie.

Dann legte sie ihre Hand in die Abou el Heidjas und sagte zu ihm: „Ich stelle dir die Aufgabe, achtzig Jungfrauen zu entjungfern, ohne einmal deinen Samen zu vergießen."

Er antwortete: „Ich bin einverstanden."

Sie führte ihn in ein Zimmer, in dem mehrere Betten standen und ließ, eine nach der anderen, die achtzig Jungfrauen zu ihm kommen. Abou el Heidja entjungferte alle und beraubte so in einer einzigen Nacht achtzig Frauen der Jungfernschaft, ohne einen Tropfen Samen zu verschwenden. Diese außergewöhnliche Tat erfüllte Zohra mit Erstaunen und auch alle anderen, die anwesend waren.

Dann wandte sie sich an den Neger Mimoun und fragte ihn nach seinem Namen. „Mimoun", sagte sie, „deine Aufgabe soll es sein, mit dieser Frau fünfzig Tage lang ohne Unterbrechung zu verkehren; du kannst dabei deinen Samen vergießen, wenn du willst, aber wenn die Müdigkeit dich zwingt, aufzuhören, hast du deine Aufgabe nicht erfüllt."

Alle schrien auf wegen der Härte einer solchen Prüfung, aber Mimoun protestierte nicht und sagte: „Ich nehme die Bedingungen an und werde sie ehrenvoll erfüllen!"

Tatsache war, daß Mimoun in seinem Verlangen nach Koitus unersättlich war. Zohra sagte ihm, er solle mit Mouna auf ihr Zimmer gehen und trug letzterer auf, ihr sofort Bescheid zu geben, wenn der Neger das kleinste Zeichen von Ermüdung zeigte.

„Und du, wie heißt du?", fragte sie den Freund von Abou el Heidja.

„Abou el Heïloukh", antwortete er.

„Gut dann, Abou el Heïloukh, was ich von dir verlange, ist folgendes: daß du, in Gegenwart dieser Frauen und Jungfrauen, dreißig aufeinanderfolgende Tage hier bleibst, und sich dein Glied während dieser Zeit durchgehend im Zustand der Erektion befindet."

Dann fragte sie den vierten Mann nach seinem Namen. „Felah", sagte sie, „du wirst uns die ganze Zeit über zur Verfügung stehen, für alle Dienste, die wir dir auftragen."

Auf keinen Fall wollte Zohra den Männern Anlaß geben, für ihr mögliches Versagen Entschuldigungen zu finden, deshalb erkundigte sie sich nach ihren Wünschen, das Essen betreffend.

Abou el Heidja erbat sich – Wasser ausgenommen – nur ein Getränk: Kamelmilch mit Honig; und zu essen Kicherbsen mit Fleisch und viel Zwiebel. Und mithilfe dieser Nahrungsmittel erfüllte er, mit Gottes Hilfe, seine schwierige Aufgabe.

Abou el Heïloukh verlangte nach mit Fleisch gekochten Zwiebeln und als Getränk den ausgepressten Saft von gehackten Zwiebeln gemischt mit Honig. Mimoun erbat sich Eidotter und Brot.

Nachdem Abou el Heidja seine Aufgabe erfüllt hatte, verlangte er von Zohra den Beischlaf. Aber sie erwiderte: „O, das ist unmöglich! Die Aufgabe, die du erfüllt hast, ist untrennbar mit den Aufgaben verbunden, die deine Kameraden erfüllen müssen. Die Vereinbarung muß ganz eingelöst werden, und du wirst sehen, daß auch ich mein Versprechen halte. Aber wenn einer von euch seine Prüfung nicht besteht, seid ihr durch den Willen Gottes alle meine Gefangenen!"

Angesichts seines Erfolges gab Abou el Heidja nach und setzte sich zu den Frauen und Mädchen, aß und trank, während er darauf wartete, daß seine Kameraden ihre Prüfungen bestanden.

Zu Beginn war Zohra, weil sie überzeugt war, daß die Männer bald ihre Gefangenen sein würden, freundlich und lachte viel. Aber am zwanzigsten Tag begann sie, Anzeichen von Besorgnis zu zeigen; am dreißigsten konnte sie kaum noch ihre Tränen zurückhalten: Denn an diesem Tag hatte Abou el Heïloukh seine Aufgabe erfüllt und er nahm neben seinem Freund Platz, um zu essen und zu trinken und mit ihm zu warten, bis alle Aufgaben erfüllt waren.

Ab diesem Zeitpunkt vertraute die Prinzessin, die keine andere Hoffnung mehr hatte, darauf, daß der Neger Mimoun ermüden würde, ehe er seine Arbeit getan hatte. Jeden Tag schickte sie ein Mädchen zu Mouna um Nachricht, die ihr jedoch nur ausrichten ließ, daß die Kraft des Negers mit jedem Tag größer werde. Zohra begann zu verzweifeln, nachdem Abou el Heidja und Abou el Heïloukh ihre Aufgaben schon gemeistert hatten. Eines Tages sagte sie zu den beiden Freunden: „Ich habe wegen des Negers nachgefragt, und Mouna hat mich wissen lassen, daß er schon ganz erschöpft ist." Bei diesen Worten rief Abou el Heidja aus: „Im Namen Gottes! Wenn er diese Aufgabe nicht erfüllt und wenn er sie nicht noch zehn Tage länger erfüllt, dann soll er den schlimmsten aller Tode sterben!"

Aber sein fleißiger Diener gönnte sich während dieser fünfzig Tage keinen Augenblick der Ruhe und machte noch zehn Tage weiter, wie es ihm sein Herr befohlen hatte.

Mouna erfuhr die größte Befriedigung, denn diese Heldentat hatte zumindest ihr brennendes Verlangen nach Beischlaf gestillt.[4] Mimoun, der siegreich geblieben war, konnte sich endlich zu seinen Kameraden setzen.

Dann sagte Abou el Heidja zu Zohra: „Wir haben alle Bedingungen der Vereinbarung erfüllt. Nun liegt es an dir, mir deine Gunst zu schenken, denn das war der Preis, wenn wir erfolgreich sind."

---

4 *Anmerkung in der Autographie-Ausgabe:* In anderen Textvarianten findet sich folgende Version: „Mouna, nach fünfzig Tagen, war froh, daß die Prüfung vorbei war, denn sie hatte genug vom Geschlechtsverkehr; doch als Mimoun weitermachte, schickte sie Zohra die Nachricht: ‚O edles Fräulein, die Zeit ist um und er will sich nicht von mir trennen! Ich beschwöre dich, bei Gott, dem Erhabenen, befreie mich aus dieser schlimmen Lage. Meine Schenkel schmerzen, und es ist mir nicht mehr möglich, mich hinzulegen.' Doch Mimoun schwor, daß er nicht rasten würde, ehe die zehn Tage, die ihm sein Meister befohlen hatte, vorüber waren, und hielt sein Wort."

„Das ist nur zu wahr", antwortete die Prinzessin und gab sich ihm hin. Er fand sie unter den Besten die Beste.[5]

Was den Neger Mimoun betrifft, so verheiratete er sich mit Mouna. Abou el Heïloukh erwählte sich unter all den Jungfrauen jene, die er am anziehendsten fand.

Sie blieben im Palast und gaben sich dem guten Leben und allen nur denkbaren Vergnügungen hin, bis der Tod ihrem glücklichen Leben ein Ende bereitete und ihr Zusammensein beendete. Gott sei barmherzig mit ihnen[6] wie mit allen Muselmanen! Amen!

Ich habe diese Geschichte hier erzählt, weil sie ein Beispiel für die Wirksamkeit der Speisen und Heilmittel ist, deren Gebrauch ich empfohlen habe, um Kraft beim Koitus zu haben.

Aber es gibt noch andere Mittel mit guter Wirkung. Ich erwähne nur die folgenden: Nimm einen Teil Saft von zerkleinerten Zwiebeln und vermisch ihn mit zwei Teilen klarem Honig. Erhitze die Mischung über dem Feuer, bis der Zwiebelsaft verschwunden und nur noch der Honig übrig ist. Nimm diesen Rest vom Feuer, laß ihn abkühlen und verwende ihn bei Bedarf. Misch eine Unze davon mit drei Unzen Wasser und weich darin, für einen Tag und eine Nacht, Kichererbsen auf.

---

5 *Anmerkung in der Autographie-Ausgabe:* Eine andere Version dieser Stelle lautet: „Mimouns Leistung erfüllte alle Welt mit Erstaunen. Dann nahmen sie alles, was sich in dem Schloß befand, in Besitz: Schätze, Frauen, Diener, die Mädchen und alles andere. Sie teilten es in gleiche Teile auf, und jeder bekam seinen Anteil. Danach hatte Abou el Heidja sein Vergnügen mit Zohra etc. etc."

6 Wenn sie den Namen eines toten Mit-Gläubigen aussprechen, unterlassen es die Muselmanen nie, hinzuzufügen: „Gott sei barmherzig mit ihm!"

Dieses Heilmittel sollte während der Winterzeit eingenommen werden, bevor man zu Bett geht. Man sollte nur ein wenig davon nehmen und nur an einem einzigen Tag. Das Glied des Mannes, der davon trinkt, wird ihn in der folgenden Nacht nicht zur Ruhe kommen lassen. Nimmt es ein Mann an mehreren aufeinanderfolgenden Tagen ein, wird sein Glied ständig hart bleiben. Männer mit heißblütigem Temperament sollten davon keinen Gebrauch machen, da sie davon Fieber bekommen können. Auch sollte das Heilmittel nicht länger als über drei Tage eingenommen werden, ausgenommen bei alten Männern. Und schließlich sollte man es nicht während der Sommerzeit anwenden.

Es war sicher falsch, dieses Buch zu schreiben;
aber du wirst mir vergeben
und läßt mich nicht vergebens beten.
O Gott! Belohn mich
für dieses Buch
am Tag des Letzten Gerichts
nicht mit Strafen!
Und du, o Leser,
laß mich hören, wie du schwörst: So sei es!

ANHANG

APPENDIX ZUR AUTOGRAPHIE-AUSGABE

An den Leser

Im Gnadenjahr 1876 fassten einige Amateure, die sich leidenschaftlich für arabische Literatur interessierten, Kopien der französischen Übersetzung eines Werkes von Sheikh Nefzawi, die ihnen zufällig in die Hände gefallen waren, zusammen, um sie durch einen autographischen Prozeß[1] zu reproduzieren. Jeder trug zu dem Unternehmen soviel bei, wie es sein jeweiliges Wissen zuließ, und so wurde diese mühsame Arbeit, trotz all der vorhersehbaren Schwierigkeiten, die ihren Enthusiasmus dämpften, von diesen Amateuren fertiggestellt.

Und so war es, wie der Leser zweifellos schon ahnt, kein Individuum, sondern eine Ansammlung von Individuen, die, durch das Zusammenspiel von günstigen Umständen und Möglichkeiten, die nicht alltäglich sind, ihren Freunden die erste Frucht ihrer Arbeit präsentieren konnten, die so rar ist, daß bis zum heutigen Tag nur sehr wenige die Gelegenheit hatten, das Buch zu lesen, und so interessant – ungeachtet der Tatsache, daß die Herausgeber ihr Wissen nur aus fehlerhaften Manuskripten, gelehrten Schriften und unvollständigen Übersetzungen gewinnen konnten! Es ist diese gemeinsame Anstrengung, geleitet vom Prinzip der Arbeitsteilung, um dieses große Unternehmen durchzuführen, dem wir das Erscheinen dieses Buches verdanken.

Der Herausgeber[2] (der unter dem Namen der J.M.P.Q.-Gesellschaft firmiert und später noch genauer bezeichnet

1 Mithilfe eines lithographischen Verfahrens, auch als „Umdruck" bekannt. *Anm. d. Übers.*

2 i. e. Richard Francis Burton und die Kama-Shastra-Society (s. Anhang). *Anm. d. Übers.*

wird) kann, trotz der Unvollkommenheiten seiner Arbeit, der Sympathie seiner Leser gewiß sein, die alle Freunde von ihm oder Freunde seiner Freunde sind, für die er diese Arbeit produziert hat. Er wird diesen Vorteil nicht weiter ausnutzen, doch ist es sein Wunsch, den genauen Wert und das Wesen dieses Buches, das er offeriert, jedem zu verdeutlichen und offenzulegen, auf welchen Grundlagen es fußt und inwieweit die bemerkenswerte Übersetzung von M— respektiert wurde, und letztlich, um es kurz zu sagen, wie sehr man dem Titel „Übersetzt aus dem Arabischen von M—, Stabsoffizier" vertrauen kann.

Es ist wichtig, daß in dieser Hinsicht kein Mißverständnis entsteht und der Leser sich nicht im Besitz einer exakten Kopie der Übersetzung wähnt; denn wir gestehen ein, daß wir sie geändert haben, und geben diese Erklärungen hier ab, um die Änderungen zu rechtfertigen.

Soweit wir davon Kenntnis haben, wurden bis zum gegenwärtigen Zeitpunkt nur zwei angemessene Übersetzungen von Sheikh Nefzawis Werk angefertigt. Eine, die sich in unserem Besitz befindet, stammt von M—, einem fanatischen und bemerkenswerten Arabophilen, die andere ist das Werk eines Doktor L—; letztere haben wir nie gesehen.

Ein gelehrter Interpret begann eine Übersetzung, welche versprach, die anderen weit zu übertreffen; unglücklicherweise wurde seine Arbeit durch sein unzeitiges Ableben unterbrochen und es fand sich niemand, sie fortzuführen.

Zu Beginn war es unsere Absicht, die erste der genannten Übersetzungen zu reproduzieren und dabei nur Berichtigungen vorzunehmen, die durch grobe orthographische Fehler oder das französische Idiom verursacht waren, welche das Manuskript in unserem Besitz aufwies. Doch wir hatten kaum mit der Arbeit begonnen, als uns bewußt wurde, daß es unmöglich war, dieses Werk, so wie es war, zu veröffentlichen. Offensichtliche Auslassungen, sinnentstellte Passagen, die zweifellos in dem fehlerhaften arabischen Text, der dem Autor zur Verfügung gestanden hatte, ihren Ursprung hatten, zwangen uns die Notwendigkeit auf, uns nach anderen Quellen umzusehen, und bewog uns, alle arabischen Manuskripte dieses Werks, deren wir habhaft werden konnten, zu beschaffen.

Letztlich waren es drei Texte, die zu diesem Werk beitrugen; sie behandelten dieselben Themen in derselben Reihenfolge und wiesen dieselbe Kapitelfolge auf, die Punkt für Punkt mit dem Manuskript, das dem Übersetzer ursprünglich zur Verfügung stand, übereinstimmten; doch während zwei davon eine Art Zusammenfassung der behandelten Fragen darstellten, schien der dritte Text mit offensichtlichem Vergnügen in jedem Thema zu schwelgen und es auszuweiten.

Wir werden auf diesen letztgenannten Text etwas genauer eingehen, da sein Studium es uns ermöglicht hat, eine Reihe von Punkten zu klären, die M— trotz seiner gewissenhaften Recherchen nicht hinreichend dargelegt hat.

Die Grundcharakteristik jenes Textes, der nicht frei von groben Fehlern ist, besteht in der Vorliebe für größere Sorgsamkeit beim Stil und der Wahl der Ausdrücke; er ist akribischer und oft technischer, enthält mehr Zitate von Versen – häufig, das sei bemerkt, unpassende – und gebraucht bei gewissen Passagen obszöne Bilder, für die der Autor eine gewisse Vorliebe zu haben schien. Diese Mängel werden jedoch dadurch kompensiert, daß der Text statt liebloser, trockener Erklärungen, Bilder benutzt, die oft voller Anmut sind, Poesie und Ursprünglichkeit besitzen, von beschreibendem Talent zeugen und selbst dort, wo sie geistvoll sind, noch den unleugbaren Zweifel der Originalität tragen. Als Beispiel sei hier das „Kapitel über Küsse“ erwähnt, das weder in unserer Übersetzung noch in den anderen beiden Texten, die wir untersucht haben, enthalten ist und das wir übernommen haben.

Als Gallier müssen wir uns nicht über die Obszönitäten beklagen, die in das Buch eingestreut sind, als wäre es beabsichtigt, damit auch die groben Leidenschaften zu erregen; doch mißbilligen wir ermüdende Längen, ganze Seiten voll Geschwätz, die – als Kehrseite der Medaille – das Werk entstellen. Der Autor muß das selbst so empfunden haben, denn am Schluß seines Werkes bittet er den Leser, ihm in Hinblick auf die guten Absichten, die seine Feder leiteten, zu vergeben. Angesichts der erstklassigen Qualitäten, die das Buch zugegebenermaßen hat, hätten wir es vorgezogen, daß es diese Mängel nicht besitzt; wir hätten es lieber, mit einem Wort, homogener und aufrichtiger gesehen; und besonders dann, wenn man bedenkt, daß die Umstände, die wir hier aufzeigen, Zweifel an der Echtheit der Ursprünge des Neuen, das wir entdeckt haben, wecken können, und die man deshalb leicht für modische Interpolationen halten könnte, die durch den einen oder anderen Kopisten, durch dessen Hände das Werk gegangen ist, entstanden sind, ehe wir es erhielten.

Jeder weiß um die großen Unzulänglichkeiten, mit denen Manuskripte aus jener Zeit behaftet sind, und die Fehler, die oft in der Wissenschaft und Dichtung durch die Buchdruck-Kunst entstehen. Keine Kopie bleibt durch die Hand des Kopisten vollständig und unverändert, besonders wenn der Schreiber ein Araber ist, der von allen Schreibern am wenigsten Skrupel kennt. Der arabische Kopist streut nicht nur unwillentlich Fehler ein, die seiner Ignoranz und

Sorglosigkeit geschuldet sind, sondern wird auch nicht davor zurückschrecken, Korrekturen und Modifikationen, ja selbst Zusätze einzufügen, wo es ihm passend erscheint. Der literarische Leser selbst, verführt vom Zauber des Themas, notiert oft Anmerkungen an den Seitenrand, eine Anekdote oder einen Gedanken, der ihm gerade in den Sinn kommt, oder eine phantastische medizinische Rezeptur, von der er gehört hat; und all dies findet, auf Kosten der Unverdorbenheit des Textes, durch die Hände des nächsten Kopisten seinen Weg in das Buch.

Es kann kein Zweifel bestehen, daß die Arbeit Sheikh Nefzawis auf diese Weise gelitten hat. Unsere drei Texte und der eine, an dem der Übersetzer arbeitete, weisen erstaunliche Unterschiede aller Art auf; trotzdem scheint sich eine der Übersetzungen dem Stil des längeren Textes, von dem wir gesprochen haben, mehr anzunähern als die anderen. Doch stellt sich uns, in Hinsicht auf letzteren Text, der viermal so umfangreich ist wie die anderen, eine andere Frage: Handelt es sich dabei – auch wenn man die geschilderten Modifikationen, denen Manuskripte ausgesetzt sind, in Rechnung stellt – um die vollständige Arbeit Sheikh Nefzawis und steht das Werk für sich selbst, als eine Arbeit für die Lektüre von Lüstlingen, während die anderen nur verkürzte Kopien sind, die für den Gebrauch des gemeinen Volkes bestimmt sind, dem sie als grundlegende Abhandlung dienen? Oder könnte es nicht doch das Produkt unzähliger aufeinanderfolgender Zusätze und Anfügungen zu dem ursprünglichen Werk sein, durch die, wie wir bereits bemerkten, es aufgebläht wurde?

Wir zögern nicht, der ersten Hypothese den Vorzug zu geben. In dem Bericht, den uns der Sheikh gibt, schreibt er, es sei das zweite Werk dieser Art, das er verfasst hat, und daß es sich im Grunde dabei um das erste mit dem Titel „Die Fackel des Universums" handelt, das er auf den Rat des Wesirs Mohammed ben Ouana ez Zouaoui erweitert hat. Wäre es nicht möglich, daß ein drittes Werk, noch vollständiger als das zweite, das Resultat weiterer Studien des Autors gewesen ist? Themen von besonderer Spezialität wären in diesem Werk mit Sicherheit behandelt worden. In den Anmerkungen des Autors, die der Autographie-Ausgabe als Vorwort dienen, finden wir Vorwürfe, die der Übersetzer dem Autor macht, weil er zwei Bereiche, die von mehr als gewöhnlichem Interesse sind, nur angedeutet hat, nämlich Tribadie und Päderastie. Gäbe es ein drittes Buch, würde der Sheikh seinem Kritiker, wenn er vor ihm mit dem fraglichen Werk erschiene, triumphierend begegnen, denn das Kapitel, das alleine mehr als die Hälfte des ganzen Bandes ausmachen soll, ist das einundzwanzigste und trägt die Überschrift: „Das einundzwanzigste und letzte Kapitel des Buches, das die wohltuende Wirkung von Eiern und anderer Substanzen für den Koitus beinhaltet; das von Tribadie und der Frau, die zuerst die Beschreibung der Wollust empfing, handelt; von Päderastie und damit verbundenen Themen; von Kupplerinnen und allerlei Schlichen, durch die man in den Besitz einer Frau gelangen kann; von facetiae [Witz], Scherzen, Anekdoten und verschiedenen Fragen, den Koitus im Allgemeinen betreffend."

Wie groß wäre die Überraschung des Übersetzers über die Gemeinsamkeit der Ansichten und Empfindungen zwischen ihm, dem Repräsentanten der modernen Zivilisation und diesem Araber, der vor mehr als dreihundert Jahren lebte. Er könnte nur seinem Bedauern Ausdruck verleihen, daß er eine so schlechte Meinung von seinem Meister gehabt und auch nur einen Moment lang gedacht hatte, als eine Unterlassung seinerseits, dessen Kompetenz im Umgang mit den einzelnen Themen, von denen die Rede war, zu bezweifeln.

Würde nicht die Entdeckung eines so vollständigen Textes uns autorisieren, die Existenz von zwei Werken anzunehmen, eines basalen und eines gelehrten? Und könnte es nicht aus Scham sein, daß der Autor diese bemerkenswerten Themen für das einundzwanzigste Kapitel reserviert hat, auf die wir an keiner anderen Stelle einen Hinweis finden?

Die Frage so zu stellen, bedeutet gleichzeitig, sie zu beantworten, und sie bejahend zu beantworten. Jenes umfangreiche Kapitel wäre nicht das Produkt von Interpolationen, dafür wäre es zu ausführlich und zu ernsthaft. Das wenige, das wir davon gesehen haben, scheint das Gepräge einer gut artikulierten Originalität zu tragen und methodisch komponiert zu sein, um nicht das Werk – und nur das Werk – des Meisters zu sein.

Man mag vielleicht überrascht sein, daß dieser Text so selten ist, doch die Antwort darauf ist einfach. Wie der Übersetzer umsichtig in seinem Vorwort anmerkt, sind die Bereiche, die das einundzwanzigste Kapitel behandelt, von der Art, daß sie viele Leser verstören. Siehe! Ein Araber, der im Geheimen der Päderastie frönt, zeigt öffentlich rigide und strenge Manieren, während er sich in seinen Gesprächen freimütig und ohne Zurückhaltung über alles, was den natürlichen Koitus betrifft, äußert. Deshalb kann man leicht verstehen, daß er nicht in den Verdacht zu geraten wünscht, ein Buch zu lesen, durch das seine Reputation in den Augen seiner Mitbrüder kompromittiert werden könnte, während er, ohne zu zögern, ein Buch vorlegen würde, das nur den Koitus behandelt. Es gibt noch eine andere Überlegung, die allein schon ausreicht, die Seltenheit des Buches zu erklären:

Sein Umfang macht es sehr teuer, und es ist, angesichts des hohen Preises, den es erzielt, nicht für jeden erschwinglich.

Doch ungeachtet dessen, wie es sich in Bezug auf den Ursprung des Textes verhält, haben wir mit den drei Dokumenten, die sich in unserem Besitz befinden, die Übersetzung von M— einer sorgfältigen Prüfung unterzogen. Jeder zweifelhafte Punkt wurde Gegenstand minutiöser Recherche und konnte meist von dem einen oder anderen geklärt werden. Wenn es mehrere akzeptable Versionen gab, wählten wir jene aus, die im Kontext am geeignetsten war, und so konnten viele verstümmelte Passagen wiederhergestellt werden. Auch hatten wir keine Scheu davor, Text hinzuzufügen, den wir von dem umfangreichsten der Manuskripte entliehen, wenn uns die Reproduktion für wert erschien, und um damit Lücken zu füllen, für die uns der Leser die Schuld gegeben hätte. Wir achteten auch sorgsam darauf, den Text nicht zu überladen und neue Materialien einzuführen, die dem besonderen Charakter der ursprünglichen Übersetzung entgegengewirkt hätten. Es ist vor allem wegen des letzten Grundes, und erst recht, weil die Arbeit, die für unser Unterfangen nötig war, unsere Kräfte überstieg, daß wir, zu unserem großen Bedauern, die Schätze, die das einundzwanzigste Kapitel birgt, nicht ans Licht bringen konnten, wie auch eine Anzahl an neuen Geschichten, die nicht weniger akzeptabel waren als jene, die wir einfügten und mit denen wir den Text anreicherten.

Wir wollen auch nicht verschweigen, daß wir, abgesehen von den erwähnten Veränderungen, keine Skrupel hatten, die Sätze zu verfeinern, die Satzgefüge abzurunden, die Phraseologie zu korrigieren und, kurz gesagt, die Form der Übersetzung zu verbessern, die in vielen Fällen zu wünschen übrig ließ. Dies war notwendig, um die Lektüre und das Studium der Inhalte des Buches zu erleichtern und angenehmer zu machen. Nun war der Übersetzer, mit den besten Absichten, allzu besorgt, den arabischen Text mit seinen kurzen, durcheinandergewürfelten Sätzen so getreu wie möglich zu übertragen, und das macht die Lektüre schmerzlich mühsam. Betrachtet man einige Passagen, bekommt man den Eindruck, besonders gegen den Schluß zu, er hätte sich nur rasch Notizen gemacht und sei, aus dem einen oder anderen Grund, nicht mehr in der Lage gewesen, sie nochmals zu überarbeiten.

Die neu hinzugenommenen Stellen haben uns gezwungen, Änderungen bei den Anmerkungen des Übersetzers vorzunehmen sowie neue Anmerkungen einzufügen, um jene Dinge, die zuvor nicht behandelt wurden, verständlicher zu machen. Wir waren, in Hinblick auf diese Anmerkungen, so behutsam, wie wir es in Hinblick auf den Text waren, stets bemüht, die persönliche Arbeit des Übersetzers soweit als möglich zu respektieren.

Nun, da der Leser alle nötigen Informationen über die französische Ausgabe von Sheikh Nefzawis Werk besitzt, wird er uns gestatten, zum Abschluß noch einige Bemerkungen über die Zusammenstellung dieses Buches zu machen.

Es gibt darin viele Passagen, die mühsam sind. Die ausgefallenen Vorstellungen, die vorgetragen werden – zum Beispiel jene über Heilmittel und die Bedeutung der Träume –, stehen zu sehr im Widerspruch mit modernen Vorstellungen, um nicht im Leser ein Gefühl von Langeweile aufkommen zu lassen, anstatt ihn zu unterhalten.

Das Werk ist sicherlich mit vielen Dingen belastet, die im Auge des zivilisierten, modernen Lesers nur lächerlich erscheinen können; aber wir hätten kein Recht gehabt, sie wegzulassen, waren wir doch verpflichtet, das Werk so intakt zu lassen, wie wir es von unserem Übersetzer erhalten hatten. So haben wir es mit dem italienischen Sprichwort gehalten, *Traduttore, traditore* [Übersetzer, Verräter], daß ein Werk viel von seiner Originalität verliert, wenn es in eine andere Sprache übertragen wird, und wir hoffen, daß die Art unseres Vorgehens die Zustimmung des Lesers finden wird. Doch sind diese Eigentümlichkeiten lehrreich, da sie uns mit der Art und dem Wesen der arabischen Sprache vertraut machen; und nicht nur mit dem Arabischen, wie es zur Zeit des Autors gesprochen wurde, sondern auch mit dem unserer Tage. Letzteres ist in der Tat nicht so avanciert, wie es das Arabisch der früheren Zeit war. Auch wenn der Kontakt mit der Rasse jeden Tag enger wird – in Tunis, Marokko, Ägypten und anderen muselmanischen Ländern –, beharren sie auf ihren alten medizinischen Rezepten, demselben Glauben an Vorzeichen und Orakel und halten dieselbe Unzahl an lächerlichen Ansichten in Ehren, bei denen Zauberei und Amulette von großer Bedeutung sind und die im höchsten Grad absurd erscheinen. Gleichzeitig, wie man einigen Passagen, auf die wir uns hier beziehen, entnehmen kann, waren sie der geistreichen Bemerkung gegenüber nicht abgeneigt, denn das Wortspiel (frz. *calembour)* spielt eine wichtige Rolle bei der Erklärung der Träume, mit denen der Autor das Kapitel über Geschlechtsorgane gespickt hat, augenscheinlich ohne besonderen Grund, doch zweifellos mit der Vorstellung, daß kein Interessensbereich in seinem Werk fehlen sollte.

Der Leser wird vermutlich auch finden, daß häufig die Wahrscheinlichkeit der Imagination geopfert wurde. Das ist ein typisches Kennzeichen arabischer Literatur, und unsere Arbeit kommt nicht umhin, die Mängel, die dem Genius dieser Rasse innewohnen, widerzuspiegeln, der in der Liebe für das Wunderbare schwelgt und zu dessen wichtigsten literarischen Erzeugnissen „Tausend und eine Nacht“ zählt. Wenn diese Erzählungen auch jene Mängel besonders deutlich aufweisen, besitzen sie jedoch auch bestechende Qualitäten: Einfachheit, Anmut, Erlesenheit; ein Bergwerk an Preziosen, das von modernen Autoren erforscht und ausgebeutet wurde. Die Verwandtschaft zwischen diesen Geschichten und jenen von Boccaccio und La Fontaine ist offensichtlich, am deutlichsten etwa in „Die Geschichte von dem Mann, der ein Experte für die List der Frauen war und von einer Frau übertölpelt wurde“, die wir mit der vollkommenen Meisterschaft Balzacs am Ende seiner „Physiologie du mariage“ wiederfinden.

Wir werden diesen Kommentar nicht weiterführen. Statt das Buch mit einem Vorwort beginnen zu lassen, haben wir es vorgezogen, den Leser am Schluß desselben anzusprechen, um ihn nicht unseren Ansichten auszusetzen und uns so zwischen ihn und das Werk zu drängen. Ob er diese zusätzlichen Zeilen liest oder nicht, sind wir doch der Meinung, daß wir unsere Pflicht hiermit erfüllt haben, ihn über die generelle Ausrichtung, die wir dem Werk gegenüber haben, zu informieren. Einerseits haben wir uns bemüht, die Verdienste des Übersetzers zu würdigen, der die Basis für unsere Arbeit schuf, das heißt, jenen Teil, der das meiste Studium und die meiste Gelehrsamkeit benötigte, während es andererseits unser Wunsch war, den Leser wissen zu lassen, wie und in welchem Umfang die Übersetzung umgestaltet werden mußte.

Dem Arabophilen, der eine bessere Übersetzung anfertigen will, steht der Weg offen; und um das Werk zu vervollständigen, steht es ihm frei, die unbekannten Schönheiten des einundzwanzigsten Kapitels seinen staunenden Zeitgenossen zur Kenntnis zu bringen.

NACHWORT ZU DIESER AUSGABE

Das vorliegende Buch ist eine Überarbeitung der 2004 in der edition selene, Wien, erschienenen Ausgabe gleichen Titels. Die Überarbeitung erfolgte in Angleichung an die von der Kama-Shastra-Society 1886 als Privatdruck herausgegebenen Übersetzung von Sir Richard Francis Burton (unter dem Pseudonym *Cosmopoli)*, und zwar der zweiten durchgesehenen und korrigierten Ausgabe. Grundlage für meine erste deutschsprachige Übersetzung war ein Privatdruck der Librairie ASTRA, Paris (ca. um 1950 gedruckt), der auf seltsamen Umwegen in meine Hände gelangte. Auch wenn dieser Privatdruck auf Burtons Übersetzung basierte, gab es doch einige eklatante Unterschiede; so fehlten die Fußnoten, Burtons Nachwort zur Autographie-Ausgabe, das Vorwort des französischen Übersetzers und einige Textpassagen, die jetzt in diese Neuausgabe eingearbeitet wurden. Dennoch handelt es sich nur um eine *Angleichung* an die Kama-Shastra-Ausgabe von 1886, da auf einige Anmerkungen und Einfügungen, die mir aus dem einen oder anderen Grund obsolet erschienen, verzichtet wurde.

Traduttore, traditore

Seit dem Erscheinen der „korrekten" Übersetzungen aus dem Arabischen – von René R. Khawam 1976 ins Französische und von Jim Colville 1999 ins Englische – wissen wir, daß sowohl Burtons „exakte und wörtliche" Übersetzung als auch die des französischen Stabsoffiziers (wie Burton in seinem Nachwort bereits anmerkte) fehlerhaft waren. Colville schreibt über Burtons Fassung: „Details wurden ausgeschmückt, Episoden eingesetzt und ganze Abschnitte von anderen, nicht-arabischen Quellen eingefügt. Der Text wurde mit einer blumigen Prosa aufgeputzt, die ganz untypisch für den Stil des Originals ist, und viele der Fußnoten sind reine Spekulation. Das Resultat ist eine ständig übertreibende und bizarre Mißinterpretation des Originals."

Was aber bedeutet „korrekt" bei einem Manuskript aus dem 16. Jahrhundert (Colville datiert es auf das 15.)? Erhellend ist hier Burtons Jagd nach den sagenhaften, verschollenen Teilen des XXI. Kapitels, die sich mit Homosexualität und Päderastie beschäftigen, seine Suche nach einem „vollständigen Original-Manuskript", die scheiterte; er wollte auch (wie in seinem Nachwort schon angedeutet) eine eigene Übersetzung aus dem Arabischen anfertigen und forschte in allen namhaften Bibliotheken Europas und der arabischen Welt nach dem Manuskript, doch *keine* der gefundenen Fassungen war „vollständig", sondern es handelte sich jeweils um Variationen eines Buches, das unauffindbar blieb. Laut Colville besitzt „das Original" auch keinerlei Unterhaltungswert, was gemessen an einem Buch, auf das in diesem Zusammenhang immer wieder verwiesen wurde, den *1001 Nächten*, unwahrscheinlich scheint. Was Colville als „blumige Prosa" beschreibt, kann, bei soviel Korrektheit, nur ein Hinweis auf die bildhafte Sprache sein, die poetische Erzählkunst, die – wie etwa das Ornament – der arabischen Kultur entspricht.

„Korrekt" bedeutet in diesem Fall den Verweis auf ein Erstes, nicht Originales, wie ich meine, sondern auf das Authentische. Unabhängig von den Schwierigkeiten, dieses „Erste“ aufzufinden – erinnern wir uns, daß bereits Sheikh Nefzawi ein von ihm verfasstes Werk mit dem Titel „Die Fackel des Universums“ erwähnt, das ihm als Grundlage für den *Parfümierten Garten* diente –, stellt sich die Frage, was damit gewonnen wäre, abgesehen von dem Wert, den es für die wissenschaftliche Forschung hat. Es gibt andere Qualitäten, etwa jene, die Colville[1] als „blumige Prosa“ bezeichnet und auf die Burton verweist, wenn er vom Hang der arabischen Literatur, „dem Imaginären“ den Vorzug vor „dem Wahrscheinlichen“ zu geben, spricht. Das ist uns auch aus unseren Märchen bekannt, die wir aufgrund von Qualitäten schätzen, die nicht den wissenschaftlichen entsprechen. Für den nicht wissenschaftlich interessierten Leser stellt eine (wissenschaftlich) „korrekte“ Übersetzung nicht unbedingt einen Mehrwert dar – im Gegenteil. Das „Korrekte“ und „das Wahre“, das „Wissenschaftliche“ und „das Dichterische“ stehen für zwei Grundkonstanten, die *idealiter* zusammenfallen, doch denen in der Regel getrennte Bereiche und Bedürfnisse vorbehalten sind. Deren Gültigkeit ist meinem Dafürhalten nach nicht – wie es Colville macht – gegeneinander auszuspielen. Auch Burtons Übersetzung sowie jene des französischen Übersetzers sind „gültig“ – wenn auch nach anderen Kriterien. Das (wissenschaftlich) Fehlerhafte schließt das Wahre nicht aus, oder wie es einmal jemand artikuliert hat: „Das Wahre ist das Gegenteil des Richtigen“, oder wenn es etwa heißt: „Das Perfekte ist das Gegenteil des Guten“ – der Wert solcher Sätze liegt darin, daß, wer ihnen nachdenkt, vielleicht zu anderen Schlüssen und Erkenntnissen gelangt, denn das Dichterische wirkt – von einem ra-

1 So schrieb etwa ein Leser über Colvilles Werk: „I enjoyed this updated presentation of *The Perfumed Garden*, but I recommend it only to readers who really care about the differences between translations of a given text.“

tionalen Standpunkt aus gesehen – immer indirekt (und nie kausal). Dann geht man in die Sprache, lernt „das Perfekte" vom „Vollkommenen" zu unterscheiden und das „Ursprüngliche" vom „Authentischen". Dann sind wir beim Spiel – und wer nicht zu spielen weiß, dem stehen andere Wege der Erkenntnis – etwa die Erfahrung – offen. Wer vom „Original" spricht, spricht vom „Ursprung"; den kann man in der Zeit festmachen, als Anfang, jedoch auch, unabhängig von der Zeit, im Werk selbst; dann sagen wir, es sei „ursprünglich", i.e. es trägt seinen Ursprung in sich. Und sieht man genauer hin, ist es diese Ursprünglichkeit, die dem Werk – dem Gedicht, dem Text – seine Gültigkeit verleiht, seine „Frische" und Relevanz, die es in Hunderten von Jahren nicht eingebüßt hat.

Kurz gesagt – *Traduttore, traditore*: Eine Übersetzung ist immer „falsch" und eine Fälschung; das ist aber nicht entscheidend, sondern entscheidend ist, ob es gelingt, die Ursprünglichkeit, den „Geist" des Werkes in seiner Eigenheit zu bewahren bzw. in der anderen Sprache wiederherzustellen. Selbst Burtons „buchstäbliche Übersetzung" ist keine, liest man sein Nachwort, in dem er die Eingriffe stilistischer und formaler Art andeutet. *In extremis* kann behauptet werden, daß selbst sprachlicher Ausdruck und Form eine erste Über-setzung sind, ein erstes Gewand und Erscheinung dessen, das in dem Werk, dem Gedicht etc. angesprochen und *anwesend* ist, selbst aber nicht in Erscheinung tritt, doch des sprachlichen Ausdrucks und der Form bedarf, um anwesend zu sein. Solcherart wird der Text zu einem Behältnis und die jeweilige Sprache Material, aus dem dieses Behältnis geformt ist.

Aus diesen Gründen habe ich meine Übersetzung eine *Transposition* genannt, angelehnt an die Bedeutung, die das

Wort in der Musik hat, die Übertragung in eine andere Grundtonart. Praktisch bedeutet dies das Gegenteil einer „wörtlichen“ Übersetzung und die Erarbeitung einer anderen Übersetzungs-methode, auf die ich hier nicht weiter eingehen will, da es den Rahmen sprengen würde und aus dem Gesagten dem Leser bereits deutlich ist, worin der Unterschied zu einer „korrekten“ Übersetzung liegt. Erwähnt sei jedoch, daß ich das Ergebnis mit einem „native speaker“ (Arabisch) einer Überprüfung unterzog und sich die angewandte Methode als „gültig“ erwies. Auch darf der Leser nicht vergessen, daß er es hier, abgesehen von Eingriffen der Kopisten durch die Jahrhunderte, mit einer Übersetzung aus dem Arabischen ins Französische, aus dem Französischen ins Englische und aus dem Englischen ins Deutsche zu tun bekommt – das ist ein wenig wie *Stille Post* spielen, und auf dieser Basis eine wörtliche Übersetzung anzufertigen, hätte nur dazu geführt, die Korruption des Textes voranzutreiben. Doch ermöglicht diese Grundkonstellation auch eine Annäherung, die im poetischen (dichterischen) Sinn durchaus reizvoll ist. Man kann es auch ein „Experiment“ nennen, das wissenschaftlich völlig wertlos ist, der Leser, dem es um anderes geht, aber vielleicht durchaus zu schätzen weiß, umso mehr, da der experimentelle Charakter der Übertragung nicht augenfällig ist und nicht zu Lasten der „Information“ geht.

Zwei Punkte seien es noch, die ich hier anführen möchte, die für meine Entscheidung, den *Parfümierten Garten* ins Deutsche zu übertragen, ausschlaggebend waren. Zum einen ist es das Verhältnis der westlichen Länder zur Sexualität, die eigentlich nur zwei Extreme kennt: das Tabu und den Exzeß. Und man könnte dem auch noch die romantische Idylle hinzuzählen, den Liebeskitsch, die Arztromane und Mädchenträume, die meist einem weiblichen Publikum vorbehalten sind, pubertäre Vorstellungsexzesse, die sich im Vorspiel erschöpfen und wo der alles entscheidende „leidenschaftliche Kuß“ den Platz des Orgasmus einnimmt. Dagegen erscheint ein „Liebeshandbuch“ aus dem 16. Jahrhundert, das unter anderem Rezepte gegen den „schlechten Geruch in den Achselhöhlen“ propagiert – ganz zu schweigen von anderen Empfehlungen – in seinem Realismus beinahe brutal. „Lehn dich zurück und denk an England“ hieß es im Viktorianischen Königreich als Verhaltens-Empfehlung für Frauen beim Geschlechtsverkehr. Von dieser Prüderie sind wir heute weit entfernt, nach der „sexuellen Befreiung“, „der sexuellen Revolution“, doch scheint seltsamerweise die Ahnungslosigkeit in Bezug auf die eigene Sexualität und die des jeweils anderen Geschlechts (denn dies ist vorwiegend bei Heterosexuellen zu beobachten) nicht abgenommen zu haben; trotz all der Ratgeber und Aufklärungsbücher, der, wie es hieß, „sexualisierten Gesellschaft“, die keine Tabus und keine Scham mehr kennt, in der alles sichtbar und zu sehen ist und in der die Heranwachsenden sich inzwischen über Pornofilme und -filmchen selbst „bilden“, „lernen“ und sich „aufklären“. Handlungsanweisungen gibt es genug, doch propagieren sie, sieht man genauer hin, indem sie sich nur auf *das Funktionale* beschränken – in den Aufklärungsbüchern der Schulen so gut wie in den Pornofilmen –, eine Unberührtheit und Unberührbarkeit, eine Unsinnlichkeit und – den Maximen eines technisch-materialistischen Zeitalters entsprechend – eine Seelenlosigkeit, die in den geschlechtslosen, romantisch-gefühlsschwangeren Liebeskitschexzessen ihr angemessenes Pendant finden. Das weist auf eine tieferliegende Dissoziation hin, der man durch Enttabuisierung und „Befreiung" nicht entgegenwirken kann, sondern nur durch „Kultivierung" – und es scheint, betrachtet man die Entwicklung (vor allem in den deutschsprachigen Ländern) der letzten Jahrhunderte, daß an dieser Kultivierung kein Bedarf besteht, denn Kultivierung wird nicht verordnet, sie ist, wie alle Kultur, gewachsener Ausdruck eines Bedürfnisses, das die Mehrheit einer Gesellschaft teilt, die Art und Weise, wie sie sich in Beziehung zu einzelnen Lebensbereichen setzt und diese pflegt oder vernachlässigt. Wo *das Funktionale* (i.e. das „Funktionieren der Geschlechtsorgane") überwiegt, ist es immer Prothese und Aufweis eines Mangels.[2] Das ist nicht weiter schlimm, denn wie die jeweilige „Kultur" prägend für uns ist, so auch die „Unkultur". Doch ist das Prägende nicht zwingend, nur – und vor allem – dann, wenn wir es nicht artikulieren, wo es nicht bewußt wird oder wir es durch Erfahrung widerlegen. Im Hinblick auf die „Unkultur" und ihre Folgen hat Burton bereits vor mehr als 150 Jahren bemerkt: „Moslems und Orientalen studieren im Allgemeinen, klugerweise, die Kunst und das Mysterium, eine Frau körperlich zu befriedigen. Ich habe unter Barbaren das System des ‚Männermachens beobachtet, was bedeutet, daß jungen Männern, die gerade erst in die Pubertät gekommen sind, der angenehme Gebrauch des *instrumentum paratum plantandis civibus* beigebracht wird; ein Zweig des Wissensbaumes, den unsere moderne Erziehung grob vernachlässigt, und dadurch unerhörtes Unglück auf Individuen, Familien und Generationen verteilt."

Wer wissen *will*, abseits der genormten Pfade, und weil ihm das „Liebliche" zu lau ist, wird in der (deutschspra-

2 Siehe hierzu und zu dem Topos der „Verdrängungsgesellschaft" auch: Alfred Goubran, *Schmerz und Gegenwart*, Wien 2019.

chigen) Literatur entweder auf das Derbe, Obszöne oder das Abartige, Extreme stoßen; hier kommt unsere Beziehung zur geschlechtlichen Liebe „zur Sprache“ und besitzt noch Relevanz, weil es unserer Kultur und Tradition entspricht. Der *Parfümierte Garten* entstammt einer anderen Tradition und lehrt uns eine andere Sprache. In ihr – auf die geschlechtliche Liebe bezogen – hat das Blumige seinen Platz neben dem Funktionalen, das Praktische neben dem Märchenhaften, das Obszöne und Extreme neben dem Romantischen (und selbst für die Religion bleibt noch Platz). Die Lektüre des *Parfümierten Gartens* – wie es auch seine Übersetzung war – ist, wenn auch nicht für jeden, die Begegnung mit einem Wissen, das anderen Ursprungs und, in andere Zusammenhänge eingebettet, mehr als bloße Information ist.

Ich wurde im Sommer 2001 von meinem Freund, dem österreichischen Dichter Christian Loidl auf den *Perfumed Garden* aufmerksam gemacht. Er hatte das Buch in der Ramschkiste eines Antiquariates im 2. Wiener Bezirk gefunden, saß in meinem Büro und übersetzte, auf meine Bitte hin, frei ein Kapitel für mich. Ich bat ihn, mir das Buch zu leihen – es war das letzte Mal, daß ich ihn lebend gesehen habe (später musste ich ihn auf der Prosektur identifizieren … doch das ist eine andere Geschichte). Den *Parfümierten Garten* habe ich im Gedenken an ihn zu übersetzen begonnen und später veröffentlicht. In der Folge kam es auch zur Übersetzung der wunderbaren Biographie von Mary S. Lovell über Richard und Isabel Burton *Das abenteuerliche Leben*, die ich jedem Leser ans Herz lege.[3]

3 Im folgenden Abschnitt sind längere Passagen aus diesem Buch eingearbeitet.

Als Richard Burton 1886 mit dem Feinschliff an seinem Schlußessay für *1001 Nights* beschäftigt war, erhielt er per Post eine Ausgabe von *Le Jardin Parfumé*.

Das Buch, welches ihm ein Haymarket-Buchhändler geschickt hatte, war eine überarbeitete Version der „Autographie-Ausgabe“, die in Paris im Jahre 1886, von dem Buchhändler Isidore Liseux konventionell gedruckt und gebunden, in einer Auflage von 220 Exemplaren erschienen und privat an Gelehrte und Sammler vertrieben worden war. Richard erkannte sofort, daß es als potentielle Publikation für die Kama-Shastra-Society[4] geeignet war und übersetzte es aus dem Französischen ins Englische. Zwei Ausgaben dieser Übersetzung wurden noch 1886 als Imprint der Kama-Shastra-Society unter dem Titel *The Perfumed Garden of the Cheikh Nefzaoui* publiziert: die erste vermutlich im September, in mehreren Teilen in Papier-Umschlägen (die Meinungen darüber, ob es sieben oder zehn waren, gehen auseinander). Die zweite Ausgabe, die wenige Monate danach erschien, war in weißes Velin gebunden mit schmaler, goldener Umrandung und goldener Titelei.

Soweit Burton aus Gerüchten ermitteln konnte, bestand die französische Übersetzung nur aus der ersten Hälfte des Original-Manuskriptes, das in Algerien entdeckt worden war. Es hieß, daß sich Kopien davon in Paris, Kopen-

4 Der Obscene Publications Act von 1857 hatte viele Drucker und Verleger erotischer (i.e. pornographischer) Literatur in Konflikt mit dem Gesetz gebracht, und manche waren durch Verfolgung der Society for the Suppression of Vice zu Gefängnis- und Geldstrafen verurteilt worden. Der Besitz und die private Verbreitung waren jedoch nicht von dem Gesetz betroffen. Deshalb gründete Burton, gemeinsam mit Forster Fitzgerald Arbuthnot, die Kama-Shastra-Society, in der auch später das *Kama Sutra* erschien.

hagen und Gotha befanden, und er war erpicht darauf, eine Übersetzung des ganzen Manuskriptes aus dem arabischen Original anzufertigen. Besonders reizvoll war die weitverbreitete Annahme, daß die fehlende Hälfte des Manuskriptes so obszön war, daß die Franzosen sich gescheut hätten, sie zu inkludieren.

1887, nachdem Burton seine Arbeit an *1001 Nights* beendet hatte, begann er, eine eigenständige Übersetzung des *Perfumed Garden* aus dem arabischen Original ins Auge zu fassen, besonders in Hinsicht auf das berüchtigte XXI. Kapitel, das er bis jetzt noch nicht hatte aufspüren können. Ein Raubdruck seiner Übersetzung des *Perfumed Garden*, der kürzlich in London erschienen war, bestärkte ihn darin, mit der Arbeit an einer neuen Übersetzung zu beginnen, die, wie er behauptete, der früheren überlegen sein würde. Sie würde besser kommentiert sein, und er hoffte, das Material des faszinierenden, fehlenden Kapitels hinzufügen zu können. Nachdem er eine Abschrift des arabischen Manuskriptes in der Bibliothèque Nationale, die er händisch hatte kopieren lassen, gelesen hatte, meinte er, daß er es vorziehen würde, die neue Übersetzung *Scented Garden* (Der duftende Garten) statt *Perfumed Garden* zu nennen. Es ist allerdings auch möglich, daß er den Titel nur änderte, um die neue Übersetzung von der früheren Version zu unterscheiden.

Burton nutzte seine nächste Reise, um in Algier und Tunis nach dem arabischen Original-Manuskript zu suchen. Man hatte ihm erzählt, das Museum in Algier besäße ein vollständiges Manuskript. Bald schon war er von seiner Suche nach dem Manuskript frustriert. Vergebens hatte er die Bazare und Buchläden in Tunis und Algier durchkämmt. „Französische Freunde … bieten mir leihweise reichlich Mss. an“, beklagte er sich in einem Brief an A.G. Ellis (einem Gelehrten für arabische Manuskripte). „Ich akzeptiere ihr Angebot und höre nichts mehr von ihnen … Nach einem Monat harter Arbeit habe ich nur ein einziges Exemplar ausfindig gemacht, ein dürftiges Kompendium, das auch des XXI. Kapitels – meinem Hauptziel – ermangelte." Es wurde ihm erlaubt, das Manuskript im Besitz der Bibliothèque Musée in Algier einzusehen, doch, schrieb er, „kein Einheimischer war abkömmlich … mir zu helfen, so daß ich ganz allein an einem (verrotteten) Manuskript arbeiten musste, das voller Fehler war. Das verletzt mein Arbeitsethos, doch was sein muss, muss sein". Später erkannte er, daß das XXI. Kapitel in dem algerischen Manuskript nicht vollständig war.

Eine Woche nach seiner Rückkehr am 19. März 1890 (Burtons 69. Geburtstag) nach Triest, wo er Konsul war, schrieb er an einen anderen Korrespondenten: „Es ist sehr zuvorkommend und freundlich von Ihnen, daß Sie mir wegen des *Scented Garden* schreiben … Ich weiß um die Paris Mss … sie sind bloß Kurzfassungen, beide komprimieren die 500 Seiten (arabisch) des XXI. Kapitels auf wenige Zeilen. Ich muss nun nach Gotha und Kopenhagen schreiben, um herauszufinden, ob jene dort vollständig sind. Können Sie mir sagen, welche Seiten sie beinhalten? …"

Zwölf Tage später notierte er in seinem Tagebuch: „Begann, oder besser setzte den *Scented Garden* fort, kümmere mich nicht sehr darum, doch es ist gute Lohnarbeit."

Burton gelang es nie, ein vollständiges Exemplar des XXI. Kapitels zu lokalisieren, und sein fertiges Manuskript von *The Scented Garden – Man's Heart to Gladden* war eine überarbeitete Fassung seines früheren *Perfumed Garden* mit einigen Änderungen der Transliteration aufgrund seiner Untersuchung des unvollständigen arabischen Manuskriptes in Algier. Obwohl er deswegen enttäuscht war, hatte er in Ermangelung des vollständigen XXI. Kapitels „alle Arten von Geschichten und gelehrtes Material arabischen Ursprungs, die mein Spezial-Studium betreffen“, gesammelt, „und ich war dabei so erfolgreich, daß ich das Original-Manuskript verdreifacht habe“.

Burtons Gesundheitszustand verschlechterte sich rapide. Dr. Baker, sein Leibarzt, gab an, daß Burton damals trotzdem „unentwegt“ an *The Scented Garden* gearbeitet hätte, „sich selbst die eine Stunde oder zwei mißgönnend, die er zum Essen und zur Bewegung nötig hatte …“ Er behauptete, daß eines Tages, als die beiden Männer zusammen im Garten spazieren gingen, Burton plötzlich zu ihm gesagt hätte: „Ich habe mein ganzes Leben und mein Lebensblut in den *Scented Garden* gesteckt, und es ist meine große Hoffnung, daß ich dadurch weiterleben werde. Es ist die Krönung meines Lebens.“

Baker setzte seine Erinnerung mit seiner Erwiderung fort: „Ist es Ihnen jemals in den Sinn gekommen, daß Ihr Manuskript im Fall Ihres Ablebens verbrannt werden könnte?“ – „Glauben Sie, das ist möglich?“, soll Burton geantwortet haben. „Dann werde ich sofort an Arbuthnot schreiben und ihm sagen, daß es im Fall meines Todes ihm gehört.“

Am 19. Oktober 1890, einem Sonntag, fand Isabel, Burtons Ehefrau, ihn, als sie von der Kirche heimkam, in seinem Arbeitszimmer „mit der letzten Seite des *Scented Garden* zugange, der ihn seit ungefähr sechs Monaten in Beschlag genommen hatte … Er sagte zu mir: ‚Morgen werde ich das beendet haben, und ich verspreche dir, daß ich kein weiteres Buch mehr zu diesem Thema schreiben werde.‘“

Er starb in der darauffolgenden Nacht.

Burton hatte *The Scented Garden* nicht, wie in dem von Dr. Baker kolportierten Gespräch angekündigt, Arbuthnot vermacht. Es ging in den Besitz Isabel Burtons über, die es noch in Triest las, den ersten und den letzten Satz jeder Seite sowie die Anmerkungen notierte und es dann verbrannte. Damit wurde sie zum Gottseibeiuns für viele Burton-Freunde, -Biographen und -Forscher in der ganzen Welt, mehr noch, da es als gesichert galt, daß sie den *gesamten* literarischen Nachlaß sowie die Journale und Tagebücher Burtons verbrannt hatte, was, wie wir heute wissen, falsch ist. Sie ging dabei sehr überlegt vor, verbrannte etwa auch Bücher und Journale, weil es Burton selbst in seinem Letzten Willen so bestimmt hatte. Im Fall des *Scented Garden* überließ er ihr die Entscheidung, und es finden sich in ihren Tagebüchern und Briefen Hinweise darauf, warum sie sich für die Vernichtung des Manuskriptes entschied. Es sei, kurz gesagt, so skandalös, daß es Burtons Ruf nachhaltig beschädigt hätte, wobei, fügte sie hinzu, es etwas anderes gewesen wäre, hätte Burton bei der Veröffentlichung noch gelebt und es selbst verteidigen können. Viele glaubten nicht, daß sie es verbrannt hatte, versuchten, sie zu erpressen, oder boten ihr horrende Summen für das Manuskript an, andere planten, Fälschungen anzufertigen, oder machten sich selbst auf die Suche nach dem XXI. Kapitel. *The Scented Garden* sollte Isabel Burton bis zu ihrem Tod im Jahre 1896 verfolgen. Mary S. Lovell deutet in ihrer Biographie auch die Möglichkeit an, daß dieses Manuskript tatsächlich existiert und eines Tages aufgefunden werden könnte. Da Burton das XXI. Kapitel nicht hatte aufspüren können, hatte er, wie er selbst angab, die Fassung des *Perfumed Garden* um „alle Arten von Geschichten und gelehrtes Material arabischen Ursprungs, die mein Spezial-Studium betreffen" ergänzt, „und ich war dabei so erfolgreich, daß ich das Original-Manuskript verdreifacht habe". Wenn nun Isabel, wie sie selbst berichtete, vor der Verbrennung des Manuskriptes die „jeweils erste und letzte Zeile jeder Seite" *und* die Anmerkungen abschrieb, müßte ihre Abschrift nur mit dem *Perfumed Garden* kombiniert werden und man hätte eine vollständige Ausgabe des *Scented Garden* – und was vor fünfhundert Jahren mit der kurzen Abhandlung „Die Fackel des Universums" seinen Anfang nahm, wäre wieder um eine Facette reicher.

BIOGRAPHIEN

Richard Francis Burton (1821–1890) war ein Gelehrter, Forscher, Offizier, Konsul und Autor zahlreicher Bücher. Er beherrschte 29 Sprachen und übersetzte viele Werke, darunter die Geschichtensammlung *1001 Nächte*, *Der parfümierte Garten* und das *Kama Sutra*, ins Englische. Seine Frau Isabel (geb. Arundell; 1831–1896) unterstützte ihn bei all seinen Publikationen und verfasste die zweibändige Biographie *The Life of Captain Sir Richard F. Burton.*

Alfred Goubran, umfangreiche literarische Tätigkeit als Schriftsteller, Rezensent, Übersetzer, Herausgeber und Verleger. Lebt in Wien. Infos: www.goubran.com

ISBN 978-3-99200-277-1
992 Seiten, Hardcover
mit Schutzumschlag

Richard Francis Burton war ein brillanter Denker, Abenteurer und Forscher und ist eine der interessantesten und schillerndsten Persönlichkeiten des 19. Jahrhunderts. Er war der erste Europäer in der verbotenen heiligen afrikanischen Stadt Harar, entdeckte auf seiner Suche nach der Quelle des Nil den Tanganjika-See und unternahm das waghalsige Unterfangen, als Pilger verkleidet die heiligen islamischen Städte Mekka und Medina zu besuchen.

Seine Faszination für intime Bräuche anderer Ethnien und deren Erforschung brachten ihm – auch wegen seiner Übersetzung des Kama Sutra und des Parfümierten Gartens – den Ruf des Erotomanen ein. Nach der umstrittenen Hochzeit mit der streng (katholisch) gläubigen Isabel Arundell führte er das abenteuerliche Leben an der Seite seiner Frau fort. Authentisch, einfühlsam und mit gebührendem Respekt hat Mary S. Lovell ein mitreißendes Porträt dieses außergewöhnlichen Paares verfasst.